DONALD ROBERTSON

PENSE COMO UM IMPERADOR

CONHEÇA A MENTE
DE UM DOS MAIORES LÍDERES DA HISTÓRIA
E DESCUBRA COMO UM MINDSET RESILIENTE
PODE VENCER QUALQUER ADVERSIDADE

A SABEDORIA ESTOICA DE MARCO AURÉLIO

Título original: *How To Think Like A Roman Emperor*

Pense como um imperador

Autor:
Donald Robertson

Tradução:
Nathalia Ferrante

Revisão:
3GB Consulting

Projeto gráfico:
Jéssica Wendy

Produção editorial e distribuição:

CDG
Grupo Editorial

contato@cdgeditora.com.br

Para Poppy, pequena e sábia

SUMÁRIO

INTRODUÇÃO

Quando eu tinha treze anos de idade, meu pai morreu. Ele desenvolveu um câncer de pulmão, aos cinquenta anos, que o deixou na cama por um ano antes de finalmente matá-lo. Era um homem humilde e decente, que me incentivou a pensar mais profundamente sobre a vida.

Eu estava totalmente despreparado para sua morte e lidei muito mal com isso. Tornei-me uma pessoa raivosa e deprimida. Costumava ficar a noite toda na rua, brincando de gato e rato com os policiais locais, invadindo prédios esperando que chegassem para que pudesse correr em jardins e saltar cercas vivas e muros em fuga. Eu estava sempre encrencado, seja por matar aulas na escola, por discutir com meus professores, seja por entrar em brigas com colegas de classe. Quando meu aniversário de dezesseis anos se aproximou, fui convocado ao escritório do diretor, que me deu duas opções: me retirar voluntariamente ou ser expulso. Então, acabei saindo e fui posteriormente inserido em um programa especial para jovens problemáticos. Eu sentia que minha vida estava rapidamente saindo de controle. Eu tinha sido rotulado como alguém desprezível pela escola e pelos serviços sociais. E realmente não via nenhum motivo para tentar provar que eles estavam errados.

Todas as noites, meu pai chegava em casa de seu trabalho como motorista de escavadeira em construções e desmaiava exausto em uma poltrona, com as mãos cobertas de graxa e sujeira. O trabalho não pagava bem, e ele não tinha dois tostões furados; mesmo assim, jamais se queixou. Quando meu pai era jovem, seu melhor amigo faleceu, deixando a ele, para surpresa de todos, uma fazenda como herança em seu testamento. Ele recusou o legado, devolvendo a terra à família de seu amigo. Meu pai costumava dizer: "O dinheiro não lhe trará felicidade", e ele realmente acreditava nisso. Ele me mostrou que há coisas mais importantes na vida e que a verdadeira riqueza vem de estar satisfeito com o que você tem, em vez de desejar ter mais e mais.

Depois do funeral de meu pai, minha mãe colocou sua velha carteira de couro na mesa da sala de jantar e disse-me para pegá-la. Eu a abri devagar. Acho que minhas mãos estavam tremendo, mas não tenho certeza do porquê. Lá dentro não havia nada além de um pedaço de papel bastante gasto. Tratava-se de uma passagem que ele havia arrancado do *Livro do Êxodo*: "E disse Deus a Moisés: 'EU SOU O QUE SOU'. Disse mais: 'Assim dirás aos filhos de Israel: EU SOU me enviou a vós'". Eu estava desesperado para entender o que diabos essas palavras poderiam ter significado para ele. Minha própria jornada filosófica começou precisamente naquele momento, enquanto estava ali, perplexo, com aquele pedaço de papel na mão.

Quando fiquei sabendo, muitos anos depois, que Marco Aurélio havia perdido o pai em idade precoce, fiquei imaginando se ele teria ficado como eu, à procura de um sentido na vida. Depois da morte do meu pai, me vi absorto em questões religiosas e filosóficas que me perturbaram profundamente. Lembro-me de ter ficado apavorado, com medo de morrer. Eu ficava deitado na cama à noite, incapaz de dormir, tentando resolver o enigma da existência e encontrar algum consolo. Era como se houvesse uma comichão na parte de trás do meu cérebro que eu precisava coçar, mas não conseguia alcançar. Não sabia disso na época, mas esse tipo de ansiedade existencial é uma experiência comum que acaba levando muitas pessoas ao estudo da filosofia. O filósofo Espinosa, por exemplo, escreveu:

> Percebi, assim, que estava em grande perigo e me obriguei a procurar, com todas as minhas forças, um remédio, por mais incerto que fosse; como um homem doente lutando com uma doença mortal, quando vê que a morte certamente estará sobre ele a menos que um remédio seja encontrado, é compelido a procurar tal remédio com todas as suas forças, na medida em que toda a sua esperança jaz nisso.[1]

Tomei a frase "Eu sou o que sou" para me referir à pura consciência da própria existência, que a princípio parecia algo profundamente místico ou metafísico para mim: "Eu sou a consciência da minha própria existência". Isso me lembrou a famosa inscrição do santuário do Oráculo Delfos: *Conhece a ti mesmo*. Tornou-se uma das minhas máximas. Cresci obcecado com a busca do autoconhecimento, por meio da meditação e de todas as formas de exercícios contemplativos.

---

1 Spinoza, *On the Improvement of the Understanding* (Tratado da Reforma do Entendimento), p. 4–5

Descobri mais tarde que a passagem que meu pai levou com ele durante todos esses anos desempenha um papel importante nos ritos de uma ordem maçônica chamada "Arco Real". Durante a iniciação, o candidato é perguntado: "Você é um maçom do Arco Real?", ao que ele responde: "Eu sou o que sou". A maçonaria tem uma longa história na Escócia, remontando a pelo menos quatro séculos, e tem raízes profundas em minha cidade natal, Ayr. Meu pai e muitos dos pais de meus amigos eram membros da loja local. A maior parte dos maçons são cristãos, mas eles utilizam uma linguagem não denominativa, referindo-se a Deus como "o Grande Arquiteto do Universo". De acordo com a lenda apresentada em alguns de seus textos, um conjunto dos ensinamentos originários dos construtores do templo do rei Salomão foi trazido para o Ocidente pelo filósofo Pitágoras e posteriormente disseminado por Platão e Euclides. Essa sabedoria antiga foi supostamente propagada ao longo dos séculos pelas lojas maçônicas medievais. Com a realização de rituais esotéricos e a utilização de símbolos geométricos como o quadrado e o compasso, eles transmitiam suas doutrinas espirituais. A maçonaria também celebra as quatro virtudes cardeais da filosofia grega, que correspondem simbolicamente aos quatro cantos da loja: Prudência, Justiça, Fortitude e Temperança. (Sabedoria, Justiça, Coragem e Moderação, se você preferir termos mais modernos.) Meu pai levou muito a sério esses ensinamentos éticos, e eles moldaram seu caráter de uma maneira que deixou uma impressão duradoura em mim. A maçonaria, pelo menos para praticantes sinceros como meu pai, não representava o tipo de doutrina filosófica livresca ensinada nas torres de marfim das universidades, mas sim algo derivado de uma concepção muito mais antiga da filosofia ocidental, como um modo de vida espiritual.

Acontece que eu não tinha idade suficiente para me tornar maçom e, com a minha reputação na cidade, não teria sido convidado para fazer parte do grupo de qualquer maneira. Então, com uma educação formal insignificante, comecei a ler tudo o que podia sobre filosofia e religião. Não tenho certeza se teria sido capaz de definir o que exatamente estava procurando naquele momento, exceto que seria algo que combinasse de alguma forma meus interesses em filosofia, meditação e psicoterapia. Eu precisava de um princípio mais racional e filosófico para a vida, mas nada parecia se encaixar. Então, tive a sorte de encontrar Sócrates.

Eu estava estudando uma coleção de antigos textos gnósticos descobertos em Nag Hammadi, no Egito, influenciados pela filosofia grega. Isso me levou a iniciar a leitura dos diálogos platônicos, que retratam Sócrates, o principal filósofo grego, questionando seus amigos e outros interlocutores sobre seus valores mais profundos. Ele tendia a se concentrar nas virtudes primordiais da filosofia grega, posteriormente adotadas pelos maçons. Sócrates não escreveu nenhum livro sobre filosofia – apenas o conhecemos por meio das obras de outros autores, principalmente por meio dos diálogos escritos por dois de seus alunos mais famosos, Platão e Xenofonte. Segundo a lenda, Sócrates foi a primeira pessoa a aplicar o método filosófico a questões éticas. Sócrates desejava ajudar as pessoas a viver com sabedoria, de acordo o princípio da razão. Para Sócrates, a filosofia era não apenas um guia moral, mas também uma espécie de terapia psicológica. Segundo ele, praticar a filosofia pode nos ajudar a superar nosso medo da morte, melhorar nosso caráter e até nos fazer encontrar um genuíno sentimento de plenitude.

Com frequência, os diálogos socráticos são conhecidos por serem inconclusivos. De fato, a insistência de Sócrates em dizer que sabia que nada sabia sobre certos assuntos, chamada posteriormente de "ironia socrática", mais tarde inspirou a tradição conhecida como ceticismo grego. No entanto, ele parece ter comunicado ensinamentos positivos a seus alunos sobre a melhor maneira de viver. A pedra angular desses ensinamentos está descrita em uma famosa passagem da *Apologia de Platão*. Sócrates enfrentava as acusações de impiedade e corrupção da juventude, que acabariam levando-o à sua execução. Porém, em vez de se desculpar, ou implorar por misericórdia exibindo sua esposa e filhos chorosos perante o júri como outros fizeram, ele apenas continua fazendo filosofia, questionando seus acusadores e instruindo sobre ética no júri. A certa altura, ele explica em linguagem simples o que significa para ele ser um filósofo:

> Pois eu saio por aí sem fazer nada além de convencer jovens e idosos entre vocês a não se importarem com seu corpo ou suas riquezas, de preferência ou tão fortemente quanto com o melhor estado possível de sua alma, como eu lhes digo: "A riqueza não produz virtude, mas a virtude torna

a riqueza e todas as outras coisas boas para os homens, tanto individual quanto coletivamente".[2]

Foi assim que ele viveu sua vida, e seus alunos procuraram seguir o seu exemplo. Devemos dar mais importância à sabedoria e à virtude do que a qualquer outra coisa. Um "filósofo", no sentido de Sócrates, é, portanto, uma pessoa que vive de acordo com esses valores: alguém que literalmente ama a sabedoria, no significado original da palavra.

Olhando para trás, percebo que recorri a Sócrates e a outros filósofos antigos para encontrar uma filosofia de vida, como a que meu pai havia encontrado na maçonaria. No entanto, como mencionado anteriormente, os diálogos que chegaram até nós geralmente retratam apenas o método de questionamento de Sócrates, em vez de fornecer um relato prático da arte socrática de viver sabiamente.

Mesmo que os filósofos antigos não tivessem me fornecido as respostas práticas que procurava naquela época, eles me inspiraram a ler mais. Meu recém-descoberto senso de propósito também ajudou a recolocar a minha vida nos trilhos: parei de me envolver em encrencas e me matriculei para estudar filosofia na universidade, em Aberdeen. Percebi, no entanto, que algo não estava certo – a maneira como abordávamos o assunto era muito acadêmica e teórica. Quanto mais tempo eu passava no porão da biblioteca, debruçado sobre os livros, mais parecia me afastar da concepção original de Sócrates da filosofia como um modo de vida, algo que poderia moldar nosso caráter e nos ajudar a florescer. Se os filósofos antigos eram verdadeiros guerreiros da mente, suas contrapartes modernas se tornaram mais como bibliotecários da mente, mais interessados em agrupar e organizar ideias do que em colocar a filosofia em uso no dia a dia, como uma prática psicológica.

Após me formar, comecei a estudar e me especializar em psicoterapia, pois aprender a ajudar os outros parecia me oferecer um caminho para o autoaperfeiçoamento que poderia ser associado com meus estudos em filosofia. Foi um período de transição para o campo da terapia: as abordagens psicanalíticas freudianas e junguianas estavam lentamente dando lugar à terapia cognitivo-comportamental (TCC), que desde então havia se tornado a prática dominante de psicoterapia baseada em evidências. A TCC estava mais próxima da prática filosófica que eu estava buscando, porque nos encoraja a aplicar a razão em

---

2 Platão, *Apologia*.

nossas emoções. No entanto, é algo que você costuma fazer por alguns meses e depois acaba deixando de lado. Certamente, não tem como objetivo nos oferecer um modo de vida completo.

A terapia moderna tem necessariamente um alcance mais modesto do que a antiga arte socrática da vida. Hoje em dia, muitos de nós buscam apenas uma solução rápida para nossos problemas de saúde mental. No entanto, quando comecei a trabalhar como psicoterapeuta, tornou-se evidente, para mim, que a maioria dos pacientes que sofriam de ansiedade ou depressão se beneficiava da percepção de que seu sofrimento tinha origem em seus próprios *valores* subjacentes. Todo mundo sabe que, quando acreditamos piamente que algo muito ruim aconteceu, geralmente ficamos chateados como resultado dessa crença. Da mesma forma, se acreditamos que algo é muito bom e desejável, ficamos ansiosos quando isso está ameaçado ou tristes se já tiver sido perdido. Por exemplo, para sentir ansiedade social, você precisa acreditar que as opiniões negativas de outras pessoas sobre você são relevantes, que é algo muito ruim se não gostam de você e que é importante obter sua aprovação. Mesmo as pessoas que sofrem de um grave transtorno de ansiedade social (fobia social) tendem a se sentir "normais" quando conversam com crianças ou amigos íntimos sobre assuntos triviais, com apenas algumas exceções. No entanto, elas se sentem bastante ansiosas quando conversam com pessoas que consideram importantes sobre assuntos que consideram muito importantes. Se, ao contrário, sua visão de mundo fundamental supuser que sua imagem, seu *status* aos olhos de outros, é algo insignificante, a consequência disso é que você estará imune a sentir ansiedade social.

Imagino que qualquer um que puder adotar um conjunto de valores mais saudável e racional, indiferente à maior parte das coisas que nos angustia na vida, pode ser capaz de tornar-se mais resiliente emocionalmente. Eu não conseguia encontrar uma maneira de combinar a filosofia e os valores socráticos com algo como as ferramentas terapêuticas do TCC. Naquela época, enquanto estudava aconselhamento e psicoterapia, tudo mudou para mim porque, de repente, descobri o estoicismo.

O valor potencial do estoicismo me impressionou imediatamente quando me deparei com os livros do estudioso francês Pierre Hadot *O que é a Filosofia Antiga?* (1998) e *Filosofia como maneira de viver* (2004). Como o último título indica, Hadot explorou em profundidade a ideia de que os filósofos ocidentais antigos de fato abordavam a filosofia como um modo de vida. Meus olhos foram abertos para um imenso tesouro de práticas espirituais, escondidas na literatura da filosofia grega e romana, que foram claramente projetadas para ajudar a superar o sofrimento emocional e desenvolver a força do caráter. Hadot descobriu que práticas contemplativas se tornaram muito comuns nas escolas filosóficas do período helenístico, algumas gerações após a morte de Sócrates. A Escola Estoica, em particular, privilegiava o lado prático da filosofia socrática, não apenas por meio do desenvolvimento de virtudes como autodisciplina e coragem (o que poderíamos chamar de resiliência emocional), mas também pelo uso extensivo de exercícios psicológicos.

No entanto, algo me deixou intrigado. Hadot comparou essas práticas filosóficas aos exercícios espirituais dos primeiros cristãos. Como psicoterapeuta, percebi imediatamente que a maioria dos exercícios filosóficos e espirituais identificados por ele poderia ser comparada aos exercícios psicológicos presentes na psicoterapia moderna. Rapidamente tornou-se evidente para mim que o estoicismo era, de fato, dentre as escolas da filosofia ocidental antiga, aquela que apresentava a orientação terapêutica mais explícita, com o maior arsenal de técnicas psicológicas à sua disposição. Depois de vasculhar livros sobre filosofia por mais de uma década, percebi que havia procurado em todos os lugares, exceto no lugar certo. "A pedra que os construtores rejeitaram tornou-se a pedra angular" (Salmo 118).

Enquanto devorava a literatura sobre o estoicismo, notei que a forma da psicoterapia moderna mais semelhante a ela era a terapia comportamental emotiva racional (TREC), a principal precursora da TCC, desenvolvida pela primeira vez por Albert Ellis na década de 50. Ellis e Aaron T. Beck, o outro pioneiro da TCC, citaram a filosofia estoica como a inspiração para suas respectivas abordagens. Por exemplo, Beck e seus colegas escreveram em *Terapia Cognitiva da Depressão*: "As origens filosóficas da terapia cognitiva podem remontar até aos filósofos estoicos"[3]. De fato, a TCC e o estoicismo têm algumas suposições psicológicas fundamentais em comum, particularmente, a teoria cognitiva da emoção, que sustenta que nossas emoções são determinadas principalmente por nossas crenças. A ansiedade consiste em grande parte na crença, por exemplo, de que "algo de ruim vai acontecer", segundo Beck. Além disso, a partir dessas premissas compartilhadas, o estoicismo e a TCC

3 Beck, Rush, Shaw, e Emery, *Terapia Cognitiva da Depressão*, p. 8.

chegaram a conclusões semelhantes sobre quais tipos de técnicas psicológicas poderiam ser úteis para pessoas que sofrem de ansiedade, raiva, depressão e outros problemas.

Uma técnica estoicista particularmente chamou minha atenção. Embora esteja atestado nas fontes antigas, há quase nenhuma menção a algo como a "visão de cima" – como Hadot a chamava – na psicoterapia moderna ou na literatura de autoajuda. Tal visão permitiria assistir aos eventos como se fossem vistos do alto, talvez, como fariam os deuses no topo do Monte Olimpo. A ampliação da nossa perspectiva geralmente induz a um senso de equanimidade emocional. Ao praticá-la, notei, assim como Hadot, que ela unifica uma confluência de temas centrais à filosofia antiga em uma única visão. Também descobri que era fácil transformá-la em um roteiro de meditação guiada. Naquele momento, eu já fazia treinamento de psicoterapeutas e palestrava em conferências, podendo guiar salas cheias de terapeutas e estudantes experientes, até cem por vez, através da minha versão do exercício. Fui surpreendido positivamente ao descobrir que o compreenderam instantaneamente, tornando-se um de seus exercícios favoritos. Eles descreveram como foram capazes de permanecer excepcionalmente calmos enquanto contemplavam sua situação de vida a partir de uma perspectiva desapegada. Comecei a compartilhar meus recursos *online* em meu *blog* pessoal.

Nos Estados Unidos, o empresário e marqueteiro Ryan Holiday adotou o estoicismo em *O obstáculo é o caminho* (2014) e *The Daily Estoic (Estoicismo diário)*, em coautoria com Stephen Hanselman. No Reino Unido, a celebridade televisiva Derren Brown publicou mais tarde um livro chamado *Happy* (Feliz), com clara inspiração estoica. Esses autores estavam alcançando um público totalmente novo, muito além da academia, e apresentando-o ao estoicismo como uma forma de autoajuda e filosofia de vida. O cientista cético e professor de filosofia Massimo Pigliucci publicou o livro *Como ser um Estoico*, em 2017. No mesmo ano, o político republicano Pat McGeehan lançou *Stoicism and the Statehouse* (O Estoicismo e o Governo). O estoicismo também estava sendo usado nas Forças Armadas, como parte do treinamento de resistência militar do coronel Thomas Jarrett. O executivo da NFL e ex-técnico do New England Patriots Michael Lombardi aderiu a essa filosofia, que passou a ganhar cada vez mais adeptos do mundo dos esportes. Claramente, o estoicismo estava mais uma vez ganhando popularidade, e isso era apenas a ponta do *iceberg*.

Comunidades *online* de estoicos estavam florescendo, atraindo centenas de milhares de membros em toda a internet.

CONTANDO A HISTÓRIA DO ESTOICISMO

Alguns anos atrás, quando minha filha Poppy tinha quatro anos, ela começou a me pedir para contar histórias. Eu não conhecia histórias de crianças, então, contei a ela o que me veio à mente: mitos gregos, histórias sobre heróis e filósofos. Uma de suas histórias favoritas era sobre o general grego Xenofonte. Tarde da noite, quando jovem, ele estava andando por uma passagem entre dois prédios perto do mercado ateniense. De repente, um estranho misterioso, escondido nas sombras, bloqueou seu caminho com um cajado de madeira. Uma voz perguntou da escuridão: "Você sabe aonde alguém deve ir se quiser comprar mercadorias?". Xenofonte respondeu que eles estavam bem ao lado da Ágora, o melhor mercado do mundo. Lá você pode comprar qualquer mercadoria que seu coração desejar: joias, comida, roupas e assim por diante. O estranho parou por um momento antes de fazer outra pergunta: "Para onde, então, devemos ir para aprender como se tornar uma boa pessoa?". Xenofonte ficou estupefato. Ele não fazia ideia de como responder. A figura misteriosa baixou seu cajado, saiu das sombras e se apresentou como Sócrates. Sócrates disse que os dois deveriam tentar descobrir como alguém poderia se tornar uma boa pessoa, porque isso é certamente mais importante do que saber onde comprar todos os tipos de mercadorias. Então Xenofonte seguiu Sócrates e tornou-se um de seus amigos e seguidores mais próximos.

Eu disse a Poppy que a maioria das pessoas acredita que há muitas coisas boas – boa comida, roupas, casas, dinheiro etc. – e muitas coisas ruins na vida, mas talvez Sócrates diria que elas estão erradas. Ele se perguntava se havia apenas uma coisa boa e se ela estaria dentro de nós, e não do lado de fora. Talvez fosse algo como a sabedoria ou a coragem. Poppy pensou por um minuto, então, para minha surpresa, ela balançou a cabeça, dizendo "Isso não é verdade, papai!", o que me fez sorrir. Então ela disse mais uma coisa: "Conte-me essa história novamente", porque ela queria continuar pensando nisso. Ela me perguntou como Sócrates se tornara tão sábio, e eu contei a ela o segredo de sua sabedoria: ele fez muitas perguntas sobre as coisas mais importantes da vida e depois ouviu atentamente as respostas. Então, eu continuei contando histórias, e ela continuou fazendo muitas perguntas. Como pude perceber, essas pequenas histórias sobre Sócrates fizeram muito mais do que apenas ensinar coisas a ela. Elas a encorajaram a pensar por si mesma sobre o que significa viver com sabedoria.

Um dia, Poppy me pediu para escrever as histórias que estava contando, e então fiz isso. Escrevi-as mais longas e detalhadamente, depois li de volta para ela. Compartilhei algumas delas *online*, em meu blog. Contar essas histórias e discuti-las com ela me fez perceber que essa era, de muitas maneiras, uma abordagem melhor para ensinar filosofia como um modo de vida. Isso nos permitiu analisar o exemplo dado por filósofos famosos e considerar se eles fornecem ou não bons exemplos. Imaginei que um livro que ensinasse os princípios estoicos por meio de histórias reais de seus antigos praticantes poderia ser útil não apenas para minha filhinha, mas também para outras pessoas.

Em seguida, perguntei-me quem seria o melhor candidato a ser usado como modelo de comportamento estoico, sobre quem poderia contar histórias que dariam vida à filosofia e colocariam carne em seus ossos. A resposta óbvia era Marco Aurélio. Sabe-se muito pouco sobre a vida da maioria dos filósofos antigos, mas Marco era um imperador romano, então, há muito mais evidências sobre sua vida e caráter. Um dos poucos textos estoicos sobreviventes consiste em anotações pessoais para si mesmo, a respeito de suas práticas contemplativas, hoje conhecidas como *Meditações*. Ele começa *Meditações* com um capítulo escrito em um estilo completamente diferente do restante do livro: um catálogo das virtudes, os traços que ele mais admirava na família e nos professores. Ele lista cerca de dezesseis pessoas no total. Aparentemente, ele também acreditava que a melhor maneira de começar a estudar a filosofia estoica era com a observação de exemplos vivos das virtudes. Acredito que faz sentido ver a vida de Marco como um exemplo de estoicismo da mesma maneira que ele viu a vida de seus próprios professores estoicos.

Os capítulos seguintes são todos baseados em uma leitura cuidadosa da história. Embora tenha recorrido a uma ampla variedade de fontes, aprendemos sobre a vida e o caráter de Marco principalmente nos relatos históricos romanos de Cassius Dio, Herodiano, e na *História Augusta*, bem como nas próprias palavras de Marco em *Meditações*. Em alguns momentos, adicionei pequenos detalhes ou diálogos para dar vida à história, mas é assim que, com base nas evidências disponíveis, imagino que os eventos da vida de Marco se desenrolaram.

O capítulo final deste livro é escrito em um estilo diferente, semelhante a uma meditação guiada. Baseia-se intimamente nas ideias apresentadas em *Meditações*, de Marco Aurélio, embora eu tenha parafraseado suas palavras para transformá-las em um relato mais longo, deliberadamente destinado a evocar imagens mentais e uma experiência contemplativa mais elaborada. Também incluí alguns provérbios e ideias derivadas de outros autores estoicos. Apresentei-a na forma de um monólogo interno ou fantasia, porque senti que era uma boa maneira de apresentar a contemplação estoica da morte e a "visão de cima".

Este livro inteiro foi projetado para ajudá-lo a seguir Marco na aquisição da força mental estoica e, eventualmente, um sentimento mais profundo de plenitude. Você perceberá que uni o estoicismo com elementos da TCC em muitos lugares, o que, como vimos, é algo natural, já que a TCC foi inspirada no estoicismo, tendo algumas crenças fundamentais em comum. Portanto, você notará que me refiro a ideias terapêuticas modernas, como "distanciamento cognitivo", que é a capacidade de distinguir nossos pensamentos da realidade externa, e "análise funcional", que avalia as consequências de diferentes direções da ação. A TCC é uma terapia de curto prazo, uma abordagem corretiva para problemas de saúde mental, como ansiedade e depressão. Todo mundo sabe que é melhor prevenir do que remediar. As técnicas e conceitos da TCC têm sido adaptados para uso na construção da resiliência, para reduzir o risco de desenvolver problemas emocionais mais sérios no futuro. No entanto, acredito que, para muitas pessoas, uma combinação da filosofia estoica e da TCC pode ser ainda mais benéfica, como uma abordagem preventiva de longo prazo. Quando a assumimos como uma filosofia de vida, com a prática diária, temos a oportunidade de desenvolver uma maior resiliência emocional, força de caráter e integridade moral. É realmente sobre isso que este livro trata.

Os estoicos podem ensiná-lo a encontrar um senso de propósito na vida, como enfrentar as adversidades, como vencer a raiva dentro de si, moderar seus desejos, experimentar fontes saudáveis de alegria, suportar dores e doenças pacientemente e com dignidade, exibindo coragem diante de suas ansiedades, lidando com a perda e talvez até mesmo diante de sua própria mortalidade, permanecendo tão inabalável quanto Sócrates. Marco Aurélio enfrentou desafios colossais durante seu reinado como imperador de Roma. *Meditações* fornece uma janela para sua alma, permitindo-nos ver como ele se guiou por toda essa jornada. De fato, eu convido você, como leitor, a se esforçar para ler este livro de uma maneira especial, a tentar colocar-se no lugar de Marco e olhar a vida através de seus olhos, através das lentes de sua filosofia. Vejamos se podemos acompanhá-lo nessa jornada, enquanto transformava a si mesmo, dia após dia, em um legítimo estoico. Se o destino permitir, mais pessoas poderão aplicar a sabedoria do estoicismo aos desafios reais e aos problemas cotidianos da vida moderna. No entanto, essa mudança não sairá das páginas deste livro. Ela só virá com uma decisão firme, aqui e agora, de começar a colocar ideias como essas em prática. Como Marco escreveu para si mesmo, "Não perca mais tempo discutindo sobre como um homem bom deveria ser; apenas seja um"[4].

4 *Meditações.*

CAPÍTULO 1

O IMPERADOR MORTO

O ano é 180 d.C. Quando outro inverno longo e difícil chega ao fim na fronteira norte, o imperador romano Marco Aurélio está à beira da morte em sua cama no acampamento militar em Vindobona (Viena moderna). Seis dias antes, ele fora acometido por uma febre e os sintomas pioraram rapidamente. Está claro, para seus médicos, que ele finalmente está prestes a sucumbir à grande Peste Antonina (provavelmente uma espécie de varíola), que assolava o império nos últimos catorze anos. Marco tem quase sessenta anos, fisicamente frágil, e todos os sinais mostram que sua recuperação é bastante improvável. No entanto, para os médicos e cortesões presentes, ele parece estranhamente calmo, quase indiferente. Ele tem se preparado para esse momento durante a maior parte de sua vida. A filosofia estoica seguida por ele ensinou-o a praticar a contemplação de sua própria mortalidade de maneira calma e racional. Aprender a morrer, de acordo com os estoicos, é desaprender a ser escravo.

Essa atitude filosófica em relação à morte não veio naturalmente para Marco. Seu pai faleceu quando Marco era apenas uma criança, deixando-o sozinho. Quando ele completou dezessete anos, foi adotado pelo imperador Antonino Pio, como parte de um plano de sucessão de longo prazo elaborado por seu antecessor, Adriano, que previra o potencial de sabedoria e grandeza em Marco quando este ainda era pequeno. No entanto, ele se mostrara relutante em deixar a casa de sua mãe para o palácio imperial. Antonino convocou os melhores professores de retórica e filosofia para treinar Marco, preparando-o para sucedê-lo como imperador. Entre seus tutores havia especialistas em platonismo e aristotelismo, mas sua principal educação filosófica estava no estoicismo. Esses homens se tornaram como parte de sua família. Quando um de seus tutores mais queridos morreu, diz-se que Marco chorou tão violentamente que os servos do palácio tentaram contê-lo. Estavam preocupados que as pessoas achassem que seu comportamento era impróprio para um futuro governante. No entanto, Antonino disse-lhes para deixar Marco em paz: "Deixem-no ser apenas homem desta vez, pois nem a filosofia nem o império eliminam os sentimentos naturais". Anos mais tarde, após ter perdido várias crianças pequenas, Marco foi novamente às lágrimas em público enquanto presidia uma ação judicial, quando ouviu um advogado dizer, no decurso de sua argumentação: "Bem-aventurados os que morreram com a peste"[5].

Marco era um homem naturalmente amoroso e afetuoso, profundamente sensibilizado com a perda. Ao longo da vida, ele se voltou cada vez mais para os antigos preceitos do estoicismo como uma maneira de suportar a morte de pessoas próximas a ele. Agora, no leito de morte, ele reflete mais uma vez sobre aqueles que perdeu. Alguns anos antes, a imperatriz Faustina, sua esposa durante 35 anos, falecera. Ele viveu o suficiente para ver oito dos treze filhos morrerem. Quatro de suas oito filhas sobreviveram, mas apenas um de seus cinco filhos homens, Cômodo. No entanto, a morte estava em toda parte. Durante o reinado de Marco, milhões de romanos em todo o império haviam sido mortos por guerras ou doenças. As duas andavam lado a lado, pois os campos legionários eram particularmente vulneráveis a surtos da peste, especialmente durante os longos meses de inverno. O ar ao seu redor ainda está denso com o cheiro doce de incenso, que os romanos esperavam em vão que ajudasse a impedir a propagação da doença. Fazia mais de uma década que o cheiro de fumaça e incenso era um lembrete para Marco de que ele estava vivendo à sombra da morte e que a sobrevivência de um dia para o outro nunca deveria ser vista como garantida. A infecção com a peste nem sempre era fatal. No entanto, Galeno, o célebre médico da corte de Marco, observara que as vítimas inevitavelmente morriam quando suas fezes ficavam pretas, um sinal de sangramento intestinal. Talvez dessa forma os médicos de Marco souberam de sua morte iminente, ou talvez tenham percebido o quão frágil ele se tornara com a idade. Ao longo de sua vida adulta, ele esteve propenso a dores crônicas no peito e estômago e a crises de enfermidade. Costumava ter pouco apetite. Agora voluntariamente rejeitava comida e bebida para acelerar a própria morte. Sócrates costumava dizer que a morte é como alguém que brinca usando uma máscara assustadora, vestida de bicho-papão para assustar as crianças pequenas. O sábio remove cuidadosamente a máscara e, olhando-a de frente, não encontra nada que valha a pena temer. Por causa de toda essa preparação ao longo da vida, agora que sua morte finalmente se aproxima, Marco não mais a teme, como quando parecia distante. Então, ele pede aos médicos que descrevam pacientemente e em detalhes o que está acontecendo dentro de seu corpo, para que ele possa contemplar seus próprios sintomas

---

5 Watson, *Marcus Aurelius Antoninus.*

com a indiferença de um filósofo natural. Sua voz está fraca, e as feridas na boca e na garganta dificultam a fala. Em pouco tempo, ele se cansa e gesticula para que saiam, desejando continuar suas meditações sozinho.

Sozinho em seu quarto, enquanto ouve o próprio chiado da respiração, ele não se sente mais como um imperador – apenas um velho débil, doente e moribundo. Ao virar a cabeça para um lado, vislumbra o próprio reflexo na superfície polida de uma estatueta de ouro da deusa Fortuna ao lado da cama. Seus professores estoicos o aconselharam a praticar um exercício mental quando observasse sua própria imagem. É uma maneira de criar resiliência emocional, treinando-se para aceitar a própria mortalidade. Focando os olhos diretamente em seu reflexo, tenta imaginar seus predecessores no Império Romano, mortos havia muito tempo, olhando-o de volta. Primeiro, ele imagina Antonino, seu pai adotivo, e depois seu avô adotivo, o imperador Adriano. Ele até mesmo imagina seu reflexo sendo lentamente substituído pelas feições características representadas nas pinturas e esculturas de Augusto, o fundador do império, dois séculos antes. Ao fazê-lo, Marco silenciosamente pergunta-se "*Onde eles estão agora?*", e sussurra a resposta: "*Em nenhum lugar... ou pelo menos em nenhum lugar sobre o qual possamos falar*"[6].

Ele continua meditando pacientemente, embora sonolento, sobre a mortalidade dos imperadores que o precederam. Agora já não resta nada deles a não ser ossos e poeira. Suas vidas outrora ilustres se tornaram gradualmente insignificantes para as gerações subsequentes, que já os haviam esquecido quase completamente. Até seus nomes pareciam antigos, evocando memórias de outra época. Quando menino, o imperador Adriano tornou-se amigo de Marco, e os dois costumavam caçar javalis juntos. Agora, para os jovens oficiais sob o comando de Marco, Adriano é apenas um nome nos livros de história; seu verdadeiro corpo foi substituído há muito tempo por retratos e estátuas sem vida. Antonino, Adriano, Augustus – todos igualmente mortos e ultrapassados. Todos, de Alexandre, o Grande, ao seu humilde cocheiro, terminam a vida enterrados sob a mesma terra. Desde o rei até o mais pobre, todos aguardam pelo mesmo destino...

Esses pensamentos são rispidamente interrompidos por um surto de tosse que expele sangue e tecido da úlcera no fundo de sua garganta. A dor e o desconforto da febre competem por sua atenção, mas Marco transforma o fato

6 *Meditações*, 10.31.

em outro capítulo de suas meditações: diz a si mesmo que é apenas mais um desses homens mortos. Logo ele não será nada além de nome ao lado deles nos livros de história, e um dia, até mesmo seu nome será esquecido. É assim que contempla sua própria mortalidade: usando um dos muitos exercícios estoicos seculares aprendidos em sua juventude. Uma vez que realmente aceitamos nosso próprio fim como um fato inevitável da vida, faz tão pouco sentido desejar a imortalidade como desejar corpos tão duros quanto diamante ou poder voar nas asas de um pássaro. Quando pudermos aceitar a verdade com clareza, de que certos infortúnios são inevitáveis, não sentiremos mais a necessidade de nos preocupar com eles. Também não mais ansiamos por coisas que aceitamos serem impossíveis, desde que possamos ver com clareza que é inútil fazê-lo. Como a morte está entre as coisas mais certas da vida, para um homem sábio, ela deve estar entre as menos temidas.

Embora Marco tenha começado a treinar filosofia quando tinha apenas doze anos, sua prática se intensificou aos vinte e poucos anos, quando se dedicou de todo o coração a se tornar um estoico. Desde então, ensaiou os exercícios estoicos diariamente, treinando sua mente e corpo para obedecer à razão, transformando-se progressivamente, tanto como homem quanto como governante, em algo que se aproxima do ideal estoico. Ele tentou desenvolver sua própria sabedoria e resiliência sistematicamente, moldando-se à imagem dos filósofos que compartilharam seus ensinamentos com ele e com outros grandes homens que conquistaram sua admiração, entre os quais Antonino. Marco estudou a maneira como eles enfrentavam diferentes formas de adversidade com uma dignidade calma. Ele observou atentamente como viviam de acordo com a razão, exibindo as virtudes cardeais da sabedoria, justiça, coragem e temperança. Eles sentiram a dor da perda, mas não sucumbiram a ela. Marco esteve de luto tantas vezes e pôde praticar uma atitude diante desse fato com tanta frequência que já não chorava incontrolavelmente. Ele não gritava mais "Por quê?" e "Como isso pôde acontecer?", nem sequer tinha esses pensamentos. Ele compreendeu firmemente a verdade de que a morte é uma parte natural e inevitável da vida. Agora que sua hora chegou, ele a recebe com uma atitude filosófica. Você pode até dizer que ele aprendeu a fazer amizade com a morte. Ele ainda derrama lágrimas e lamenta perdas, mas como um homem sábio faz. Ele não aumenta mais sua tristeza natural reclamando e levantando os punhos contra o universo.

Desde que completou seu diário de reflexões sobre filosofia, vários anos antes, Marco passou pelo estágio final de uma jornada espiritual de toda uma vida. Agora, acometido pela dor e desconforto, chegando perto do fim, ele se lembra gentilmente de que já havia morrido muitas vezes ao longo do caminho. Antes de tudo, Marco, o menino, morrera ao entrar no palácio imperial como herdeiro do trono, assumindo o título de César após a morte de Adriano. Após a morte de Antonino, Marco, o jovem César, teve que morrer quando assumiu seu lugar como imperador de Roma. Deixar Roma para trás para assumir o comando das legiões do norte durante as Guerras Marcomanas sinalizou outra morte: uma transição para uma vida de guerra e a permanência em uma terra estrangeira. Agora, como um homem velho, ele enfrenta sua morte não pela primeira vez, mas pela última. A partir do momento em que nascemos, estamos constantemente morrendo, não apenas em cada estágio da vida, mas também um dia de cada vez. Nosso corpo não é mais aquele que nossas mães deram à luz, como Marco afirmou. Ninguém é a mesma pessoa que foi ontem. Perceber isso facilita o desapego: não podemos nos agarrar à vida assim como não podemos nos agarrar às águas que correm em um riacho.

Agora Marco está ficando sonolento e prestes a partir, mas ele se levanta com algum esforço e senta-se em sua cama.

Há negócios inacabados para resolver. Ele ordena que os guardas chamem os membros de sua família e o círculo interno de cortesões, os "amigos do imperador", que foram convocados para seu acampamento. Embora pareça frágil e tenha sofrido de doenças durante toda a vida, Marco é famoso por sua resiliência. No passado, já esteve prestes a morrer, mas desta vez os médicos confirmaram que é improvável que ele sobreviva. Todos sentem que o fim está próximo. Ele se despede de seus amados amigos, de seus genros e de suas quatro filhas restantes. Ele teria beijado cada um deles, mas a peste os obriga a manter distância.

O genro Pompeu, seu braço direito e general sênior durante as Guerras Marcomanas, está lá como sempre. Seu amigo de longa data Aufidius Victorinus, outro de seus generais, também está presente, assim como Bruttius Praesens, sogro de Cômodo, e outro de seus genros, Gnaeus Claudius Severus, amigo íntimo e companheiro filósofo. Eles se reúnem, com rostos solenes, em volta de seu leito. Marco enfatiza que eles devem cuidar bem de Cômodo, seu único filho sobrevivente, que governou ao seu lado como coimperador durante os últimos três anos. Ele havia nomeado os melhores professores disponíveis para ele, mas a influência deles está diminuindo. Cômodo tornou-se imperador quando tinha apenas dezesseis anos; Marco precisou esperar até os quarenta. Jovens governantes, como o imperador Nero, tendem a ser facilmente corrompidos, e Marco já via que seu filho estava cercado de más companhias. Ele pede a seus amigos, especialmente a Pompeu, que lhe façam a honra de garantir que a educação moral de Cômodo continue como se ele fosse filho deles.

Marco nomeara Cômodo seu herdeiro oficial, concedendo-lhe o título de César, quando ele tinha apenas cinco anos de idade. O irmão mais novo de Cômodo, Marcus Annius Verus, também foi nomeado César, mas acabou morrendo logo depois. Marco tinha esperanças de que os dois garotos governassem em conjunto um dia. Quaisquer planos de sucessão que fossem decididos por Marco e o Senado seriam precários. No entanto, no auge da peste, quando a Primeira Guerra Marcomana estourou, era necessário, para a estabilidade de Roma, que houvesse um herdeiro designado, caso um usurpador tentasse tomar o trono. Durante um surto anterior da doença, cinco anos antes, havia rumores de que Marco já havia falecido. Seu general mais poderoso nas províncias do leste, Cássio Avídio, foi aclamado imperador pela legião egípcia, desencadeando uma guerra civil de curta duração. Marco imediatamente ordenou que Cômodo saísse de Roma em direção à fronteira norte para assumir a *toga viril*, marcando sua passagem oficial para a vida adulta. Depois que a rebelião foi reprimida, Marco continuou acelerando o processo para designar Cômodo imperador. Se Marco morresse sem um herdeiro, outra guerra civil provavelmente se seguiria.

Da mesma forma, substituir Cômodo por um governante substituto, nesse estágio, deixaria todo o império vulnerável. As tribos do norte poderiam aproveitar a oportunidade para renovar seus ataques, e outra invasão poderia significar o fim de Roma. Nesse momento, a maior esperança de Marco era que Cômodo seguisse a orientação de seus professores e conselheiros de confiança. No entanto, ele estava sendo influenciado por vários aproveitadores que constantemente reivindicavam a ele o retorno a Roma. Enquanto permanecesse no exército, sob o olhar atento de seu cunhado Pompeu, ainda havia esperança de que Cômodo aprendesse a governar com sabedoria. Ao contrário do pai, porém, ele não tinha interesse algum na filosofia.

No meio da conversa, Marco de repente cai para a frente e perde a consciência. Alguns de seus amigos estão alarmados e começam a chorar incontrolavelmente porque assumem que ele está indo embora. Os médicos conseguem despertá-lo. Quando Marco vê os rostos enlutados de seus companheiros, em vez de temer a própria morte, sua atenção se volta para eles. Marco observa-os chorando por ele, assim como chorara por sua esposa e filhos e por tantos amigos e professores perdidos ao longo dos anos. Porém, agora que estava morrendo, as lágrimas deles parecem desnecessárias. Parece inútil lamentar algo inevitável, que está além do controle de qualquer pessoa. É mais importante para ele que eles organizassem a transição para o reinado de Cômodo com calma e prudência. Embora Marco esteja quase inconsciente, de alguma forma, as coisas parecem mais claras do que nunca. Ele deseja que aqueles reunidos ali se lembrem de sua própria mortalidade, aceitem suas implicações, compreendam seu significado e vivam com sabedoria, então sussurra: "Por que vocês choram por mim em vez de pensar na peste e sobre a morte como o destino comum a todos nós?".

O quarto fica silencioso enquanto aquela gentil advertência é compreendida. Os soluços se acalmam. Ninguém sabe o que dizer. Marco sorri e gesticula com fraqueza, dando-lhes permissão para sair. Suas palavras de despedida são: "Se vocês me derem permissão para ir embora, eu lhes darei adeus e seguirei adiante de vocês"[7]. À medida que notícias de seu estado se espalhavam pelo acampamento, os soldados ficaram profundamente entristecidos – porque eles o amavam muito mais do que se importavam com seu filho Cômodo. No dia seguinte, Marco acorda cedo, sentindo-se extremamente frágil e cansado. A febre está ainda pior. Percebendo que se trata de suas últimas horas, Marco convoca Cômodo. A série de guerras contra tribos hostis germânicas e sármatas nas quais Marco luta há mais de uma década já se mostram em seus estágios finais. Ele exorta seu filho a levá-las a um fim satisfatório, assumindo o comando pessoal do exército, perseguindo as tribos inimigas restantes até que se rendam e supervisionando as complexas negociações de paz em andamento. Marco adverte Cômodo de que, se ele não permanecer na frente de batalha, o Senado pode encarar isso como uma traição, depois de todo o investimento nas longas guerras e de tantas vidas terem sido perdidas na batalha.

No entanto, ao contrário de seu pai, Cômodo está aterrorizado com a possibilidade da morte. Olhando para o corpo franzino de Marco, em vez de se sentir inspirado a seguir o exemplo virtuoso do pai, ele se sente repugnado e com medo. Ele reclama que corre o risco de contrair a peste permanecendo

---

7 *História Augusta*, 28.5.

entre as legiões do norte e que anseia mais do que tudo por retornar à segurança de Roma. Marco garante que em breve, como único imperador, ele poderá fazer o que quiser, mas ordena que Cômodo espere apenas mais alguns dias antes de partir. Então, sentindo a iminência de sua morte, Marco ordena aos soldados que levem Cômodo sob sua proteção, para que o jovem não possa ser acusado de ter assassinado o pai. Agora Marco só pode esperar que seus generais consigam convencer Cômodo a abandonar seu desejo imprudente de retirar-se da fronteira norte.

Marco afirmou que ninguém poderia se dar ao luxo de dizer que não tem pelo menos um ou dois inimigos em seu leito de morte desejando ardentemente o seu fim[8]. Ele diz que, no próprio caso, como imperador, poderia pensar em centenas de pessoas em desacordo com os seus valores, que ficariam muito felizes em vê-lo morto. Eles não compartilham seu amor à sabedoria e à virtude e zombam de sua visão de um império que faz da liberdade de seus cidadãos seu objetivo principal. No entanto, a filosofia ensinou-o a ser grato pela vida e, ainda assim, a não ter medo de morrer – como uma azeitona amadurecida caindo do galho, agradecendo tanto à árvore por lhe dar vida quanto à terra abaixo, por receber sua semente quando cai. Para os estoicos, a morte é uma transformação muito natural, o retorno do nosso corpo à mesma origem da qual viemos. Portanto, no funeral de Marco, o povo dirá não que ele está perdido, mas que retornou aos deuses e à natureza. Talvez seus amigos tenham expressado esses sentimentos em seus elogios, porque soa como uma referência aos ensinamentos estoicos que Marco tanto apreciava. Jamais diga que qualquer coisa foi perdida, dizem eles. Apenas que retornou à natureza.

Infelizmente, Cômodo envolve-se com bajuladores que constantemente lhe pedem para voltar para casa, onde podem desfrutar de uma vida mais luxuosa. "Por que você continua bebendo essa lama gelada, Senhor César, quando poderíamos estar em Roma bebendo águas puras, que correm quentes e frias?" Somente Pompeu, o mais velho entre seus conselheiros, o confronta, alertando-o de que deixar a guerra inacabada seria ao mesmo tempo vergonhoso e perigoso. Como Marco, Pompeu acredita que o inimigo verá essa atitude como uma retirada covarde e ganhará confiança para futuros levantes; o Senado verá isso como incompetência. Cômodo é persuadido por um curto período, mas, por fim, a atração de Roma é muito grande. Ele dá a Pompeu a

8 *Meditações*, 10.36.

desculpa de que deve voltar para Roma caso um usurpador apareça de repente, planejando um levante em sua ausência. Depois que Marco se for, Cômodo concluirá a guerra às pressas, pagando enormes quantias aos líderes de tribos hostis germânicas e sármatas. Fugir dos campos do exército minará, de uma só vez, qualquer credibilidade que ele ainda pudesse ter com as tropas que eram tão leais ao pai. Em vez disso, ele deve recorrer à população de Roma em busca de apoio, recorrendo a espetáculos caros que agradem a multidão, buscando ganhar popularidade, comportando-se cada vez mais como uma celebridade em vez de um governante sábio e benevolente. Segundo os estoicos, muitas vezes aqueles que estão mais desesperados para fugir da morte se atiram apressadamente em seus braços, e isso parecia extremamente verdadeiro no caso de Cômodo. Marco viveu até os 58 anos, apesar de sua fragilidade e doença, e a despeito das duras condições que enfrentou no comando das legiões do norte. Por outro lado, Cômodo está destinado a se envolver em um mundo de paranoias e violência após repetidas tentativas de assassinato. Seus inimigos em Roma acabarão por matá-lo quando ele tiver apenas 31 anos de idade. Como Marco disse uma vez, não há número de guarda-costas suficiente para proteger um governante que não tenha a aprovação de seus súditos.

O sucessor escolhido por um imperador é uma parte importante de seu legado. No entanto, os estoicos ensinaram que não podemos controlar as ações de outras pessoas e que mesmo professores sábios, como Sócrates, têm filhos e estudantes rebeldes. Quando Estilpo, um filósofo da Escola Megárica, um dos precursores do estoicismo, foi criticado pelo caráter indigno de sua filha, ele afirmou que as ações dela não lhe causavam mais desonra do que suas próprias ações a honravam. No fim das contas, o verdadeiro legado de Marco não seria Cômodo, mas a inspiração que seu próprio caráter e filosofia forneceram para as gerações seguintes. Como todos os estoicos, Marco acreditava firmemente que a virtude deveria ser sua própria recompensa. Ele também se contentava em aceitar que os eventos da vida, e mais ainda aqueles após a morte, nunca são inteiramente de nossa responsabilidade.

No entanto, os estoicos ensinaram que o homem sábio tem uma inclinação natural a escrever livros que ajudem outras pessoas. Em algum momento de sua primeira campanha na fronteira norte, Marco, separado de seus queridos amigos e professores estoicos de Roma, começou a escrever suas reflexões pessoais sobre filosofia como uma série de pequenas notas e máximas. Ele provavelmente começou pouco depois da morte de seu principal tutor estoico, Júnio Rústico. Talvez ele tenha começado a escrever como uma forma de lidar com esse golpe, tornando-se seu próprio professor, como substituto das conversas com Rústico. Essas reflexões são conhecidas hoje como *Meditações*. Como o texto sobreviveu é um mistério: ele pode ter caído nas mãos de Cômodo, a menos que Marco o tenha deixado a outra pessoa. Talvez o texto tenha mudado de mãos na reunião final com sua corte. Decepcionado com o caráter imprudente do filho, o imperador moribundo saberia ao menos que um de seus amigos de confiança manteria em segurança o seu verdadeiro presente para as gerações futuras.

Assim que Cômodo se foi, Marco acena para o jovem oficial de vigília se aproximar e sussurra algo em seu ouvido. Então, cansado, cobre a cabeça com um lençol e cai no sono, falecendo silenciosamente durante a sétima noite de sua doença. De manhã, seus médicos declaram a morte do imperador, e o campo é lançado em um estado de confusão e angústia. Com a rápida disseminação da notícia, os soldados e o povo enchem as ruas em pranto. Segundo Herodiano, um historiador romano que testemunhou em primeira mão o reinado de Cômodo, todo o império clamou como em um único coro quando a notícia da morte de Marco se espalhou. Eles lamentaram a perda dele como seu "Pai Amável", "Nobre Imperador", "General Valente" e "Governante Sábio e Moderado", e, na opinião de Herodiano, "todo homem falava a verdade".

À medida que a confusão do lado de fora aumentava, guardas nervosos perguntam ao tribuno: "O que ele disse?". O oficial parecia estar prestes a falar, mas faz uma pausa por um momento. Ele franze a testa, perplexo, enquanto transmite a mensagem do imperador morto: "Vá ao sol nascente", ele disse, "pois já estou me pondo"[9].

A HISTÓRIA DO ESTOICISMO

Marco Aurélio foi o último estoico famoso do mundo antigo. No entanto, a história do estoicismo começou quase quinhentos anos antes de sua morte, com um naufrágio. Um jovem comerciante fenício da ilha de Chipre, chamado Zenão de Cítio, estava transportando sua carga de pigmento púrpura pelo Mediterrâneo.

---

9 Cassius Dio, 72.34.

Muitos milhares de mariscos fermentados tiveram que ser cuidadosamente dissecados à mão para extrair apenas alguns gramas dessa mercadoria de valor inestimável, conhecida como púrpura real ou imperial, pois era utilizada para tingir as vestes de imperadores e dos reis. O navio foi acometido por uma violenta tempestade. Zenão escapou com vida por pouco e desembarcou em terra no porto grego de Pireu. Ele assistiu impotente, da praia, enquanto sua carga preciosa afundava sob as ondas e voltava ao oceano de origem.

Segundo conta a história, Zenão perdeu tudo naquele naufrágio.

Devastado, ele se viu vivendo como um mendigo depois de seguir para a vizinha Atenas: um imigrante sem dinheiro em uma cidade estrangeira. Procurando orientação sobre a melhor maneira de viver, caminhou por quilômetros até o Oráculo de Delfos, onde o deus Apolo, falando por meio de sua sacerdotisa, anunciou que Zenão "deveria tomar a cor não de moluscos mortos, mas de homens mortos". Ele deve ter ficado bastante confuso com esse conselho enigmático. Sentindo-se completamente perdido, Zenão voltou para Atenas e irrompeu em uma pilha de livros em uma livraria. Lá ele começou a ler o que, por acaso, tratava-se de uma série de anedotas sobre Sócrates, escritas por Xenofonte, um de seus mais ilustres alunos. As palavras lidas por Zenão atingiram-no como um raio e transformaram completamente sua vida.

Os aristocratas gregos tradicionalmente acreditavam que a virtude estava associada a um nascimento nobre. Sócrates, no entanto, argumentou que virtudes clássicas como justiça, coragem e temperança eram apenas formas de sabedoria moral, que poderiam ser adquiridas por qualquer pessoa. Ele instruiu Xenofonte de que as pessoas deveriam treinar-se para adquirir sabedoria e virtude por meio da autodisciplina. Depois que Sócrates foi executado, Xenofonte escreveu fielmente muitas lembranças das conversas de Sócrates sobre filosofia. Talvez tenha sido nesse momento que Zenão percebeu de repente o que a mensagem do Oráculo significava: ele deveria "assumir a cor dos homens mortos" absorvendo completamente os ensinamentos dos homens sábios de gerações anteriores, ensinamentos como as doutrinas filosóficas que ele estava lendo, *Memorabilia*, escrito por Xenofante a respeito de Sócrates.

Zenão soltou o livro, levantou-se e perguntou animadamente ao livreiro: "Onde posso encontrar um homem como esse hoje?". Aconteceu então que um famoso filósofo cínico chamado Crates de Tebas estava passando naquele momento, e o livreiro o apontou, dizendo: "Siga aquele homem". Com certeza,

Zenão se tornou seguidor de Crates, estudando a filosofia cínica fundada por Diógenes de Sinope. O estoicismo, portanto, evoluiu do cinismo, e as duas tradições permaneceram intimamente associadas até a época de Marco Aurélio.

Hoje, quando falamos de "cinismo", falamos de algo como uma atitude de negatividade e desconfiança, mas isso está muito pouco relacionado ao significado do "cinismo" de então. A filosofia antiga do cinismo dedicava-se a cultivar a virtude e a força do caráter por meio de um treinamento rigoroso que consistia em suportar várias formas de "dificuldades voluntárias". Era um modo de vida austero e autodisciplinado. Mais tarde, os seguidores de Zenão chamariam essa prática de um atalho para a virtude. No entanto, ele não estava completamente satisfeito com a filosofia cínica e aparentemente acreditava que suas doutrinas eram desprovidas de rigor intelectual. Portanto, ele passou a estudar nas escolas acadêmicas e megarianas de filosofia, respectivamente fundadas por Platão e Euclides de Megara, dois dos alunos mais famosos de Sócrates. Todas essas escolas se concentraram em diferentes aspectos da filosofia: os cínicos, na virtude e autodisciplina; os megarianos, na lógica; e os acadêmicos, nas teorias metafísicas sobre a oculta natureza da realidade.

Zenão parece ter tentado sintetizar os melhores aspectos das diferentes tradições filosóficas atenienses. No entanto, as escolas cínica e acadêmica eram frequentemente vistas como representando pressupostos fundamentalmente diferentes sobre o que significa *ser* um filósofo. Os cínicos zombavam da natureza pretensiosa e teórica da Academia de Platão. Os acadêmicos, por sua vez, acreditavam que as doutrinas dos cínicos eram grosseiras e extremas – Platão, supostamente, chamava Diógenes de "Sócrates enlouquecido". Zenão deve ter visto sua própria posição como um ajustamento. Seus seguidores acreditavam que estudar teoria filosófica, ou assuntos como lógica e cosmologia, pode ser bom na medida em que nos torna mais virtuosos e melhora nosso caráter. No entanto, também pode ser algo ruim se levar o indivíduo a tornar-se pedante ou excessivamente "acadêmico", a ponto de nos desviar da busca da virtude. Marco aprendeu a ter essa mesma atitude com seus professores estoicos. Ele advertia a si mesmo repetidamente para não se distrair com a leitura de muitos livros – perdendo tempo com questões insignificantes em lógica e metafísica –, mas em vez disso, permanecer concentrado no objetivo prático de viver com sabedoria.

Depois de estudar filosofia em Atenas por cerca de duas décadas, Zenão fundou sua própria escola em um prédio público com vista para a Ágora, a *Stoa Poikile*, ou "Pórtico Pintado", onde costumava discursar sobre filosofia andando vigorosamente de um lado para o outro. Os estudantes que se reuniram lá foram primeiramente conhecidos como zenonianos, mas mais tarde se autodenominavam estoicos, em homenagem ao *stoa*, ou pórtico. É possível que o nome "estoico" também indique a natureza prática e realista da filosofia. Essa filosofia surge nas ruas de Atenas, em público, perto do mercado onde Sócrates passava seu tempo discutindo sabedoria e virtude. A mudança de nome de zenonianos para estoicos é significativa porque, diferentemente de outras seitas filosóficas, os fundadores do estoicismo não afirmavam ser perfeitamente sábios. A atitude de Zenão em relação a seus alunos talvez se assemelhasse à descrita mais tarde por Sêneca, que afirmava não ser um especialista como um médico, mas via seu papel mais como o de um paciente, descrevendo o progresso de seu tratamento a outros pacientes nas camas de hospital ao lado. Esse princípio contrastava fortemente com o da escola do epicurismo, por exemplo, que foi nomeada em homenagem a seu fundador. Epicuro afirmava ser perfeitamente sábio, e seus alunos eram obrigados a memorizar suas palavras, comemorar seu aniversário e reverenciar sua imagem.

Zenão dizia a seus alunos que havia aprendido a valorizar a sabedoria mais do que riqueza ou a reputação. Ele costumava dizer: "Minha jornada mais lucrativa começou no dia em que naufraguei e perdi toda a minha fortuna"[10]. Ainda hoje, não é incomum ver um paciente na terapia chegar à paradoxal conclusão de que perder o emprego pode ter sido a melhor coisa que já lhe aconteceu. Zenão adotou o ensinamento cínico de que a riqueza e outras coisas externas são completamente indiferentes e que a virtude é o verdadeiro objetivo da vida. Dizendo de maneira direta, os cínicos queriam dizer era que nosso caráter é a única coisa que importa, e que a sabedoria consiste em aprender a ver tudo o mais na vida como totalmente inútil em comparação a isso. Eles acreditavam que, para dominar essa atitude, era necessário um treinamento moral e psicológico ao longo da vida, para suportar voluntariamente as dificuldades e a renúncia a certos desejos.

Entretanto, em contraste com os cínicos, outros filósofos argumentaram que "bens externos" – como saúde, riqueza e reputação – também eram necessários

10 Diogenes Laertius, 7.1.4.

para se ter uma vida boa, além da virtude. O problema é que essas coisas externas estão em grande medida nas mãos do destino, o que parece tornar uma vida boa algo inatingível para muitos indivíduos. Sócrates, por exemplo, era notoriamente feio diante dos padrões atenienses, vivia em relativa pobreza e morreu perseguido por inimigos poderosos. Sua vida teria sido melhor se ele fosse bonito, rico e elogiado por todos? Sua grandeza não consistia precisamente na sabedoria e força de caráter com as quais enfrentou todos esses obstáculos na vida? Como veremos, a inovação de Zenão foi argumentar que as vantagens externas têm, sim, algum valor, mas de um tipo completamente diferente da virtude. Elas nem sempre são completamente indiferentes. Para os estoicos, a virtude ainda é o único bem verdadeiro – os cínicos estavam certos sobre isso –, mas também é natural preferir saúde a doença, riqueza a pobreza, amigos a inimigos e assim por diante, dentro de limites razoáveis. As vantagens externas, tais como a riqueza, podem gerar mais oportunidades, mas elas simplesmente não carregam o tipo do valor que poderia definir o que é uma vida boa.

Zenão foi profundamente influenciado por seu aprendizado inicial na filosofia do cinismo. No entanto, procurou equilibrar e ampliar seus ensinamentos, combinando-os com elementos de outras escolas da filosofia ateniense. Seus estudos abrangentes o convenceram de que disciplinas intelectuais como lógica e metafísica poderiam contribuir potencialmente para o desenvolvimento de nosso caráter moral. Portanto, Zenão estabeleceu um currículo para o estoicismo dividido em três tópicos abrangentes: Ética, Lógica e Física (que incluía metafísica e teologia). A Escola Estoica fundada por ele tinha uma série de líderes, ou "estudiosos", e um conjunto de doutrinas centrais, mas os alunos também eram incentivados a pensar por si mesmos. Após a morte de Zenão, Cleantes, um de seus alunos, que anteriormente era boxeador e regava jardins à noite para ganhar a vida, tornou-se diretor da Escola Estoica; ele foi seguido por Crísipo, um dos intelectuais mais aclamados do mundo antigo. Em conjunto, esses três pensadores desenvolveram as doutrinas originais da Escola Estoica.

Os ensinamentos de Zenão e Cleantes eram simples, práticos e concisos. Fiel às suas raízes cínicas, Zenão concentrou-se em melhorar o caráter de seus jovens estudantes, evitando debates acadêmicos muito prolongados. Quando alguém reclamava que seus argumentos filosóficos eram muito bruscos, Zenão concordava e respondia que, se pudesse, também abreviaria as sílabas. No entanto, Crísipo foi um escritor prolífico e desenvolveu muitos argumentos – dizem que ele escreveu mais de setecentos livros. Na época, tornou-se necessário defender o estoicismo contra as críticas filosóficas levantadas por outras escolas, especialmente os emergentes céticos acadêmicos, e isso exigia a formulação de argumentos cada vez mais sofisticados. Por outro lado, Cleantes, o professor de Crísipo, não era um grande intelectual. Segundo a lenda, Crísipo costumava dizer que seria melhor que Cleantes fosse direto ao assunto e lhe ensinasse as conclusões da Escola Estoica, para que ele pudesse desenvolver argumentos melhores por si próprio. Hoje em dia, muitos estudantes do estoicismo adotam uma atitude semelhante: são atraídos pela visão de mundo estoica, mas preferem "atualizá-la" recorrendo a uma gama mais ampla de argumentos da ciência e da filosofia modernas. O estoicismo nunca teve a intenção de ser doutrinário. Crísipo discordava de Zenão e de Cleantes em muitos aspectos, o que permitiu que o estoicismo continuasse evoluindo.

A Escola Estoica original sobreviveu por alguns séculos antes de aparentemente se fragmentar – em três ramos diferentes, de acordo com um autor. Não sabemos ao certo o porquê. Felizmente, naquela época, os romanos da República passaram a adotar a filosofia grega e sentiram uma afinidade especial pelo estoicismo. O famoso general romano que destruiu Cártago, Cipião Africano, o Jovem, tornou-se aluno do último mestre da Escola Estoica em Atenas, Panécio de Rodes. No século 2 a.C., Cipião reuniu em torno de si um grupo de intelectuais em Roma conhecido como Círculo Cipiônico, que incluía seu amigo próximo Lélio, o Sábio, outro influente estoico romano.

O famoso estadista e orador romano Cícero, que viveu algumas gerações depois, é uma das nossas fontes mais importantes de informação para entender o estoicismo. Embora fosse seguidor da Academia Platônica, Cícero, no entanto, conhecia muito sobre a filosofia estoica e escreveu extensivamente sobre o assunto. Por outro lado, seu amigo e rival político Catão de Utica era um "estoico completo", como Cícero afirma, um exemplo vivo do estoicismo; contudo, não deixou escritos sobre filosofia. Posicionando-se contra o tirano Júlio César durante a grande guerra civil romana, após sua morte, Cato tornou-se um herói e uma inspiração para as gerações de estoicos posteriores.

Após o assassinato de César, seu bisneto Otaviano tornou-se Augusto, o fundador do Império Romano. Augusto tinha um famoso tutor estoico chamado Ário Dídimo, de certa forma estabelecendo um precedente para os imperadores romanos seguintes, principalmente Marco, de se associarem à filosofia. Algumas gerações depois de Augusto, o filósofo estoico Sêneca foi nomeado tutor de retórica do jovem imperador Nero, tornando-se posteriormente o escritor de seus discursos e conselheiro político – uma posição que claramente tensionava com os valores morais estoicos de Sêneca, já que Nero degenerara-se em um déspota cruel. Ao mesmo tempo, uma facção política chamada Oposição Estoica, liderada por um senador chamado Trásea, intencionava tomar uma posição de princípio contra Nero e os imperadores subsequentes considerados tiranos. Mais tarde, Marco mencionou sua admiração por Cato, Trásea e outros associados a eles, o que é intrigante, pois esses estoicos haviam sido adversários famosos, ou pelo menos críticos, do domínio imperial.

O imperador Nero, por outro lado, era menos tolerante com a dissidência política dos filósofos, e ordenou a execução de Trásea e Sêneca. No entanto, o secretário de Nero tinha um escravo chamado Epicteto, que se tornou talvez o mais famoso professor de filosofia da história romana após ganhar liberdade. O próprio Epicteto não deixou registos escritos, mas suas discussões com os alunos foram registradas por um deles, Arriano, em vários livros dos *Discursos* e um pequeno *Manual*, resumindo o aspecto prático de seus ensinamentos. Os estoicos conhecidos pessoalmente por Marco provavelmente foram influenciados por Epicteto, e alguns certamente haviam participado de suas palestras. De fato, sabemos que Marco recebeu cópias das anotações dessas palestras por seu principal tutor estoico, Júnio Rústico, por isso não é surpresa descobrir que Epicteto é o autor mais citado nas *Meditações*. Marco provavelmente se considerava um adepto da versão do estoicismo de Epicteto, embora os dois nunca tenham se encontrado pessoalmente.

Quase cinco séculos depois de Zenão, o comerciante de tinturas, fundar a Escola Estoica, Marco Aurélio ainda falava em tingir as coisas de púrpura. Ele adverte a si mesmo para evitar tingir seu caráter com o púrpura real, transformando-se em um César, em vez de aspirar a permanecer fiel a seus princípios filosóficos. Marco (por duas vezes) lembra a si mesmo que suas vestes imperiais roxas são apenas lã de ovelha tingida com o muco fermentado de mariscos. Ele diz a si mesmo para tingir sua mente com a sabedoria dos preceitos filosóficos transmitidos por seus professores estoicos. Marco Aurélio, de fato, considerava-se primeiro estoico e depois imperador.

NO QUE OS ESTOICOS ACREDITAVAM?

Os estoicos eram escritores prolíficos, mas provavelmente menos de 1% de seus escritos sobrevivem até hoje. Os textos mais influentes que temos hoje vêm dos três estoicos romanos famosos da era imperial: as várias cartas e ensaios de Sêneca, os *Discursos, Manual* e as *Meditações* de Marco Aurélio. Também temos alguns escritos romanos anteriores sobre estoicismo de Cícero, alguns fragmentos de um livro dos primeiros estoicos gregos, assim como vários outros textos menores. Mesmo lamentavelmente incompletos, esses textos fornecem uma imagem consistente das principais doutrinas da filosofia.

As escolas da filosofia helenística que se seguiram à morte de Sócrates eram muitas vezes diferenciadas em termos de sua definição de qual seria o objetivo da vida. Para os estoicos, esse objetivo é definido como "viver de acordo com a natureza", o que era sinônimo de viver de maneira sábia e virtuosa. Os estoicos argumentaram que os seres humanos são, antes de tudo, criaturas pensantes, capazes de exercer a razão. Embora compartilhemos muitos instintos com outros animais, nossa capacidade de pensar racionalmente é o que nos torna humanos. A razão governa nossas decisões, em certo sentido – os estoicos chamam isso de nossa "capacidade dominante". Permite-nos avaliar nossos pensamentos, sentimentos e impulsos e decidir se são bons ou ruins, saudáveis ou não saudáveis. Portanto, temos o dever inato de proteger nossa capacidade de raciocinar e usá-la adequadamente. Quando raciocinamos bem sobre a vida e vivemos racionalmente, exibimos a virtude da sabedoria. Viver de acordo com a Natureza, em parte, significa cumprir nosso potencial natural de sabedoria; para nós, esse é o significado de florescer como seres humanos.

Os estoicos, portanto, adotaram o nome filosofia, que significa "amor à sabedoria", literalmente. Eles amavam a sabedoria, ou a virtude, acima de tudo. Se "virtude" soa um pouco pomposo, a palavra grega para ela, *aretê*, é sem dúvida mais bem traduzida como "excelência de caráter". Nesse sentido, algo está excelente caso desempenhe bem sua função. Os seres humanos atingem a excelência quando pensam claramente e raciocinam bem sobre suas vidas, o que significa viver sabiamente. Os estoicos adotaram a divisão socrática das virtudes cardeais em sabedoria, justiça, coragem e moderação. As outras três virtudes podem ser entendidas como a sabedoria sendo aplicada às nossas ações em diferentes áreas da vida. A justiça é a sabedoria aplicada à esfera social, no nosso relacionamento com outras pessoas. Mostrar coragem e moderação significa dominar nossos medos e desejos, respectivamente, superando o que os estoicos chamavam de "paixões" doentias que, de outra forma, interferem em nossa capacidade de viver de acordo com a sabedoria e a justiça.

A sabedoria, em todas essas formas, requer principalmente a compreensão da diferença entre as coisas boas, ruins e indiferentes. A virtude é boa e o vício é ruim, mas todo o resto é indiferente. De fato, como vimos, os estoicos seguiram os cínicos, mantendo o princípio de que a virtude é o único verdadeiro bem. No entanto, Zenão fez uma distinção entre coisas indiferentes que são "preferíveis", "desprezáveis" ou completamente indiferentes. Em termos grosseiros, as coisas externas têm algum valor, mas não é algo pelo qual vale a pena se aborrecer – tendo um tipo diferente de valor. Os estoicos explicaram essa relação dizendo que, se pudéssemos colocar a virtude de um lado em um conjunto de escalas, não importaria quantas moedas de ouro ou outras coisas indiferentes empilhadas fossem colocadas do lado oposto, a balança jamais penderia para o outro lado. No entanto, algumas coisas externas são preferíveis a outras, e a sabedoria consiste precisamente em nossa capacidade de fazer esse tipo de julgamento de valor. A vida é preferível à morte, a riqueza é preferível à pobreza, a saúde é preferível à doença, os amigos são preferíveis aos inimigos, e assim por diante.

Como Sócrates havia dito anteriormente, essas vantagens externas na vida só são boas se soubermos usá-las com sabedoria. No entanto, se algo pode ser usado para o bem ou para o mal, não pode ser realmente bom em si mesmo, portanto, deve ser classificado como "indiferente" ou neutro. Os estoicos diriam que coisas como saúde, riqueza e reputação são, no máximo, vantagens ou oportunidades, em vez de serem coisas boas por si sós. As vantagens sociais, materiais e físicas, na verdade, trazem aos indivíduos tolos mais oportunidades de prejudicar a si mesmos e aos outros.

Pense nos vencedores da loteria. Aqueles que desperdiçam sua riqueza repentina frequentemente acabam mais infelizes do que poderiam imaginar. Quando mal utilizadas, vantagens externas, como a riqueza, fazem mais mal do que bem. Os estoicos iriam além: o homem sábio e bom pode florescer mesmo quando confrontado com doenças, pobreza e inimigos. O verdadeiro objetivo da vida para os estoicos não é adquirir tantas vantagens externas quanto possível, mas usar o que nos é dado com sabedoria, seja doenças, seja saúde, riqueza ou pobreza, amigos ou inimigos. O sábio estoico, ou o homem sensato, não precisa de nada, mas usa tudo para o bem; o tolo acredita que "precisa" de inúmeras coisas, mas as utiliza para o mal.

O mais importante de tudo é que a busca pelas coisas preferíveis entre as indiferentes nunca deve ser feita à custa da virtude. Por exemplo, a sabedoria pode nos dizer que a riqueza geralmente é preferível às dívidas, mas valorizar mais o dinheiro do que a justiça é um vício. Para explicar o valor supremo atribuído à sabedoria e à virtude, os estoicos compararam a razão, nossa "faculdade dominante", a um rei em relação à sua corte. Todos na corte estão situados em algum lugar em uma hierarquia de importância. No entanto, o rei é importante de maneira única, porque é ele quem atribui a todos os outros na corte um papel na hierarquia. Como mencionado anteriormente, os estoicos chamam a razão, o rei nessa metáfora, de a nossa "faculdade dominante" (*hegemonikon*). É da natureza humana desejar certas coisas na vida, como sexo e comida. A razão nos permite recuar e questionar se o que desejamos realmente será bom para nós ou não. A própria sabedoria tem um valor único, porque nos permite julgar o valor das coisas externas – trata-se da fonte de valor de todo o resto. Como, portanto, lucra um homem, diriam os estoicos, se ele ganha o mundo inteiro, mas perde sua sabedoria e virtude?

Além de acreditar que os humanos são criaturas essencialmente pensantes, capazes de raciocinar, os estoicos também acreditavam que a natureza humana é inerentemente social. Eles partiam da premissa de que, em condições normais, geralmente temos um vínculo de "afeto natural" com nossos filhos. (Se não fosse assim, como sabemos agora, nossos filhos teriam menos chances de sobreviver e transmitir nossos genes.) Esse vínculo de afeto natural também tende a se estender a outros entes queridos, como cônjuges, pais, irmãos e amigos próximos. Os estoicos acreditavam que, à medida que amadurecemos em sabedoria, nos identificamos cada vez mais com nossa própria capacidade de raciocinar, mas também começamos a nos identificar com os outros, na medida em que eles são capazes de raciocinar. Em outras palavras, o homem sábio estende o apreço moral a todas as criaturas racionais e as vê, de certo modo, como seus irmãos e irmãs. É por essa razão que os estoicos descreveram seu ideal como sendo o cosmopolitismo, ou seja, ser "cidadãos do universo" – uma expressão atribuída tanto a Sócrates quanto a Diógenes, o Cínico. A ética estoica abrange cultivar esse afeto natural em relação a outras pessoas, de acordo com virtudes como justiça, equidade e bondade. Embora essa dimensão social do estoicismo seja frequentemente negligenciada hoje em dia, esse é um dos temas principais em *Meditações*. Marco aborda tópicos como as virtudes da justiça e bondade, a afeição natural, a irmandade do homem e a ética do cosmopolitismo em praticamente todas as páginas.

Outro equívoco comum hoje em dia é crer que os estoicos são desprovidos de emoções. Os próprios estoicos antigos negaram consistentemente essa visão, afirmando que seu ideal era não ser como um homem de ferro ou ter um coração de pedra. De fato, eles distinguiram entre três tipos de emoção: boa, ruim e indiferente. Eles tinham nomes para muitos tipos diferentes de boas paixões (*eupatheiai*), uma expressão que englobava desejos e emoções, que agrupavam em três grandes tópicos:

1. Um profundo sentimento de alegria ou gratidão e paz de espírito, que era resultado de viver com sabedoria e virtude.
2. Um sentimento saudável de aversão ao vício, como um senso de consciência, honra, dignidade ou integridade.
3. O desejo de ajudar a nós mesmos e aos outros, por meio da amizade, bondade e boa vontade.

Eles também acreditavam que dispomos de muitos desejos e emoções irracionais, como medo, raiva, desejo e certas formas de prazer que são ruins para nós. Os estoicos não acreditavam que emoções prejudiciais deveriam ser suprimidas, mas, sim, que deveriam ser substituídas por emoções saudáveis. No entanto, essas emoções saudáveis não estão inteiramente sob nosso controle, e nem sempre temos a garantia de experimentá-las; portanto, não devemos confundi-las com a virtude, o objetivo máximo da vida. Para os estoicos, essas emoções saudáveis são como um bônus adicional.

Eles também ensinaram que nossos sentimentos primordiais e automáticos devem ser vistos como naturais e indiferentes. Isso inclui coisas como ficar assustado ou irritado, corar, empalidecer, enrijecer, tremer, suar ou gaguejar. São reações naturais, como reflexos, nossas primeiras reações antes que transformemos em paixões profundas. Compartilhamos essas protoemoções com alguns animais não humanos, e, assim, os estoicos as veem com indiferença, como não sendo boas nem más. De fato, como veremos, Sêneca observou o paradoxo de que, antes de podermos exibir as virtudes da coragem e da moderação, precisamos ter pelo menos algum traço de medo e desejo de superação.

Portanto, até mesmo o sábio estoico pode tremer diante do perigo. O importante é o que ele fará em seguida. Ele demonstra coragem e autocontrole precisamente ao aceitar esses sentimentos, elevando-se acima deles e afirmando sua capacidade de raciocínio. Ele não é enfeitiçado pelo canto de sereia do prazer ou amedrontado pelo aguilhão da dor.

Algumas dores têm o potencial de nos tornar mais fortes, e alguns prazeres, de nos prejudicar. O que importa é o uso que fazemos dessas experiências, e, para isso, precisamos de sabedoria. O homem sábio suportará dor e desconforto, como se submeter a uma cirurgia ou participar de exercícios físicos extenuantes, se for saudável para seu corpo e, mais importante, se for saudável para seu caráter. Ele também renunciará a prazeres como comer *fast-food*, entregar-se às drogas ou álcool ou dormir demais, se isso não for saudável para o corpo ou ruim para o seu caráter. Tudo volta ao exercício da razão e ao objetivo de viver com sabedoria.

A essa altura, você apreciará quanta confusão é causada por pessoas que misturam "estoicismo" filosófico com a concepção de "estoicismo" do sendo comum. O estoicismo como é popularmente conhecido é apenas um traço de personalidade: é a tenacidade mental ou a habilidade de suportar dor e adversidade sem reclamar. O estoicismo filosófico trata-se de toda uma escola de filosofia grega. Ser emocionalmente resistente ou resiliente é apenas uma pequena parte dessa filosofia, e o estoicismo do senso comum negligencia toda a dimensão social da virtude estoica, que tem a ver com justiça, equidade e bondade com os outros. Além disso, quando as pessoas falam sobre ser estoico ou não deixar transparecer as emoções, geralmente significa simplesmente suprimir seus sentimentos, algo que é realmente conhecido por ser bastante prejudicial à saúde. Portanto, é importante deixar bem claro que isso não é recomendado por Marco Aurélio e outros pensadores estoicos. A filosofia estoica nos ensina a transformar emoções não saudáveis em saudáveis. Essa transformação ocorre usando a razão para contestar os julgamentos de valor e outras crenças nas quais essas emoções se baseiam, assim como fazemos na moderna terapia comportamental emotiva racional (TCER) e na terapia cognitivo-comportamental (TCC).

Nos capítulos seguintes, você aprenderá sobre as diferentes maneiras como o estoicismo pode ser aplicado à vida para superar tipos específicos de problemas psicológicos, incluindo dor, preocupação, raiva e perda. Histórias sobre a vida de Marco Aurélio fornecem um rosto humano para a filosofia e nos fornecerão exemplos práticos de estratégias e técnicas estoicas. Começaremos examinando o início da vida e a educação de Marco, pois isso vai direto ao cerne da questão, introduzindo o uso estoico da linguagem.

CAPÍTULO 2

A CRIANÇA MAIS VERDADEIRA DE ROMA

Marco nasceu em 26 de abril de 121 d.C. e foi "criado sob os olhos de Adriano"[11]. Mais tarde, ele adotou o nome *Aurélio*, porém, ao longo de sua infância, era conhecido como Marco Ânio Vero, em homenagem a seu pai e seus avós. A família viveu na pequena cidade de Ucubi, na província romana de Hispania Baetica (na Espanha moderna), antes de se mudar para Roma. Quando ele tinha cerca de três anos, seu pai morreu – não sabemos as circunstâncias. Marco mal o conhecia, mas depois escreveu sobre sua humanidade e humildade a partir do que ouviu sobre o pai, por sua reputação e pelo pouco que se lembrava.

Marco foi criado por sua mãe e avô paterno, um senador ilustre que havia servido três vezes como cônsul. Ele era amigo íntimo do imperador Adriano e cunhado da esposa de Adriano, a imperatriz Sabina, tia-avó de Marco. Como membro de uma rica família de patrícios com vínculos com o imperador, Marco era naturalmente parte do círculo social de seu avô, e embora nos digam que ele era amado por todos, algo em Marco chamou a atenção de Adriano. O imperador acumulou honras sobre ele desde tenra idade, inscrevendo-o na ordem equestre aos seis anos, fazendo dele o que às vezes é descrito como um cavaleiro romano. Quando Marco tinha oito anos, Adriano o nomeou para o Colégio dos Salii, ou sacerdotes saltadores, cujo principal dever envolvia realizar danças rituais elaboradas em homenagem a Marte, o deus da guerra, enquanto usavam uma armadura antiga, espadas e escudos cerimoniais.

Adriano apelidou o garoto de Verissimus, que significa "verdadeiro" ou "o mais verdadeiro", uma brincadeira com o nome da família Vero, que significa "verdadeiro". É como se ele descobrisse que Marco, uma simples criança, era o indivíduo mais sincero na corte. De fato, a família de Marco, embora rica e influente, era notável por cultivar a honestidade e a simplicidade. A tendência de Marco de falar com honestidade deu a ele uma afinidade natural pela filosofia estoica, que descobriria apenas mais tarde. No entanto, isso o colocou em

11 *História Augusta*, 4.1.

desacordo com a cultura intelectual predominante na corte de Adriano durante o auge do Segundo Movimento Sofista, um movimento cultural que celebra a retórica e oratória formal. Na época de Adriano, a arte e a literatura gregas estavam muito em voga. Os intelectuais gregos, particularmente os oradores, eram muito estimados e se tornaram tutores da elite romana, permitindo que a cultura grega florescesse no coração do Império Romano.

Os professores de retórica, o estudo formal da língua usada nos discursos, eram conhecidos como sofistas e faziam parte do currículo de qualquer jovem aristocrata da época, revivendo uma tradição grega que remonta à época de Sócrates. Eles geralmente incluíam lições morais, um pouco de filosofia e outros aspectos da cultura intelectual em suas lições. Daí a nossa palavra "sofisticação", que é vagamente o que eles procuravam transmitir. Como Sócrates havia observado havia muito tempo, embora os sofistas frequentemente parecessem estar fazendo filosofia, seu verdadeiro objetivo era ganhar elogios exibindo eloquência verbal, em vez da busca pela obtenção da virtude. Simplificando, enquanto falavam muito sobre sabedoria e virtude, eles não necessariamente viviam de acordo com esses valores. Estavam, geralmente, mais preocupados em competir entre si pelo reconhecimento público e aplausos por seu conhecimento e eloquência. Portanto, a aparência de sabedoria tornou-se mais importante para muitos romanos do que a própria sabedoria. Até o próprio imperador se entregou a isso. A *História Augusta*, uma das nossas fontes mais importantes, diz que, embora Adriano fosse um talentoso escritor de prosa e verso, ele frequentemente procurava ridicularizar e humilhar os professores dessas e de outras artes, em uma tentativa para mostrar que era mais culto e inteligente. Ele entrava em discussões pretensiosas com certos professores e filósofos, nas quais cada lado distribuía panfletos e poemas contra o outro – o equivalente romano das atuais ofensas ou trolagens na internet.

Por exemplo, o sofista Favorinus de Arelate era conhecido em todo o império como um de seus maiores intelectuais. Ele era bem versado na filosofia cética da Academia e era muito elogiado por sua eloquência retórica. No entanto, Favorinus acabou curvando-se vergonhosamente em resposta às duvidosas afirmações do imperador Adriano sobre o uso correto de alguma palavra. "Você está me levando pelo caminho errado", Favorinus disse a seus amigos, "se você não me permitir considerar o mais instruído dos homens como sendo aquele que tem trinta legiões."[12] Adriano não gostou de ser contestado. Ainda pior, ele levou a cabo uma série de vinganças impiedosas contra intelectuais que discordavam dele. De fato, quando Favorinus acabou desagradando Adriano, ele foi exilado na ilha grega de Chios. Entretanto, por algum motivo, Adriano passou a admirar acima de tudo a integridade e a fala honesta de um jovem nobre, seu Verissimus, que amava mais a verdadeira sabedoria do que cultivar a aparência da sabedoria.

Adriano era um homem talentoso, passional e mercurial, o tipo de pessoa que você descreveria como muito inteligente, mas não necessariamente sábia. É com alguma surpresa que somos informados de que ele era amigo de Epicteto, o professor mais importante de estoicismo no Império Romano. Poderíamos ter dificuldade de imaginar o famoso estoico tolerando a presunção incansável de Adriano. No entanto, o imperador estava claramente em boas condições com o aluno mais famoso de Epicteto, Arriano, que escreveu e editou os *Discursos* e as *Anotações*. Como veremos, Arriano ganhou destaque durante o reinado de Adriano. Adriano não era filósofo, porém, via a filosofia da mesma maneira superficial que os sofistas: uma fonte de material para mostrar o aprendizado de alguém.

Em contrapartida, Epicteto, de maneira tipicamente estoica, advertia continuamente seus alunos a não confundirem aprendizado acadêmico com sabedoria e a evitar argumentos mesquinhos, minuciosos ou desperdiçar tempo com questões acadêmicas abstratas. Epicteto enfatizou a diferença fundamental entre um sofista e um estoico: o primeiro fala para ganhar elogios de seu público; o segundo, para melhorá-los, ajudando-os a alcançar sabedoria e virtude[13]. Os retóricos prosperam em elogios, que são vaidade; os filósofos amam a verdade e abraçam a humildade. A retórica é uma forma de entretenimento agradável de ouvir; a filosofia é uma terapia moral e psicológica, muitas vezes dolorosa de ouvir, porque muitas vezes nos obriga a admitir nossas próprias falhas para remediá-las – às vezes a verdade dói. O próprio professor de Epicteto, o estoico Musônio Rufus, costumava dizer a seus alunos: "Se você tem tempo para me elogiar, estou falando sem propósito". Por isso, a escola do filósofo, disse Epicteto, é uma clínica médica: você não deve ir lá esperando prazer, mas dor.

12 *História Augusta*, 15.13.

13 *Discursos*, 3.23.

Com o passar dos anos, Marco se tornaria cada vez mais consciente de sua desilusão com os valores dos sofistas e de sua afinidade natural com os valores dos estoicos. Provavelmente, até certo ponto, isso se deve à influência de sua mãe. Domícia Lucila era uma mulher notável que, assim como o pai de Marco, vinha de uma distinta família patrícia romana. Ela também era muito rica, tendo herdado uma vasta fortuna, incluindo uma importante fábrica de tijolos e azulejos situada nos arredores de Roma. No entanto, Marco diria mais tarde que ele foi particularmente influenciado pela simplicidade e modéstia de seu modo de vida, "muito diferente do dos ricos"[14].

Esse amor pela vida simples e a aversão à ostentação marcaram seu filho. Várias décadas depois, Marco revelou seu descontentamento com a pretensão e corrupção da vida na corte nas *Meditações*. Ele prometeu a si mesmo, porém, que nunca mais perderia tempo pensando negativamente sobre o assunto. Ele acrescentou que era apenas recorrendo à filosofia que a vida na corte poderia ser suportável para ele, e ele, suportável aos que estavam na corte. Ele lembrou a si mesmo que, onde quer que se possa viver, é possível viver bem, viver sabiamente, mesmo em Roma, onde sentia claramente que era uma luta manter-se em sintonia com a virtude estoica. Ele sentia que falta de verdade na vida cortesã era uma frustração constante, e passou a confiar no estoicismo como uma maneira de suportar tudo isso[15].

Marco também aprendeu a ter generosidade com sua mãe. Quando a sua única irmã se casou, Marco deu a ela toda a herança que o pai havia deixado para ele. Ao longo de sua vida, ele recebeu inúmeras outras heranças, e nos foi dito que ele geralmente as dava aos parentes mais próximos do falecido. Décadas depois, durante seu reinado como imperador, no início da Primeira Guerra Marcomana, Marco descobriu que os recursos do Estado estavam esgotados. Ele reagiu com a realização de um leilão público, com duração de dois meses, no qual inúmeros tesouros imperiais foram vendidos para arrecadar fundos para os esforços de guerra. Sua indiferença em relação à riqueza e às armadilhas da corte imperial foram de grande valia para solucionar uma grave crise financeira.

A mãe de Marco era amante da cultura grega, e ela pode ter apresentado o filho a alguns dos intelectuais que mais tarde se tornaram seus amigos e professores. Marco menciona que seu mentor estoico, Júnio Rústico, ensinou-o a

14 *Meditações*, 1.3.

15 *Meditações*, 8.9; 6.12; 5.16.

escrever cartas em um estilo muito simples e não afetado, como uma em particular que Rústico enviou à mãe de Marco de Sinuessa, na costa italiana[16]. Talvez as mães de Marco e Rústico tenham sido amigas por muitos anos. Juntamente com o amor de sua mãe pela cultura grega, alguns dos antigos valores romanos incutidos em Marco durante sua educação sem dúvida abriram caminho para seu interesse posterior pela filosofia estoica. De fato, deve ser por isso que ele se lembra desses valores nas passagens iniciais de *Meditações*.

Marco começou a desenvolver esses valores praticando filosofia extremamente jovem. A *História Augusta* conta que ele já era totalmente dedicado à filosofia estoica enquanto Adriano estava vivo. No entanto, parece ter aprendido sobre filosofia primeiro como um modo de vida prático, quando ainda era um garoto morando na casa de sua mãe, muito antes de começar a estudar a teoria filosófica, com a orientação de vários tutores eminentes. Primeiro, aprendeu a suportar o desconforto físico e a superar hábitos prejudiciais. Aprendeu a tolerar as críticas de outras pessoas e a evitar ser facilmente influenciado por belas palavras ou elogios.

Dominar nossas paixões dessa maneira é a primeira etapa do treinamento em estoicismo. Epicteto chamou de a "Disciplina do Desejo", embora ela abranja tanto nossos desejos quanto nossos medos ou aversões. Como vimos, os estoicos foram muito influenciados pelos filósofos cínicos que os precederam. Epicteto ensinou uma forma de estoicismo que levava em consideração muitos aspectos do cinismo. Dizem que ele era conhecido pelo *slogan* "perseverar e renunciar" (ou "suportar e tolerar"). Marco parece recordar esse ditado em *Meditações*, quando diz a si mesmo que deve procurar suportar as falhas de outras pessoas e renunciar a qualquer ação contra elas, enquanto aceita calmamente as coisas que estão fora de seu controle[17].

No livro 1 de *Meditações*, Marco, depois de contemplar as boas qualidades e lições aprendidas com a própria família, elogia um tutor misterioso e sem nome, provavelmente um escravo ou liberto da casa de sua mãe[18]. É realmente notável que Marco pareça atribuir a um humilde escravo mais influência em seu desenvolvimento moral do que ao imperador Adriano ou a qualquer um de seus tutores de retórica, que incluíam alguns dos intelectuais mais estimados do império. Esse homem sem nome mostrou ao jovem Marco como suportar

16 *Meditações*, 1.7.
17 *Meditações*, 5.33.
18 *Meditações*, 1.5.

dificuldades e desconfortos com paciência. Ele ensinou Marco a ser autossuficiente e a ter poucas necessidades na vida. Marco também aprendeu com ele a não dar ouvidos às calúnias e como evitar envolver-se com as preocupações de outras pessoas. Isso é completamente diferente do exemplo deixado por Adriano e por outros famosos sofistas que competiam para conquistar a benevolência do imperador e os aplausos das multidões em Roma. O mesmo tutor também aconselhou Marco desde o início a não se unir às facções verde ou azul nas corridas de carruagem, ou se aproximar dos gladiadores no anfiteatro. Como vimos, os cínicos eram famosos pelo treinamento para suportar dificuldades (*ponos*), por meio de seu estilo de vida austero e do uso de vários exercícios. Eles também eram famosos por serem indiferentes em relação a coisas externas, desconsiderando tanto elogios quanto as condenações de outras pessoas. Agindo dessa forma, eles podiam falar a verdade de maneira muito clara e simples. Nunca saberemos se o misterioso tutor de Marco foi influenciado pelo cinismo ou se apenas compartilhava valores semelhantes.

De qualquer forma, ele certamente forneceu à criança uma base sólida para seu futuro treinamento estoico.

Então, quem foi o primeiro a apresentar Marco ao estudo formal de filosofia? Surpreendentemente, ele nos diz que foi seu mestre de pintura, Diogneto. Eles teriam se conhecido quando Marco tinha cerca de doze anos, quando iniciou o estágio seguinte de sua educação. Existem algumas passagens impressionantes em *Meditações* nas quais Marco parece ter um olhar de pintor para captar detalhes visuais, como rachaduras em um pedaço de pão, linhas no rosto de uma pessoa idosa ou espuma pingando da boca de um javali selvagem. Essas observações são usadas para ilustrar as ideias metafísicas do estoicismo: a beleza das aparentes falhas de algo e seu valor se tornam mais claros quando vistos como parte de algo maior. Portanto, é tentador imaginar se essas reflexões foram inspiradas por conversas filosóficas que Marco teve quando criança com seu tutor de pintura.

De qualquer forma, Diogneto ensinou Marco a não desperdiçar seu tempo com assuntos triviais e afastou-o de divertimentos populares como as brigas de codornas – talvez o equivalente romano dos *videogames* de hoje. Ele também aconselhou Marco a não ser enganado por charlatões que vendiam milagres e encantos mágicos, ou por aqueles (certamente cristãos primitivos) que diziam exorcizar demônios. O desprezo pelo sobrenatural e a cautela contra o desperdício de tempo e energia em diversões como o jogo são atitudes que Marco pode ter aprendido com um filósofo cínico ou estoico. Diogneto também ensinou-o a tolerar a linguagem simples (*parrhesia*) e a dormir coberto com uma pele em uma cama de acampamento no chão, certamente referências às regras do regime cínico[19]. De fato, a *História Augusta* confirma que, na época em que Diogneto se tornaria seu tutor, Marco passou a usar as vestimentas de um filósofo e começou o treinamento para suportar adversidades. Contudo, sua mãe argumentou que dormir em um tapete como um legionário em campanha era algo inapropriado. Com algum esforço, ela o convenceu a usar um sofá, embora ainda coberto com peles de animais em vez de roupas de cama normais.

Marco diz que Diogneto ensinou a ele esses e outros aspectos do "treinamento grego" (*agoge*). Embora não saibamos quais eram todos esses aspectos, podemos inferir do que se tratavam alguns deles. Os filósofos cínicos costumavam ter uma dieta muito simples, à base de pão preto, lentilhas ou sementes de tremoço, e bebiam apenas água. De acordo com Musônio Rufo, professor de Epicteto, os estoicos também comiam alimentos simples e saudáveis, de fácil preparo, e deveriam fazê-lo com atenção e moderação, e jamais avidamente. Como os cínicos, os estoicos muitas vezes realizavam práticas para suportar o calor e o frio. Segundo a lenda, Diógenes, o Cínico, fazia isso despindo-se e abraçando estátuas congeladas no inverno ou rolando na areia quente sob o sol do verão. Sêneca descreveu banhos frios e nados no rio Tibre no início do ano – os banhos frios são populares entre os adeptos do estoicismo nos dias de hoje. Embora Marco não mencione esses detalhes, é possível que tenha adotado práticas semelhantes quando jovem, como parte de seu "treinamento grego", suportando dificuldades voluntariamente. O estudioso francês Pierre Hadot acreditava que essa frase fazia alusão ao notório treinamento espartano, cujos aspectos podem ter influenciado o estilo de vida austero adotado pelos filósofos cínicos e por alguns estoicos.

De fato, a filosofia no mundo antigo era antes de tudo um modo de vida. Hoje a "filosofia acadêmica", ensinada nas universidades, se transformou em uma busca muito mais abstrata e teórica. Por outro lado, os filósofos antigos eram facilmente reconhecidos por seu estilo de vida e até mesmo pela maneira como se vestiam. Os estoicos, assim como os cínicos antes deles, usavam uma única roupa chamada de *tribon* em grego. Essa capa ou xale rudimentar,

---

19 *Meditações*, 1.6.

feita de lã não tingida, geralmente de cor acinzentada, era usada em volta do corpo, geralmente com os ombros expostos. Certos filósofos, como Sócrates e os cínicos, também andavam descalços. Alguns filósofos romanos ainda se vestiam assim, embora o estilo fosse ocasionalmente considerado afetado e antiquado. Marco, pelo menos em sua juventude, usava os trajes de filósofo e, como podemos ver nas esculturas, mantinha uma barba longa e bem cuidada, o que provavelmente era típico dos estoicos daquele período.

Pode ser que Diogneto se vestisse e vivesse como um filósofo, e Marco tenha se inspirado a seguir seu exemplo. Mais uma vez, é impressionante que, no auge do Segundo Movimento Sofista, quando a oratória e a poesia eram muito populares na corte de Adriano, Marco tenha acabado escolhendo uma direção oposta. Ele afastou-se da sofisticação e ostentação da retórica, aproximando-se da simplicidade e honestidade da filosofia grega. Além de apresentá-lo a esse modo de vida, Diogneto começou a encorajar o garoto a escrever diálogos filosóficos e assistir às palestras de vários filósofos. (Ele nomeia três homens, mas nada mais se sabe sobre eles.) Alguns anos depois, com cerca de quinze anos, Marco participou brevemente de palestras na casa de um famoso professor estoico chamado Apolônio da Calcedônia, que por acaso estava visitando Roma. Apolônio partiu para a Grécia, mas, como veremos, em breve ele seria lembrado.

Nessa época, Marco já era um aspirante a estoico. Apolônio e outros certamente devem tê-lo apresentado aos ensinamentos de Epicteto, sem dúvida o mais influente de todos os filósofos romanos. Epicteto, cuja escola havia muito fora transferida de Roma para a Grécia, morreu quando Marco ainda era menino, portanto, eles provavelmente nunca se conheceram. No entanto, à medida que a educação de Marco avançava, ele desfrutaria da companhia de homens mais velhos que provavelmente assistiram às palestras de Epicteto e estavam estudando *Os Discursos* transcritos por Arriano. Em *Meditações*, Marco nomeia Epicteto como um filósofo exemplar, ao lado de Sócrates e Crísipo[20], e cita-o mais do que qualquer outro autor. De fato, Marco claramente considerava-se um discípulo de Epicteto. No entanto, sua família provavelmente acreditava que sua educação deveria se concentrar em aprender retórica com sofistas importantes, especialmente depois que ele fosse designado futuro imperador.

20 *Meditações*, 7.19.

O casamento de Adriano não deu origem a filhos, portanto, em seus últimos anos, quando sua saúde começou a se deteriorar, ele decidiu adotar um sucessor. Para surpresa de todos, ele escolheu um homem relativamente indistinto chamado Lucius Ceionius Commodus, que a seguir ficou conhecido como Lúcio Aélio César, iniciando uma tradição de que o herdeiro oficial do império assumiria o título de César. No entanto, Lúcio estava tão mal de saúde que acabou morrendo pouco mais de um ano depois. Adriano supostamente desejava que Marco, agora com dezesseis anos, se tornasse seu sucessor, mas sentia que o garoto ainda era jovem demais. Em vez disso, ele escolheu um homem mais velho chamado Titus Aurelius Antonino, já com cinquenta e poucos anos e duas filhas, não tendo nenhum filho sobrevivente. Ele era casado com a tia de Marco, Faustina. Assim, como parte de um arranjo de sucessão de longo prazo, Adriano adotou Antonino com a condição de que ele adotasse Marco, colocando-o na linha direta do trono. Dessa forma, Adriano adotou Marco como seu próprio neto.

No início do ano 138 d.C., no dia de sua adoção, o jovem Marco Ânio Vero assumiu o sobrenome de Antonino, ficando conhecido para sempre como Marco Aurélio Antonino. No entanto, para complicar as coisas, Lúcio Aélio, o homem que Adriano originalmente nomeara como seu sucessor e César, deixou para trás um jovem filho, também chamado Lúcio. Contudo, Antonino adotou o jovem Lúcio, que se tornou o novo irmão de Marco Aurélio. Mais tarde, imediatamente após sua própria nomeação, Marco nomeou seu irmão adotivo coimperador, quando ele ficou conhecido como o imperador Lúcio Vero. Trata-se da primeira vez que dois imperadores governaram em conjunto dessa maneira. Provavelmente, Marco decidiu compartilhar o poder com seu irmão em parte para evitar o risco de turbulências causadas pela presença de uma dinastia rival que pudesse reivindicar ao trono. (Voltaremos ao relacionamento entre Marco e seu irmão, Lúcio, mais tarde.)

Inicialmente, Marco ficou profundamente desapontado com o fato de Adriano o ter adotado na casa imperial. Ele relutou em mudar da vila de sua mãe para a casa particular do imperador. Quando amigos e familiares lhe perguntaram por que estava tão perturbado, ele relatou uma série de preocupações com a vida na corte. Com base em seus escritos posteriores, sabemos que teve dificuldades com a falta de sinceridade e a corrupção da política romana. Porém, naquela noite, depois de saber que se tornaria imperador, Marco sonhou que tinha braços e ombros de marfim. Perguntado no sonho se ele ainda poderia usá-los, ele levantou algo muito pesado, descobrindo que se tornara muito mais forte. Os ombros expostos eram a marca da resistência de um filósofo cínico ou estoico contra o frio, de maneira que talvez esse sonho tenha revelado que sua prática em filosofia estoica lhe daria a força e resiliência necessárias para cumprir seu futuro papel como imperador.

Marco era então o segundo na linha de sucessão, estando destinado a suceder Antonino. Ele foi apresentado ao círculo de intelectuais da corte, alguns dos maiores retóricos e filósofos do império. Ele também deve ter observado a maneira como o imperador os intimidava. Essa atitude estava em total desacordo com os valores de Marco, assim como as crescentes suspeitas de Adriano, a intolerância e perseguição a seus supostos inimigos. Mais tarde, durante seu próprio reinado como imperador, Marco fez questão de permitir que seus oponentes políticos não fossem punidos quando o ridicularizaram ou o criticaram publicamente. O máximo que fez em resposta às críticas foi refutar as afirmações educadamente por meio de discursos ou panfletos, enquanto Adriano teria promovido o banimento ou a decapitação de seus detratores. Notoriamente, Marco prometeu que nem um único senador seria executado durante seu reinado e, como veremos, manteve essa promessa, mesmo quando vários deles o traíram durante uma guerra civil no leste. Marco acreditava que a verdadeira força consistia na capacidade do indivíduo de mostrar bondade, não na violência ou agressão.

Nos últimos anos de reinado, Adriano tornou-se um tirano. Cada vez mais paranoico, contratou agentes para espionar seus amigos e ordenou várias execuções. Após sua morte, o Senado desaprovou completamente suas atitudes, até mesmo desejando anular seus atos e anular a tradicional honraria da deificação. No entanto, o novo imperador, Antonino, argumentou com eles que seria melhor agir de maneira mais conciliatória, atitude que lhe rendeu o codinome de *Pio*. Sem dúvida, Adriano ficaria furioso com o fato de, apesar de ter sido mencionado várias vezes em outras partes do texto, seu nome estar visivelmente ausente do primeiro livro de *Meditações*, no qual Marco elogia individualmente os membros de sua família e professores. Por outro lado, Marco listou as virtudes de Antonino mais de uma vez, deixando claro que ele representava seu modelo ideal de imperador.

Sob muitos aspectos, os historiadores romanos retratam Antonino como o oposto de seu antecessor. De fato, algumas das características elogiadas em seu pai adotivo podem ser interpretadas como críticas implícitas a Adriano. Antonino era uma pessoa totalmente despretensiosa. Somos informados de que, ao ser aclamado imperador, apesar de alguma resistência dos moradores do palácio, Antonino ganhou o respeito do povo ao minimizar a pompa da corte imperial. Ele costumava se vestir como um cidadão comum, sem as vestes do Estado ao receber visitantes, e buscou continuar vivendo da mesma maneira de anteriormente. Enquanto Adriano era elogiado por seus súditos, desconfiados de seu humor instável e temperamento colérico, Antonino era famoso por seu comportamento calmo, conhecido por apreciar palavras verdadeiras na corte e em outros lugares. Ao contrário de Adriano, Antonino simplesmente ignorava quaisquer observações maldosas feitas a respeito dele.

Os estoicos ficavam felizes em admitir que alguns indivíduos naturalmente manifestavam as virtudes que eles buscavam adquirir através de anos de esforço, por meio de estudo e treinamento em filosofia. De acordo com Marco, Antonino era um desses homens. As características descritas por Marco como sendo pertencentes a Antonino criam uma vívida imagem do tipo de caráter que Marco buscava desenvolver por meio de sua prática em filosofia estoica. Uma vez que Antonino considerasse algum assunto e tivesse chegado a uma decisão, por exemplo, ele a implementaria com determinação inabalável[21]. Em *Meditações*, Marco contempla como seu antecessor nunca buscou elogios ou aprovação vazia de outros; em vez disso, ele estava sempre disposto a ouvir as opiniões de outras pessoas e considerá-las cuidadosamente. Ele agia meticulosamente ao examinar assuntos que exigiam uma deliberação cuidadosa. Ele jamais se apressou em tomar uma decisão e estava sempre disposto a questionar suas primeiras impressões. Refletia pacientemente sobre o assunto até estar completamente satisfeito com seu raciocínio. Honrava filósofos genuínos, embora não necessariamente concordasse com todas as suas doutrinas. Não costumava atacar charlatões, mas também não se deixava levar por eles. Em outras palavras, era um homem muito calmo e racional. A liberdade que ele adquiriu pelo desapego em relação à própria vaidade o ajudou a seguir no caminho da razão de maneira mais consistente e a ver as coisas com mais clareza – ao contrário de Adriano, Antonino não precisava ter sempre a razão.

---

21 *Meditações*, 1.17; 6.30.

Sob o domínio de Antonino e, mais tarde, de Marco, a cultura em Roma passaria a favorecer os filósofos, e não os sofistas, particularmente os estoicos. Marco desejava engajar-se no aprendizado dos saberes gregos, mas de uma maneira totalmente diferente da de Adriano. Realmente buscava se transformar em uma pessoa melhor, em vez de apenas marcar pontos contra rivais intelectuais. As sementes dessa transformação foram plantadas por sua família, talvez, especialmente, por sua mãe, mas em seguida foram nutridas por uma série de tutores excepcionais.

Não obstante, esperava-se que os jovens nobres romanos passassem pelo estudo formal em retórica. Esse estudo começava quando eles chegavam oficialmente à idade adulta, simbolizado pelo uso da *toga virilis*, por volta de quinze anos. Estudar retórica para se comunicar de maneira mais eloquente e persuasiva se tornaria a principal obrigação de Marco como estudante, embora isso estivesse em desacordo com seu crescente interesse na filosofia estoica. Herodes Ático e outros instruíram-no extensivamente em grego, o idioma que seria usado para escrever *Meditações*. No entanto, após o imperador Antonino adotar Marco, seu principal tutor passou a ser Marco Cornélio Frontão, um mestre em retórica latina da época.

Frontão foi aceito como um amigo próximo da família, e permaneceu assim até sua morte, cerca de 166 ou 167 d.C., possivelmente vítima da peste durante o surto inicial em Roma. Anos depois, Frontão deixou registrado o impacto da visão de Marco quando jovem: ele tinha a inata predisposição a todas as virtudes antes de ter sido treinado nelas, e diz: "Era um bom homem antes da puberdade e um excelente orador antes de usar as vestes da masculinidade"[22]. Marco acabou citando Frontão no primeiro livro das *Meditações*, confirmando a importância desse tutor em sua formação. No entanto, Marco fala pouco a respeito da influência de Frontão sobre seu caráter, reservando maiores elogios a Alexandre de Cotiaeum, seu gramático grego, um professor de nível inferior. Dessa forma, apesar da importância de seu relacionamento, Frontão não foi uma grande referência de conduta para Marco. Ele também desencorajou seu jovem aluno a se tornar um estoico.

Sabemos que Frontão receava que os filósofos muitas vezes não tivessem a eloquência exigida aos estadistas e imperadores, arriscando-se a tomar más decisões sob a influência de suas doutrinas peculiares. Frontão escreveu a Marco,

---

22 Frontão, Cartas, em *Meditações*.

afirmando que, mesmo que ele alcançasse a sabedoria de Zenão e Cleantes, os fundadores do estoicismo, ainda assim seria obrigado, gostasse ou não, a vestir a capa imperial púrpura, "e não a dos filósofos, feita de lã grossa"[23]. Frontão quis dizer que Marco era obrigado não apenas a se vestir como um imperador, mas também a falar como um, vestindo-se de púrpura e recebendo elogios por sua eloquência formal. Porém, na realidade, Marco preferia se vestir e falar despretensiosamente, como um filósofo ou, em sua falta, como um cidadão comum. O trabalho de Frontão era imbuir o garoto da sofisticação cultural adequada à sua posição na vida, treinando-o para se tornar um escritor e orador político eficaz. Foi um período muito difícil para o jovem César, pois ele se sentia dividido entre a retórica e a filosofia. No entanto, a influência de Frontão foi diminuindo gradativamente. Eloquência é uma coisa, sabedoria é outra. Por meio de relatos, sabemos que o ditado de Platão estava sempre nos lábios de Marco: "Aqueles Estados prosperaram onde os filósofos eram reis ou os reis filósofos".

Logo após a morte do imperador Adriano, iniciou-se uma disputa entre sofistas e estoicos pelo jovem Marco, quando Antonino convocou o filósofo Apolônio de Calcedônia de volta a Roma. A *História Augusta* afirma que Antonino instruiu Apolônio a se mudar para o palácio imperial, a Casa de Tibério, para que ele pudesse se tornar o tutor pessoal em tempo integral de Marco. No entanto, Apolônio teria respondido de maneira lacônica: "O mestre não deveria se dirigir até o aluno, mas o aluno até o mestre"[24]. Antonino ficou inicialmente desapontado com essa resposta e gracejou, afirmando que era aparentemente mais fácil para Apolônio viajar da Grécia para Roma do que ele se levantar e caminhar de sua casa até o palácio. Certamente, ele presumiu que se tratava de arrogância a insistência, por parte de Apolônio, para que o filho do imperador viesse ter aulas na casa do tutor como os outros alunos. Apolônio foi o principal filósofo a cujas aulas Marco assistiu em sua juventude, o que sugere que Antonino acabou cedendo e permitiu que seu filho se misturasse com outros estudantes fora do palácio. Como veremos, muitas décadas depois, no final de sua vida, Marco ainda causaria tumulto participando das aulas públicas de filósofos, como se fosse um cidadão comum.

---

23 Frontão, Cartas, em *Meditações*.

24 *História Augusta*, 10.4.

Marco ficou muito impressionado com os conhecimentos e fluência de Apolônio como professor de doutrinas estoicas. No entanto, era o caráter daquele homem o que ele mais admirava. Os sofistas conversavam longamente sobre sabedoria e virtude, mas, em suas bocas, eram apenas palavras. Apolônio, por outro lado, era completamente despojado com relação à sua proeza intelectual, e nunca ficou nem um pouco frustrado ao debater um texto filosófico com os alunos. Apolônio ensinou a filosofia na prática a Marco, o que significava para um estoico "viver de acordo com a natureza" – ou seja, como confiar consistentemente na razão como nosso guia na vida. De fato, Apolônio não era um mero professor, mas exibia a verdadeira constância e justiça de um estoico, mesmo diante de grandes dores, longas doenças e a perda de um filho. Marco também viu nele um exemplo vivo do que significava para os estoicos o engajamento em um curso de ação com vigor e determinação, ao mesmo tempo em que permaneciam relaxados e impassíveis com o resultado. (Eles se referiam a isso como agir com uma "cláusula de reserva", uma estratégia que examinaremos em mais detalhes posteriormente.) Marco acrescenta que Apolônio aceitaria graciosamente favores de amigos, embora não se humilhando ao fazê-lo, nem mostrando qualquer indício de ingratidão[25]. Em outras palavras, esse homem foi uma inspiração para o futuro imperador, e o tipo de pessoa que o estoicismo prometia ajudá-lo a se tornar.

Apolônio ensinou a Marco as lições da filosofia estoica, mostrando-lhe como aplicá-las na vida cotidiana. Marco aprendeu que os estoicos acreditavam que havia um relacionamento entre o verdadeiro amor à sabedoria e uma maior capacidade de resiliência emocional. Sua filosofia continha em si uma terapia moral e psicológica (*therapeia*) para mentes perturbadas pela raiva, medo, tristeza e desejos doentios. Eles chamaram o objetivo dessa terapia de *apatheia*, que não significa apatia, mas liberdade em relação aos desejos e emoções prejudiciais (paixões). Dizer que Apolônio ensinou a filosofia estoica a Marco é, portanto, também dizer que o treinou para desenvolver resiliência mental por meio de uma forma antiga de psicoterapia e autoaperfeiçoamento, às vezes descrita como a "terapia das paixões". Um aspecto importante desse treinamento envolvia Apolônio mostrando a Marco como se manter justo, usando deliberadamente a linguagem da maneira especial descrita pelos filósofos estoicos.

---

25 *Meditações*, 1.8.

Entretanto, antes de nos voltarmos para o uso estoico da linguagem, primeiro precisamos entender um pouco mais sobre sua teoria das emoções. Um curioso conto de um professor estoico de nome desconhecido fornece a melhor introdução a esse tópico. Nós o encontramos em *Attic Nights* (Noites no Sótão), um livro de anedotas escrito por Aulus Gellius, um gramático que foi contemporâneo de Marco Aurélio. Gellius estava navegando pelo mar Jônico de Cassiopa, uma cidade em Corfu, para Brindisi, no sul da Itália, possivelmente a caminho de Roma. Ele descreve um de seus companheiros de viagem como um importante professor estoico, altamente conceituado, que lecionava em Atenas. Não podemos identificar com certeza a identidade do professor, no entanto, é possível que Gellius possa estar se referindo a Apolônio de Calcedônia.

Em mar aberto, o barco foi atingido por uma tempestade feroz, que durou quase a noite inteira. Os passageiros temiam por suas vidas enquanto lutavam para se livrar da água e impedir que se afogassem em um naufrágio. Gellius notou que o grande professor estoico estava branco como um lençol e compartilhava a mesma expressão ansiosa que o resto dos passageiros. No entanto, apenas o filósofo permanecia em silêncio em vez de gritar aterrorizado lamentando aquele problema. Uma vez que o mar e o céu se acalmaram, quando se aproximavam do destino, Gellius perguntou gentilmente ao estoico por que ele parecia quase tão amedrontado quanto os outros durante a tempestade. Ele pôde ver que Gellius perguntou com sinceridade e respondeu gentilmente que os fundadores do estoicismo ensinavam que as pessoas que enfrentam esse tipo de perigo inevitavelmente experimentam um estágio de medo de curta duração. Então, ele levou a mão à sua sacola e tirou o quinto volume dos *Discursos*, de Epicteto, para que Gellius pudesse ler. Atualmente, apenas os primeiros quatro volumes dos *Discursos* sobrevivem, embora Marco pareça ter lido os discursos perdidos de Epicteto, citando-os em *Meditações*. De qualquer forma, Gellius descreve as lições de Epicteto, sobre as quais afirma serem fiéis aos ensinamentos originais de Zenão e Crísipo. Epicteto dizia a seus alunos que os fundadores do estoicismo distinguiam entre dois estágios de resposta a qualquer evento, incluindo situações ameaçadoras. Primeiro vêm as impressões iniciais (*phantasiai*), que são impostas involuntariamente à nossas mentes pelo que nos cerca, quando somos inicialmente expostos a um evento como a tempestade no mar. Segundo Epicteto, essas impressões podem ser desencadeadas por um som aterrorizante, como um trovão, um prédio sendo demolido ou um súbito grito de perigo. Até mesmo a mente de um perfeito sábio estoico será inicialmente abalada por choques abruptos desse tipo, e ele se afastará instintivamente, tomado pelo medo. Essa reação é fruto não de um julgamento de valor incorreto a respeito dos perigos enfrentados, mas de um reflexo emocional que surge em seu corpo, que ignora temporariamente a razão. Epicteto pode ter acrescentado que essas reações emocionais são comparáveis às experimentadas por animais não humanos. Sêneca, por exemplo, observa que, quando os animais ficam assustados diante da iminência de perigo, eles fogem, mas, depois que escapam, sua ansiedade diminui e eles voltam a pastar em paz novamente[26]. Por outro lado, a capacidade humana de pensar faz com que perpetuemos nossas preocupações além desses limites naturais. A razão, nossa maior bênção, também é a nossa maior maldição.

No segundo estágio de resposta, os estoicos dizem que geralmente adicionamos julgamentos voluntários de "consentimento" (*sunkatatheseis*) a essas primeiras impressões automáticas. Aqui, a resposta do sábio estoico difere daquela apresentada pela maioria das pessoas. Ele não se deixa levar pelas reações emocionais iniciais a uma situação que tenha invadido sua mente. Epicteto afirma que o estoico não deve consentir ou confirmar essas primeiras impressões, tais quais a ansiedade diante do perigo. Em vez disso, ele as rejeita como sendo um engano, analisa-as com indiferença, abandonando-as. Por outro lado, os imprudentes se deixam levar pela impressão inicial de eventos externos – incluindo aqueles que são terríveis e devem ser temidos – e continuam a se preocupar, ruminando e até reclamando em voz alta a respeito de uma ameaça percebida. Sêneca faz um retrato mais detalhado do modelo estoico das emoções em *Sobre a Ira*[27], que divide o processo de vivenciar uma paixão em três "movimentos" ou estágios:

PRIMEIRO ESTÁGIO: as impressões iniciais se impõem automaticamente em sua mente, incluindo pensamentos e sentimentos emergentes chamados pelos estoicos de *propatheiai*, ou "protopaixões". Por exemplo, a impressão "o barco está afundando" naturalmente evocaria alguma ansiedade inicial.

SEGUNDO ESTÁGIO: a maioria das pessoas, como as que estão no barco, concorda com a impressão original, embarca nesse sentimento e acrescenta outros julgamentos de valor, entregando-se a um pensamento

26 Frontão, Cartas, em *Meditações*.

27 *Sobre a Raiva*, 2.3–4.

catastrófico: "Eu posso ter uma morte terrível!". Elas se preocupariam com isso e continuariam a insistir nesse pensamento durante muito tempo. Por outro lado, os estoicos, como o filósofo sem nome da história, aprenderam a dar um passo atrás em seus pensamentos e sentimentos iniciais, evitando dar consentimento a eles. Eles poderiam fazer isso dizendo a si mesmos "Você é apenas uma impressão e nada daquilo que afirma representar", ou "Não são as coisas que nos incomodam, mas nossos julgamentos sobre elas". O barco está afundando, mas você pode chegar em terra; mesmo que não o faça, o pânico não ajudará em nada. Reagir com calma e coragem é mais importante. Certamente, é esse tipo de atitude que você elogiaria nos outros, caso fosse confrontado com a mesma situação.

TERCEIRO ESTÁGIO: por outro lado, se você consentiu com a impressão de que algo é realmente ruim ou catastrófico, então, instala-se uma "paixão" completa, que pode rapidamente sair do controle. Isso realmente aconteceu com Sêneca durante uma tempestade, quando ficou tão enjoado a ponto de entrar em pânico, o que o levou a pular no mar para tentar alcançar a costa atravessando ondas e rochas, quando estaria muito mais seguro permanecendo no barco[28].

Em outras palavras, certa dose de ansiedade é algo natural. De fato, até mesmo os corações dos marinheiros mais experientes podem ficar sobressaltados quando parece que seu navio está prestes a virar. A bravura consistiria em continuar, independentemente da ansiedade, lidando com a situação de maneira racional. Da mesma forma, o estoico diz a si mesmo que, embora a situação possa parecer assustadora, o que realmente importa na vida é como ele escolhe reagir. Desse modo, ele lembra-se de ver a tempestade com a indiferença estoica e a reagir com sabedoria e coragem, enquanto aceita sua reação nervosa inicial como algo inofensivo e inevitável. O que ele não faz, no entanto, é continuar se preocupando, o que apenas pioraria as coisas para si mesmo.

Por esse motivo, uma vez que a palidez e a expressão ansiosa deixaram seu rosto, a ansiedade do sábio tende a diminuir naturalmente, e ele logo recupera a compostura. Ele reavalia suas impressões iniciais de ansiedade, afirmando com confiança que elas são falsas e inúteis. Por outro lado, os imprudentes e medrosos perpetuam sua própria angústia por muito mais tempo. Gellius leu

---

28 *Cartas*, 53.

sobre isso nos discursos perdidos de Epicteto e descobriu que não há nada *não estoico* em alguém que empalideceu de ansiedade durante algum tempo, em uma situação perigosa como aquela à qual ele acabara de sobreviver. É natural e inevitável experimentar sentimentos como esses, desde que não aumentemos nossa angústia, sendo levados pelas impressões iniciais e afirmando que alguma catástrofe terrível está prestes a acontecer.

Sêneca também observou que certos infortúnios atingem o homem sábio sem incapacitá-lo, como a dor física, as doenças, a perda de amigos ou filhos ou catástrofes infligidas por derrota na guerra[29]. Esse tipo de coisa pode arranhá-lo, mas jamais feri-lo. De fato, Sêneca também afirma que não há virtude em suportar coisas que não sentimos. Algo importante a ser dito: para que um estoico alcance a virtude da temperança, ele deve ter pelo menos algum traço de desejo a ser renunciado; da mesma forma, para ter coragem, é preciso que tenha suportado pelo menos essas primeiras sensações de medo. Como os estoicos gostam de dizer, o homem sábio é feito não de pedra ou ferro, mas de carne e sangue.

Em *Meditações*, o próprio Marco afirma que, embora rechace as impressões perturbadoras, ele não sente raiva delas, pois surgiriam de acordo com sua "maneira antiga"; em outras palavras, elas surgem da mesma maneira que sentimentos básicos também surgem nos animais[30]. Assim como o professor estoico anônimo no barco agitado pela tempestade de Gellius, Marco observa esses sentimentos com indiferença, em vez de julgá-los como inerentemente ruins. Em outra passagem, ele afirma que sensações agradáveis e desagradáveis no corpo acabam invadindo inevitavelmente a mente, pois fazem parte do mesmo organismo[31]. Não devemos tentar resistir a elas, mas precisamos aceitar sua ocorrência como algo natural, desde que a mente não adicione julgamentos posteriores, decidindo se as coisas que estamos experimentando são boas ou ruins. Isso é importante, porque as pessoas que confundem o "estoicismo" filosófico com o "estoicismo" do senso comum (ou seja, ser alguém "durão") geralmente acham que se trata de suprimir sentimentos como a ansiedade, vistos como sentimentos ruins, prejudiciais ou vergonhosos. Isso não apenas é uma visão ruim da psicologia, como também está em completo desacordo com a filosofia estoica, que nos ensina a aceitar nossas reações emocionais in-

29 *On the Constancy of the Sage*, 10.4.

30 *Meditações*, 7.17.

31 *Meditações*, 5.26.

voluntárias, nossos lampejos de ansiedade, como sendo diferentes: nem bons, nem ruins. Em outras palavras, o mais importante não é o que sentimos, mas como reagimos a esses sentimentos.

Embora supostamente Marco tenha sido apresentado à filosofia em uma idade muito precoce, acredita-se que ele não tenha se dedicado completamente ao estoicismo até Júnio Rústico substituir Frontão como seu principal tutor, quando Marco tinha cerca de vinte anos de idade. Olhando para trás, Marco estava agradecido por não ter sido levado pelos encantos dos sofistas, como Frontão, e por não ter se debruçado obsessivamente nos livros, elaborando enigmas lógicos ou especulando sobre física e cosmologia. Em vez disso, ele se concentrou na ética estoica e em sua aplicação prática na vida cotidiana. Enquanto Frontão aconselhou Marco a se vestir e a falar mais como um imperador, Rústico fez o contrário. Ele estava entre aqueles que encorajaram Marco a deixar de lado a vaidade do *status* e vestir-se com simplicidade sempre que possível, em vez de andar com o traje formal de um César (e mais tarde de um imperador). Trata-se de um comportamento excepcional para um romano de *status*, mas o Museu Britânico tem uma estatueta em sua coleção que parece confirmar esse fato. A estátua mostra Marco vestido não como um imperador, mas como um cidadão comum, aparentemente enquanto visitava o Egito, no final de sua vida.

Rústico também convenceu Marco de que ele não deveria se perder com o entusiasmo inicial pela retórica formal; nem deveria perder tempo escrevendo ensaios teóricos ou tentando ganhar elogios apenas desempenhando o papel de homem virtuoso. De fato, Marco afirma que Rústico o convenceu a se abster de oratória, poesia e da linguagem refinada em geral, adotando a maneira de falar mais realista e simples associada ao estoicismo. Em outras palavras, Marco passou por uma espécie de *conversão* da retórica para a filosofia, e isso parece ter sido um evento crucial em sua vida. Mas por que isso significou tanto? Enquanto os sofistas buscam um mundo de aparências, a filosofia diz respeito a compreender a realidade. A transformação de Marco em um estoico completo implicou, portanto, em uma mudança nos seus valores fundamentais. Acontece que a "fala franca" estoica não é tão fácil quanto parece. Requer coragem, autodisciplina e um compromisso sincero com a verdade filosófica. Como veremos, essa mudança de orientação e visão de mundo andou de mãos dadas não apenas com uma maneira mais estoica de falar, mas também com uma maneira totalmente nova de pensar os acontecimentos.

COMO FALAR COM SABEDORIA

Vimos que Marco cresceu em uma época em que a retórica estava muito na moda, principalmente na corte imperial de Adriano. Ele foi submetido a um treinamento completo em redação de discursos e oratória com um grupo de tutores, incluindo Herodes Ático e Frontão, os principais retóricos gregos e latinos de sua época, respectivamente. No entanto, desde a juventude, Marco era conhecido por falar de forma clara e honesta. Diferentemente de Adriano, que adorava demonstrar seus conhecimentos, Marco diz a si mesmo que a verdadeira filosofia é simples e modesta e que nunca devemos ser seduzidos por vaidade ou ostentação a esse respeito. Siga sempre pelo caminho mais curto, ele diz[32]. O caminho mais curto é o caminho da natureza, que leva às palavras e ações mais saudáveis. A simplicidade nos liberta da afetação e dos problemas que ela traz. Para os estoicos, essa honestidade e simplicidade na linguagem requerem duas coisas principais: a *concisão* e a *objetividade*. Seria simplório dizer que isso significa apenas parar de reclamar, mas em muitos casos os estoicos aconselharam nesse sentido. O ponto em que nossa linguagem começa a evocar emoções fortes é justamente quando começamos a dizer coisas que envolvem julgamentos de valor, seja para os outros, seja para nós mesmos. De acordo com a filosofia estoica, quando atribuímos valores intrínsecos como "bom" ou "ruim" a eventos externos, estamos nos comportando irracionalmente e enganando a nós mesmos. Quando dizemos que algo é uma "catástrofe", por exemplo, vamos além dos fatos expostos e começamos a distorcer os eventos e a nos iludir. Além disso, os estoicos consideram a mentira uma forma de impiedade – quando um homem mente, ele se afasta da natureza[33].

Então, qual é a recomendação dos estoicos em relação ao uso da linguagem? Zenão, que escreveu um *Manual de Retórica*, considerava a eloquência verbal não um fim em si mesmo, mas um meio de compartilhar a sabedoria, articulando a verdade de forma clara e concisa de maneira adaptada às necessidades do ouvinte. Segundo Diógenes Laertius, o retórico estoico identificava cinco "virtudes" no discurso:

---

32 *Meditações*, 9.29; 4.51.

33 *Meditações*, 9.1.

1. Gramática correta e bom vocabulário;
2. Clareza de expressão, facilitando a compreensão das ideias;
3. Concisão, empregando apenas as palavras necessárias;
4. Adequação de estilo, usando palavras apropriadas ao assunto e aparentemente também ao público;
5. Distinção ou excelência artística e diligência com a vulgaridade.

A retórica tradicional compartilhava a maior parte desses valores, com a notável exceção da concisão. No entanto, o uso estoico da linguagem era normalmente visto como completamente contrário às formas estabelecidas de retórica.

Os sofistas, como vimos, procuravam persuadir os outros apelando para suas emoções, normalmente para ganhar elogios. Os estoicos, por outro lado, valorizavam a compreensão e a comunicação da verdade apelando à razão. Isso significava evitar o uso da retórica emotiva ou de grandes julgamentos de valor. Geralmente pensamos na retórica como algo usado para manipular outras pessoas. Mas acabamos esquecendo que estamos fazendo isso a nós mesmos também, não apenas quando falamos, mas também quando usamos a linguagem para pensar. Certamente, os estoicos estavam interessados em como nossas palavras afetam os outros. No entanto, sua prioridade era mudar a maneira como afetamos a nós mesmos, nossos próprios pensamentos e sentimentos, por meio da escolha da linguagem. Exageramos, generalizamos demais, omitimos informações e usamos linguagem forte e metáforas coloridas: "Ela sempre foi uma vadia!", "Aquele bastardo acabou comigo!", "Este trabalho é uma merda!". As pessoas tendem a pensar que exclamações como essas são uma consequência natural de emoções fortes como a raiva. Mas e se elas também estiverem causando ou perpetuando nossas emoções? Se você pensar bem, uma retórica como essa é projetada para evocar sentimentos fortes. Por outro lado, desfazer os efeitos da retórica emocional, ao descrever os mesmos eventos de maneira mais objetiva, é a base da antiga terapia estoica das paixões.

De fato, uma maneira de entender a diferença entre a filosofia estoica e a retórica sofista é encarar o estoicismo como a prática de um tipo de antirretórica ou de contrarretórica. Enquanto os oradores tradicionalmente procuravam explorar as emoções de seu público, os estoicos faziam questão de descrever conscientemente os eventos em termos claros e simples. Desviando-se da linguagem enganosa, dos julgamentos de valor, e eliminando qualquer rebuscamento ou emotividade, eles buscavam articular os fatos com calma e sobriedade. Da mesma forma, Marco também se policiava para falar claramente, em vez de vestir seus pensamentos em linguagem sofisticada. De fato, segundo ele, nada é tão propício à grandeza da mente quanto a capacidade de examinar os eventos de maneira racional e vê-los de forma realista, reduzindo-os, dessa maneira, às suas características essenciais[34]. Em *Discursos*, é nos dito que um filósofo (certamente alguém que desconhecia o estoicismo) certa vez ficou tão frustrado com seus amigos questionando seu caráter que gritou: "Eu não posso suportar, vocês estão me matando – você vai me transformar nele!"[35], disse ele, apontando para Epicteto. Essa foi uma súbita demonstração histriônica: uma explosão de retórica emocional. Porém, ironicamente, se ele fosse mais parecido com Epicteto, poderia ater-se aos fatos e não se incomodar, dizendo algo como "Você me criticou; que assim seja". Na verdade, ninguém estava matando esse homem, e ele poderia, sim, suportar a situação.

A maneira como conversamos e pensamos sobre os eventos implica em realizar julgamentos de valor que acabam moldando nossos sentimentos. O Hamlet de Shakespeare exclama: "Não existe nada bom ou ruim, mas pensar faz com que seja assim". Os estoicos concordariam que não há nada de bom ou ruim no mundo externo. Somente o que depende de nós pode ser considerado verdadeiramente "bom" ou "ruim", o que torna esses termos sinônimos de virtude e vício. Portanto, a sabedoria consiste em compreender as coisas externas objetivamente, como indiferentes a esse respeito. Algumas vezes, os estoicos descrevem essa atitude como permanecer com nossa impressão inicial das coisas antes de impor julgamentos de valor. Epicteto dá muitos exemplos, como quando o navio de alguém está perdido no mar; devemos dizer apenas "o navio está perdido" e não agregar julgamentos de valor ou queixas como "Por que eu? Isso é horrível!"[36]. Quando alguém se banha às pressas, não devemos reagir com repulsa ou sugerir que ele se lavou mal, mas apenas dizer que ele se banhou rapidamente. Quando alguém bebe muito vinho, não devemos dizer que fez algo terrível, apenas que ele bebeu muito vinho[37]. Marco segue a orientação de Epicteto quando diz, por exemplo, que

34 *Meditações* 3.5; 3.11.

35 *Discursos*, 3.8.

36 *Discursos*, 3.8.

37 *Handbook*, 45.

deveria assumir para si mesmo que alguém o insultou de maneira prática, não acrescentando qualquer juízo de valor de que isso lhe causou algum dano[38]. Se você se mantiver nos fatos e não extrapolá-los desnecessariamente, evitará muitas ansiedades na vida.

Zenão cunhou o termo estoico *phantasia kataleptike* para se referir a essa maneira estoica de analisar os eventos objetivamente, separando julgamentos de valor de fatos. Pierre Hadot traduz esse termo como "representação objetiva", que será o termo que usaremos[39]. No entanto, significa literalmente uma impressão que é tomada pela realidade e, assim, impede que sejamos arrastados por nossas paixões. A representação objetiva ancora nossos pensamentos na realidade. Zenão chegou a simbolizar esse conceito pelo gesto físico de cerrar o punho – ainda hoje falamos de alguém que vê a vida de maneira prática como "tendo pulso firme". Epicteto explicou que um estoico pode dizer que alguém "foi enviado para a prisão", mas não deve permitir-se questionar o quão horrível é isso, reclamando que Zeus puniu essa pessoa injustamente[40]. Como aspirante a estoico, você deve começar a descrever os eventos de maneira mais objetiva e em termos menos emocionais. Epicteto orienta seus alunos que evitem deixar-se levar por impressões falsas e perturbadoras, permanecendo assim fundamentados nas representações objetivas inicialmente percebidas[41].

A adesão aos fatos pode, por si só, frequentemente reduzir sua ansiedade. Os terapeutas cognitivos usam o neologismo "catastrofizante", ou a opção pelo pior cenário, para explicar aos pacientes como projetamos nossos valores em eventos externos. Eles transformaram o substantivo "catástrofe" em um verbo, na tentativa de fazer os pacientes perceberem que enxergar eventos dessa maneira é realmente uma atividade na qual eles estão envolvidos. A catastrofização também é uma forma de hipérbole retórica, ou exagero. Um evento como perder o emprego não é em si algo catastrófico; não há um sujeito passivo que apenas percebe o quão ruim é essa situação. Em vez disso, nós ativamente o catastrofizamos, transformando-o em uma catástrofe, impondo-lhe um julgamento de valor, tornando-o um fato desproporcional.

Na terapia cognitiva, aprendemos a assumir a autoria ou maior responsabilidade pelos julgamentos de valor catastróficos que nos perturbam. Os

38 *Meditações*, 8.49.

39 Hadot, *Filosofia como maneira de viver*, 187–88.

40 *Discursos*, 3.8.

41 *Handbook*, 45.

terapeutas cognitivos modernos aconselham seus pacientes a descrever eventos em linguagem mais realista, como os estoicos fizeram no passado. Eles chamam esse recurso de "descatastrofizar", quando auxiliam pacientes a alterar sua percepção de uma situação. De modo que algo que antes provocava ansiedade se torna um evento comum e menos assustador. Por exemplo, Aaron T. Beck, o fundador da terapia cognitiva, aconselhava pacientes que sofrem de ansiedade a escrever "roteiros descatastrofizantes", nos quais descrevessem eventos angustiantes de forma factual, sem fortes julgamentos de valor ou linguagem emotiva: "Perdi meu emprego e agora estou procurando um novo", em vez de "Perdi meu emprego e não há nada que eu possa fazer sobre isso – é catástrofe!". Pense nisto: quando você está angustiado, não tende a exagerar e usar uma linguagem emocional e vívida para descrever as coisas, tanto para você quanto para outras pessoas? A descatastrofização envolve reavaliar a probabilidade e a gravidade de algo ruim acontecendo, enquadrando aquilo em termos mais realistas. Beck pergunta a seus pacientes: "Seria realmente tão terrível quanto você pensa?". A catastrofização geralmente parece envolver o pensamento "E se?". E se o pior cenário possível vier a acontecer? Isso seria insuportável. Por outro lado, descatastrofizar tem sido descrito como sair do "E se?" para o "E daí?": Então, e se tal coisa acontecer? Não é o fim do mundo; eu posso lidar com isso.

Outro método comum de descatastrofização para os terapeutas cognitivos é perguntar repetidamente aos clientes: "E depois?". Muitas vezes, as imagens mentais de eventos temidos tornam-se rapidamente piores, causando ainda mais ansiedade, e, em seguida, permanecem coladas ali, como se a experiência perturbadora fosse de algum modo atemporal. Porém, na realidade, tudo tem uma fase anterior, durante e depois. Tudo muda com o tempo, e as experiências vêm e vão. A ansiedade muitas vezes pode ser reduzida simplesmente adiantando a imagem além do pior ponto possível e imaginando, de maneira realista e não catastrófica, o que provavelmente acontecerá nas horas, dias, semanas ou meses que se seguem. Lembrar-se da transitoriedade dos eventos é uma das estratégias favoritas de Marco, como veremos nos próximos capítulos. Uma maneira de fazer isso é se perguntar: "Realisticamente, o que provavelmente acontecerá a seguir? E depois? E então, o que mais?". E assim por diante.

A abordagem original da terapia cognitiva de Beck para ansiedade deriva de algo conhecido como modelo "transacional" de estresse, desenvolvido por

Richard Lazarus[42]. Imagine uma gangorra, com a avaliação da gravidade de uma situação – quão ameaçadora ou perigosa é – de um lado. Do outro lado, está a avaliação de sua própria capacidade de lidar com aquilo, sua autoconfiança, se quiser. Se você acredita que a ameaça supera sua capacidade de lidar com aquilo e a gangorra pende para o perigo, provavelmente se sentirá extremamente estressado ou ansioso. Por outro lado, se você acha que a gravidade da ameaça é baixa e sua capacidade de lidar com isso é alta, a gangorra se inclina em sua direção, e você deve se sentir calmo e autoconfiante. Os estoicos, assim como os terapeutas modernos, tentaram modificar ambos os lados dessa equação.

Portanto, normalmente, depois de chegar a uma descrição mais realista de uma situação temida, você irá pensar em maneiras de lidar e superar aquela situação. Às vezes, isso envolve solucionar os problemas de forma criativa – debater soluções alternativas e pesar as consequências. Os estoicos gostavam de se perguntar: "Quais virtudes a natureza me deu que podem me ajudar a lidar melhor com a situação?". Você também pode considerar como as outras pessoas lidam com isso, na tentativa de reproduzir suas atitudes e comportamentos. O que alguém como Sócrates, Diógenes ou Zenão faria? Também podemos nos perguntar "O que Marco faria?", caso fosse confrontado com a mesma situação. Na terapia moderna, os pacientes inspiram-se no comportamento dos outros e desenvolvem "planos de enfrentamento", que descrevem como lidariam com a situação temida se ela realmente acontecesse. Considerar o que outra pessoa faria ou o que recomendaria que você fizesse pode ajudá-lo a formular planos de enfrentamento mais eficazes, o que normalmente o levará a descatastrofizar a situação, diminuindo a avaliação de sua gravidade. Isso significa deixar de pensar nos eventos como "totalmente insuportáveis" e imaginar maneiras realistas de suportá-los e lidar com eles. Quanto mais clareza empregar na formulação de seu plano de enfrentamento e mais confiante você estiver em colocá-lo em prática, a tendência é que se sinta menos ansioso.

Quando seus amigos estavam emocionalmente confusos, os estoicos costumavam escrever cartas de consolo ajudando-os a compreender os eventos de uma maneira menos catastrófica e mais construtiva. Hoje existem seis cartas de consolação escritas por Sêneca. Por exemplo, ele escreveu para uma mulher chamada Márcia, cujo filho havia morrido recentemente. Os consolos de Sêneca para ela incluem o argumento de que a morte é uma libertação de toda a dor

42 Beck, *Cognitive Therapy and the Emotional Disorders.*

da vida, uma barreira além da qual nosso sofrimento não pode se estender, que nos levaria ao mesmo estado de repouso que vivíamos antes de nascer. Além disso, Epicteto disse a seus alunos que um dos pensadores estoicos que mais admirava, Paconius Agrippinus, costumava escrever cartas semelhantes para se consolar sempre que lhe aparecia algum obstáculo[43]. Quando estava diante da febre, calúnia ou exílio, ele compunha "elogios" estoicos, agradecendo o surgimento de tais eventos como oportunidades para exercer a força de caráter. Agrippinus era verdadeiramente um mestre na arte de descatastrofizar. Ele transformava qualquer dificuldade em uma oportunidade de suportá-la, com o exercício da sabedoria e força de caráter. Epicteto diz que um dia, quando Agrippinus se preparava para jantar com seus amigos, chegou um mensageiro anunciando que o imperador Nero o havia banido de Roma como parte de um expurgo político. "Muito bem", disse Agrippinus, encolhendo os ombros, "almoçaremos em Aricia", a primeira parada no caminho que ele teria que percorrer rumo ao exílio[44].

Você pode começar a treinar-se nessa prática estoica de representação objetiva agora mesmo, escrevendo a descrição de um evento perturbador ou problemático em linguagem clara. Descreva as coisas com a maior precisão possível e visualize-as de uma perspectiva mais filosófica, com uma indiferença intencional. Depois de dominar essa arte, dê um passo adiante, seguindo o exemplo de Paconius Agrippinus, e procure oportunidades positivas. Escreva como você pode exercer força de caráter e lidar sabiamente com a situação. Pergunte-se como alguém que você admira lidaria com a mesma situação ou o que essa pessoa poderia aconselhá-lo a fazer. Considere o evento como um parceiro de treino na academia, oferecendo a você uma oportunidade para fortalecer sua resiliência emocional e suas habilidades de enfrentamento. Você pode ler seu *script* em voz alta e revê-lo várias vezes ou compor várias versões até ficar satisfeito, pois isso ajuda a mudar a maneira como você se sente em relação aos eventos.

Marco referia-se a essa maneira de ver os eventos como a separação de nossos julgamentos de valor dos eventos externos. Da mesma forma, por muitas décadas, os terapeutas cognitivos ensinaram a seus pacientes a famosa citação de Epicteto "Não são as coisas que nos incomodam, mas nossos julgamentos

43 Epicteto, Fragmento 21, em *Discursos*, livro 3–4.

44 *Handbook*, 5.

sobre as coisas", algo que se tornou parte integrante da orientação inicial ("socialização") do paciente com a abordagem do tratamento. Esse tipo de técnica é chamado de "distanciamento cognitivo" na TCC, porque requer a compreensão da separação ou distância entre nossos pensamentos e a realidade externa. Beck definiu-o como um processo "metacognitivo", significando uma mudança para um nível de consciência que envolve o "pensar em pensar".

> O "distanciamento" diz respeito à capacidade de ver os próprios pensamentos (ou crenças) como construções da "realidade", e não como a própria realidade.[45]

Ele recomendou explicar isso aos pacientes usando a analogia dos óculos coloridos. Podemos olhar para o mundo através das lentes em tons de rosa ou por meio das lentes azuis e tristes, supondo que o que vemos é exatamente como as coisas são. Contudo, também podemos olhar os próprios óculos e perceber que são eles que colorem a nossa visão. Perceber como nossos pensamentos e crenças tingem nossa percepção do mundo é um pré-requisito para poder alterá-los na terapia cognitiva. Mais tarde, outras gerações de clínicos e pesquisadores descobriram que um treinamento rigoroso no distanciamento cognitivo, por si só, era suficiente, em muitos casos, para trazer melhorias terapêuticas. Uma maior ênfase nessa habilidade cognitiva é parte integrante do que ficou conhecido como abordagem da atenção plena e aceitação na TCC.

Às vezes, apenas o ato de lembrar o ditado de Epicteto, de que "não são coisas que nos chateiam", pode nos ajudar a obter uma distância cognitiva de nossos pensamentos, permitindo-nos vê-los como hipóteses, e não como fatos sobre o mundo. No entanto, também existem várias outras técnicas de distanciamento cognitivo usadas na TCC moderna, como estas:

- Anotar seus pensamentos de maneira concisa quando eles surgem, visualizando-os no papel.
- Escrevê-los em um quadro branco e olhar para eles ali – literalmente à distância.
- Adicionar um prefixo a eles, com uma frase como "No momento, percebo que estou pensando...".

45 Alford e Beck, *Integrative Power of Cognitive Therapy*, 142.

- Referir-se a eles na terceira pessoa, por exemplo, "Donald está pensando...", como se você estivesse estudando os pensamentos e crenças de outra pessoa.
- Avaliar de maneira imparcial os prós e contras de optar por certa opinião.
- Registrar, com curiosidade imparcial, a frequência de determinados pensamentos.
- Mudar de perspectiva e pensar uma série de maneiras alternativas de olhar a mesma situação, de modo que seu ponto de vista inicial se torne mais flexível e menos rígido. Por exemplo, "Como me sentiria a respeito de bater o carro se eu fosse como Marco Aurélio?". "Caso isso acontecesse com a minha filha, como eu a aconselharia a lidar com esse evento?" "Como vou pensar sobre isso olhando para os mesmos eventos daqui a dez ou vinte anos?"

Podemos encontrar vários métodos de distanciamento na literatura estoica antiga. Por exemplo, você pode ganhar distância cognitiva apenas conversando com ("apostrofando") seus pensamentos e sentimentos, dizendo algo como "Você é apenas um sentimento, não é realmente o que afirma representar", como aconselha Epicteto a seus alunos, em seu *Manual*.

De fato, o *Manual* começa com uma técnica para lembrar-nos de que algumas coisas "dependem de nós", ou estão diretamente sob nosso controle, enquanto outras não estão. Em alguns momentos, os estoicos modernos chamam isso de "dicotomia do controle" ou "garfo estoico". Apenas a lembrança dessa distinção pode ajudá-lo a recuperar um sentimento de indiferença em relação às coisas externas. Pense desta forma. Quando você julga com convicção que algo é bom ou ruim, também acaba se comprometendo a dizer que deseja obtê-lo ou evitá-lo. Mas se algo está fora do seu controle, é simplesmente irracional querer que você obtenha aquilo ou o evite. É uma contradição acreditar que você deve fazer algo e também que não está ao seu alcance fazê-lo. Os estoicos viam essa confusão como a causa primeira da maior parte dos nossos sofrimentos emocionais. Eles afirmavam que apenas os atos de nossa vontade, nossas próprias intenções e julgamentos, se preferir, estão diretamente sob nosso controle. Claro, eu posso abrir a porta, mas isso é sempre uma *consequência* de minhas ações. Somente minhas próprias ações voluntárias estão realmente sob meu controle. Quando julgamos que as coisas externas são boas ou ruins, é como se esquecêssemos o que estava sob nosso controle e tentássemos estender nossa esfera de responsabilidade. Os estoicos veem apenas suas próprias ações como boas ou más, virtuosas ou cruéis e, portanto, classificam todas as coisas externas como indiferentes, porque, nesse sentido, não são inteiramente "dependentes de nós".

Como vimos, certamente os estoicos ainda acreditam que é razoável preferir saúde a doença, riqueza a pobreza, e assim por diante. No entanto, eles argumentam que é um engano atribuir muito valor às coisas externas. Eles também praticavam para ganhar distância cognitiva, entendendo que os eventos não parecem iguais para todos: nossa própria perspectiva é apenas uma entre muitas possíveis. Por exemplo, a maioria das pessoas tem pavor de morrer, mas, como afirmou Epicteto, Sócrates não tinha medo da morte. Embora preferisse viver, ele era relativamente indiferente a morrer, desde que encontrasse a morte com sabedoria e virtude. Esse fato era conhecido como o ideal de uma "boa morte", da qual deriva a nossa palavra "eutanásia". No entanto, para Sócrates e os estoicos, uma boa morte significava não uma morte agradável ou pacífica, mas aquela encarada com sabedoria e virtude. Saber que nem todo mundo vê determinada situação como catastrófica pode tornar-nos mais conscientes de que a "maldade" de uma situação deriva de nosso próprio pensamento, nossos julgamentos de valor e nossa maneira de reagir, e não da coisa em si. A maldade não é uma propriedade física. Como disse Aristóteles, o fogo queima da mesma forma na Grécia e na Pérsia, mas os julgamentos dos homens sobre o que é bom ou ruim variam de um lugar para outro. Marco, por sua vez, compara nossas opiniões aos raios de sol brilhando em objetos externos, não muito distante da analogia de Beck de olhar o mundo através de óculos escuros. Ao perceber que nossos julgamentos de valor são projeções, diz Marco, nós os separamos dos eventos externos. Ele refere-se a esse processo cognitivo como a "purificação" (*katharsis*) da mente.

Neste capítulo, vimos como os valores aprendidos por Marco com sua família biológica, como a simplicidade e linguagem clara, estavam em desacordo com aqueles da Segunda Escola Sofista e com os retóricos da corte de Adriano. Isso o levou a adotar o uso radical da linguagem proposto pelos estoicos como uma contrarretórica, por meio de técnicas como descrever novamente os eventos em uma linguagem mais objetiva, livre de julgamentos de valor – um antigo precursor da descatastrofização na terapia cognitiva moderna.

Seja qual for a nossa situação, aceitar essa abordagem na sua descrição é um passo fundamental para aprender as outras práticas estoicas. Isso leva ao próximo passo: considerar quais recursos ou virtudes você tem que permitiriam lidar melhor com as adversidades ou como uma pessoa sábia poderia lidar com a mesma situação. Independentemente de chamá-lo de distanciamento cognitivo ou *katharsis*, devemos separar os julgamentos de valor de eventos externos, ao abandonar o apego excessivo às coisas. Você pode achar que, a princípio, trata-se de um conceito complicado, mas voltar ao famoso ditado de Epicteto – "Não são as coisas que nos incomodam, mas nossos julgamentos sobre as coisas" – será uma espécie de guia.

Vimos que a desilusão de Marco em relação à vida na corte e à retórica formal gradualmente o levou a dedicar-se mais profundamente ao estudo da filosofia. Júnio Rústico, seu mentor pessoal, convenceu-o a passar por uma conversão mais profunda à filosofia estoica, abraçando-a de todo o coração como um modo de vida.

CAPÍTULO 3

A CONTEMPLAÇÃO DO SÁBIO

Quando jovem, Marco Aurélio frequentemente via-se muito zangado, muitas vezes esforçando-se para não perder a paciência. Mais tarde, ele agradeceria aos deuses por ter sido capaz de se controlar naqueles momentos, evitando fazer algo do qual poderia se arrepender depois. Ele pôde ver o dano causado pelo temperamento de Adriano. Durante um famoso acesso de raiva, o imperador teria arrancado o olho de algum pobre escravo com a ponta de um estilete de ferro, certamente para espanto de seus espectadores. Depois que voltou a si, Adriano teria pedido desculpas ao homem, perguntando se havia algo que ele pudesse fazer para recompensá-lo. "Tudo o que desejo é ter meu olho de volta", veio como resposta[46].

Seu sucessor, Antonino, era conhecido por sua gentileza e calma, diferentemente de Adriano. No primeiro livro de *Meditações,* Marco discorre várias vezes a respeito das virtudes de seu pai adotivo, referindo-se a si mesmo como *discípulo* de Antonino. Porém, Marco não faz nenhuma menção a qualquer virtude de Adriano. Claramente, Marco via Antonino como o modelo de um governante ideal, tudo a que ele aspirava um dia se tornar. De fato, mais de uma década após a morte de Antonino, Marco ainda meditava cuidadosamente à luz de seu exemplo.

Os estoicos ensinaram a Marco que a raiva nada mais é do que uma loucura temporária e que suas consequências são muitas vezes irreparáveis, como no caso do olho do escravo. Eles também forneceram a ele os conceitos psicológicos e um conjunto de ferramentas necessárias para dominar seus próprios sentimentos agressivos. Marco queria ser mais parecido com o humilde e pacífico Antonino, distanciando-se do arrogante e instável Adriano. No entanto, ele precisava de ajuda para conseguir isso. Ironicamente, Marco credita ao mesmo homem que costumava provocá-lo até deixá-lo com raiva o ensino de como controlá-la. O mentor estoico de Marco, Júnio Rústico, frequentemente o enfurecia, mas em seguida lhe mostrava como voltar ao seu estado de espírito normal. Como veremos, os estoicos tinham muitas técnicas específicas para controlar a raiva. Uma delas é esperar até que nossos sentimentos naturalmente diminuam e

46 Galeno, *Diagnosis and Cure of the Soul's Passions.*

considerar calmamente o que alguém sábio faria em uma situação semelhante. Rústico também ensinou a Marco como se reconciliar com os outros assim que estivessem dispostos a fazer as pazes. Quem sabe Rústico tenha se comportado assim ao perceber que Marco estava ficando irritado, fornecendo um exemplo de comportamento aprazível em que Marco pudesse se espelhar.

Enquanto Apolônio era um professor de filosofia profissional, Rústico, também um especialista em estoicismo, provavelmente atuava mais como mentor ou tutor particular. Um estadista romano da classe consular, Rústico era aproximadamente vinte anos mais velho que Marco. Aparentemente, era neto de um famoso estoico chamado Aruleno Rústico, um amigo e discípulo de Trásea, líder da oposição estoica – um herói político para Epicteto e seus alunos. O próprio Rústico era um homem muito estimado, tanto na vida pública quanto na privada. Ele também era completamente leal a Marco. Frontão, em típica linguagem cheia de hipérboles, diz, em suas cartas particulares, que Rústico "se entregaria com prazer e sacrificaria sua vida" para preservar o dedo mindinho de Marco. Claramente, Marco reverenciava Rústico, passando a se considerar discípulo do professor estoico, permanecendo devotado a ele por décadas, mesmo depois de se tornar imperador. Por exemplo, era costume, na corte imperial, o imperador cumprimentar o prefeito pretoriano com um beijo nos lábios, mas Marco rompeu essa tradição sempre beijando Rústico primeiro quando eles se encontravam, como se estivesse cumprimentando seu próprio irmão. Esse gesto deixou claro a todos que o filósofo ocupava uma posição especial na corte. Se Antonino era um modelo de imperador para Marco, seguramente Rústico forneceu o principal exemplo que ele procurou seguir como estoico. Como Marco disse em outra passagem, a filosofia era sua mãe, e a corte apenas sua madrasta[47].

Não há dúvida de que Rústico foi uma figura central no desenvolvimento de Marco como filósofo. No entanto, Marco afirma que um dos eventos mais importantes no relacionamento entre eles foi quando seu tutor lhe apresentou um conjunto de notas, de sua própria biblioteca pessoal, sobre as aulas de Epicteto. Marco provavelmente referia-se aos *Discursos* registrados por Arriano, que ele cita várias vezes em *Meditações*. Como vimos, Arriano era um estudante de Epicteto que transcreveu oito volumes de suas discussões filosóficas, dos quais apenas quatro sobreviveram. Ele também deixou uma síntese das palavras

47 *Meditações*, 6.12.

de Epicteto, o *Manual* ou *Enchiridion*. Arriano foi um autor muito produtivo e um vitorioso general e estadista romano. Adriano nomeou-o senador e, mais tarde, cônsul do país no ano 131 d.C. Depois serviu por seis anos como governador da Capadócia, um dos postos militares mais importantes do império. Durante o reinado de Antonino, ele se mudou para Atenas, onde serviu mais tarde como governante e magistrado-chefe, antes de morrer, no início do reinado de Marco. É possível que Arriano seja o elo perdido responsável por conectar Marco e Rústico a Epicteto.

Arriano era cerca de uma década mais velho que Rústico, e eles provavelmente se conheciam. De fato, Temístio, um filósofo romano do século 4, cita uma situação em que os dois estavam juntos. Segundo ele, Adriano, Antonino e Marco "afastaram Arriano e Rústico de seus livros, não permitindo que fossem meros filósofos de caneta e papel"[48]. Sabemos que os imperadores não deixaram que Arriano e Rústico escrevessem sobre coragem enquanto permaneciam na segurança de suas casas, compondo tratados legais enquanto evitavam a vida pública ou ponderando sobre a melhor forma de administração e se abstendo de participar do governo de Roma. Em vez disso, eles foram escoltados dos estudos da filosofia estoica "direto para a tenda do general e para a plataforma do orador". Temístio acrescenta que, enquanto serviam como generais romanos, Arriano e Rústico "atravessaram os Portões Cáspios, expulsaram os Alani da Armênia e estabeleceram fronteiras para os ibéricos e albaneses". Como recompensa por essas realizações militares, os dois foram nomeados cônsules e governaram a grande cidade de Roma, presidindo o Senado. Exemplos de homens como esses que precederam Marco – estadistas e comandantes militares inspirados pelo estoicismo – encorajaram-no a acreditar que ele poderia ser ao mesmo tempo imperador *e* filósofo.

Sabemos que Rústico foi nomeado cônsul pela segunda vez um ano após Marco ter assumido o trono de imperador. Ele também atuou como prefeito urbano de 162 a 168 d.C., tornando-se efetivamente o braço direito de Marco em Roma durante a primeira fase de seu reinado. Rústico morreu logo após esse período, talvez outra vítima da peste, e Marco ordenou ao Senado que erigisse várias estátuas em sua homenagem. Como seus outros tutores, Marco mantinha uma estatueta de Rústico em seu santuário pessoal, oferecendo sacrifícios em

48 Themistius, "In Reply to Those Who Found Fault with Him for Accepting Public Office", Oration 34, em Robert J. Penella, *The Private Orations of Themistius* (Berkeley: Universidade da Califórnia, 2000).

sua memória. Então, esses fatos nos deixam com uma pergunta por responder: o que exatamente Rústico fazia para irritar tanto o futuro imperador?

A resposta pode estar na natureza de seu relacionamento. Marco afirma, em *Meditações*, que, para aprender a ler e escrever, você não pode ser professor sem antes ter sido aluno, e que isso é ainda mais verdadeiro quando se trata da arte de viver[49]. Os estudantes do estoicismo se beneficiavam da sabedoria de seus professores, tratando-os tanto como modelos, cujo comportamento procuravam imitar, quanto como mentores, cujos conselhos deveriam seguir. Rústico certamente foi um exemplo vivo de sabedoria e virtude para Marco. Em *Meditações*, ele menciona que Rústico era um de seus três tutores, juntamente com Apolônio de Calcedônia e Sexto de Queroneia, e todos teriam fornecido exemplos práticos do estoicismo como um modo de vida. No entanto, Rústico também estava lá para aconselhá-lo, oferecendo orientação e correção moral. De fato, segundo Marco, foi Rústico o responsável por mostrar-lhe que precisava passar por um treinamento moral e terapia psicológica estoica (*therapeia*). Isso pode explicar a tensão em seu relacionamento. Certamente, Marco sentia enorme afeição por Rústico como amigo e professor, mas às vezes o achava muito irritante, provavelmente porque costumava chamar a atenção do jovem César, mostrando falhas em seu caráter.

Talvez possamos inferir quais aspectos do caráter de Marco foram corrigidos por Rústico, com base nos comentários feitos em *Meditações*. Por exemplo, Rústico ensinou-o a não ser pretensioso, incentivando-o a se vestir como um cidadão normal sempre que possível. Ele também aconselhou Marco a ser paciente e cuidadoso no estudo de filosofia, a ler atentamente, e não de maneira desleixada, e a não ser facilmente influenciado por aqueles que fazem discursos eloquentes. Epicteto frequentemente instruía seus alunos a não falarem sobre a filosofia de maneira leviana, como faziam os sofistas, mas, antes, revelar os frutos desse estudo em seu próprio caráter e ações. Com seu jeito franco, ele lhes dizia que as ovelhas não vomitam a grama para mostrar aos pastores o quanto comeram, mas, sim, digerem aquele alimento internamente, produzindo boa lã e leite externamente[50].

No entanto, a mudança mais importante promovida por Rústico foi ter convencido Marco a abandonar o estudo formal da retórica latina, algo esperado

---

49 *Meditações*, 11.29.

50 *Handbook*, 46.

para um romano pertencente à nobreza, em favor de um compromisso maior com a filosofia estoica como um modo de vida. Os dois tutores mais importantes de Marco, Rústico, o filósofo, e Frontão, o retórico, aparentemente disputaram sua atenção por quase uma década, mas no final Rústico acabou vencendo. Os estudiosos afirmam que essa "conversão" ocorreu em 146 d.C., quando Marco tinha 25 anos. Ele confessa, em uma carta a Frontão, que não conseguia se concentrar nos estudos na retórica latina. Ele é tomado por uma mistura de alegria e angústia, depois de ler alguns livros de um filósofo chamado Aríston. Muitos estudiosos acreditam que se trata Aríston de Quios, um discípulo de Zenão que se rebelou contra seus ensinamentos e adotou uma versão mais simples e austera do estoicismo, similar ao cinismo. É possível que Rústico ou um dos outros tutores estoicos tenha compartilhado esses escritos com Marco. Aríston rejeitava o estudo da lógica e da metafísica, argumentando que a principal preocupação dos filósofos deveria ser o estudo da ética, uma atitude que vemos presente nas *Meditações*.

Marco disse a Frontão que os escritos de Aríston o atormentavam, tornando-o consciente de quão distante seu próprio caráter estava de alcançar a virtude. "Seu pupilo tem as faces coradas, repetidamente, e sente raiva de si mesmo pois, aos 25 anos de idade, ainda não absorvi em minha alma nenhum desses ensinamentos e princípios mais puros."[51] O jovem César estava genuinamente em conflito. Sentia-se deprimido e zangado, chegando a perder o apetite. Também menciona o fato de sentir inveja dos outros, talvez por desejar dedicar-se ao estoicismo, tornando-se como os filósofos que ele tanto admirava. Nessa época, Marco começou a se distanciar de sofistas como Frontão e Herodes Ático.

Mas como funcionava *o* processo de ser orientado por um filósofo estoico? Por que isso teve um impacto tão profundo e duradouro em Marco? Os estoicos escreveram vários livros descrevendo sua psicoterapia das paixões, incluindo um de Crísipo, o terceiro idealizador da escola, intitulado *The Therapeutics* (A Terapêutica). Infelizmente, tudo isso se perdeu. No entanto, um tratado intitulado *Sobre o diagnóstico e a cura das paixões da alma* sobreviveu, escrito pelo célebre médico de Marco, Galeno. Um polímata, com um gosto eclético pela filosofia, Galeno havia estudado inicialmente sob a orientação de um estoico chamado Philopater. Ele se baseou nas ideias da filosofia estoica inicial, citando Zenão, em seu próprio relato dos diagnósticos e cura de paixões

51 Frontão, Cartas, em *Meditações*.

doentias. Isso fornece algumas pistas sobre a natureza dessa "terapia" estoica que Marco viveu com Rústico.

Quando jovem, Galeno se perguntava por que a famosa frase do Oráculo Delfos, "conhece-te a ti mesmo", deveria ser considerada tão importante. Todo mundo já não conhece a si próprio? Aos poucos, Galeno foi percebendo que apenas os mais sábios entre nós realmente conhecem a si mesmos. O resto de nós, como Galeno observou, tende a cair na armadilha de supor que somos pessoas livres de defeitos ou que nossos defeitos são poucos, leves e aparecem com pouca frequência. De fato, geralmente aqueles que afirmam ter o menor número de defeitos costumam ser os mais imperfeitos aos olhos dos outros. Esse fato é ilustrado por uma das fábulas de Esopo, segundo a qual cada um de nós nasce com dois sacos pendurados no pescoço: um cheio de falhas de outros, que está em nosso campo de visão, e um escondido atrás das costas, cheio de nossas próprias falhas. Em outras palavras, vemos as falhas dos outros com muita clareza, mas as nossas falhas estão em uma espécie de ponto cego para nós mesmos. O Novo Testamento também pergunta por que olhamos para o minúsculo cisco nos olhos de nosso irmão, mas não prestamos atenção à grande viga de madeira que obscurece nossa própria visão (Mateus 7: 3–5). Galeno afirma que Platão explicou isso bem quando disse que os amantes são tipicamente cegos em relação àqueles que amam. Como nós, de certo modo, nos amamos acima de tudo, também somos mais cegos em relação às nossas próprias falhas. Portanto, a maioria de nós tem dificuldade de atingir a autoconsciência necessária para melhorar nossas vidas.

A solução de Galeno para esse problema é encontrarmos um mentor adequado em cuja sabedoria e experiência possamos genuinamente confiar. Qualquer um pode notar quando um cantor é realmente terrível, mas é preciso um especialista para perceber falhas muito sutis em uma performance. Do mesmo modo, é necessário alguém com grande sabedoria moral para discernir defeitos sutis no caráter de outra pessoa. Todos nós sabemos que alguém está irritado quando seu rosto fica vermelho e começa a gritar, mas um verdadeiro conhecedor da natureza humana é capaz de perceber quando alguém está prestes a ficar irritado, talvez antes mesmo que a própria pessoa. Consequentemente, devemos nos empenhar em encontrar um amigo mais velho e mais sábio; alguém conhecido por sua honestidade e palavras sinceras, que tenha dominado as mesmas paixões que nos atormentam, alguém capaz de identificar nossos vícios e nos alertar com franqueza quando estivermos nos desviando do caminho. O que Galeno está descrevendo soa como o que, hoje em dia, seria o relacionamento entre um conselheiro ou psicoterapeuta e seus pacientes. No entanto, provavelmente uma comparação melhor seria com a orientação ou o "apadrinhamento" fornecido por ex-viciados em drogas ou álcool para aqueles que estão em recuperação e lutando com hábitos semelhantes – a ajuda de um paciente mais experiente, descrita por Sêneca. Porém, encontrar um mentor apropriado não é tarefa fácil.

Marco afirmou que qualquer pessoa que esteja realmente comprometida a alcançar a sabedoria por meio do estoicismo tomará como prioridade na vida cultivar seu próprio caráter e buscar ajuda de outras pessoas que compartilham valores semelhantes[52]. Esse parece ter sido o papel desempenhado por Júnio Rústico em sua vida. Segundo Galeno, devemos perguntar a essa pessoa se ela notou alguma paixão doentia em nós, garantindo que não ficaremos ofendidos se nos disser a verdade. Galeno explica também que o discípulo pode sentir que algumas das observações do seu mentor são injustas, contudo, deve aprender a escutar pacientemente e aceitar as críticas sem se irritar. Pelos escritos de Marco, podemos deduzir que isso era algo bastante desafiador para ele no início, embora Rústico fosse habilidoso na hora de acalmar os ânimos.

Marco teve outro tutor estoico, chamado Cinna Catulus, sobre quem sabemos muito pouco. Marco observou que Catulus era um homem que prestava muita atenção nas críticas feitas por seus amigos. Mesmo que apontassem injustamente uma falha em seu caráter, ele sempre procurava resolver os problemas e restaurar a amizade[53]. Dessa forma, por meio de seu próprio comportamento, Rústico e Catulus ensinaram a Marco que um homem sábio deveria receber de bom grado as críticas de seus amigos.

Os estoicos certamente herdaram seu apreço pela linguagem simples de seus antecessores, os cínicos, famosos por falarem sem rodeios e criticar até mesmo governantes poderosos. Em certo sentido, era um dever e um privilégio de um verdadeiro filósofo falar a verdade aos poderosos. Uma das lendas mais famosas sobre Diógenes, o Cínico, conta como Alexandre, o Grande, procurou o filósofo. É uma justaposição de opostos: Diógenes vivia como um mendigo, e Alexandre era o homem mais poderoso de todo o mundo conhecido. No

52 *Meditações*, 6.14.
53 *Meditações*, 1.13.

entanto, quando Alexandre perguntou a Diógenes se havia algo que poderia fazer por ele, o Cínico teria respondido que Alexandre poderia sair da frente, pois estava bloqueando o sol. Diógenes podia falar com Alexandre como se fossem iguais porque era indiferente à riqueza e ao poder. Diz-se que Alexandre se afastou e retornou às suas conquistas, aparentemente sem ter adquirido muita sabedoria.

Como era costume, os estoicos adotaram uma atitude mais moderada, e preocupavam-se que o discurso não fosse apenas honesto e simples, mas também adequado às necessidades do ouvinte. Não há sentido em falar claramente com as pessoas se isso não as beneficiar. Ao longo das *Meditações*, Marco faz muitas referências ao valor que atribui ao falar a verdade, mas constantemente reconhece a importância de comunicá-la adequadamente. Alexandre de Cotiaeum, seu tutor de gramática durante a infância, foi alguém que Marco admirava pela maneira cuidadosa com a qual corrigia aqueles que cometiam algum erro verbal[54]. Se alguém usasse uma palavra incorretamente, Alexandre não criticaria abertamente o orador. Ele nunca os interrompia ou os advertia no local. Em vez disso, o gramático tinha uma maneira mais engenhosa e indireta de orientá-los na direção certa. Marco percebeu que Alexandre sutilmente usava a expressão correta ao responder ou discutir algum outro assunto. Se o real objetivo dos estoicos é a sabedoria, às vezes, apenas despejar a verdade não é suficiente. Temos que nos esforçar para nos comunicarmos com os outros de maneira eficiente.

A diplomacia era, certamente, algo particularmente importante para Marco. Seus deveres como César e mais tarde como imperador envolviam lidar com discussões muito sensíveis, como negociações sobre acordos de paz com inimigos estrangeiros. Podemos ver claramente, em sua correspondência pessoal, que ele era um homem charmoso e sagaz, com uma capacidade impressionante de resolver conflitos entre seus amigos. De fato, Frontão faz poesia com essa habilidade, exaltando a capacidade de seu jovem aluno de unir todos os seus amigos em harmonia, algo que o retórico compara ao poder mítico de Orfeu de domar animais selvagens com o som de sua lira. Durante o reinado de Marco, muitos problemas sérios foram evitados por sua diplomacia paciente e sensibilidade no uso da linguagem. De fato, ele adverte a si mesmo sobre ser

54 *Meditações*, 1.10.

sempre discreto e honesto com quem quer que esteja falando, principalmente no Senado[55].

Além de ter esse talento nato, Marco aprendeu muito com os estoicos sobre como um homem sábio deveria se comunicar com os outros. Apolônio de Calcedônia, por exemplo, não era um homem que costumava conter suas palavras, mas sua autoconfiança era balanceada com uma mente aberta. Marco o descreve como outro de seus professores mais queridos Sexto de Chaeronea, que a princípio parecia ser muito sério e sincero; no entanto, era excepcionalmente paciente com os alunos iletrados, até mesmo com os arrogantes. Corrigir os vícios de outras pessoas, diz Marco, é como avisar que alguém tem mau hálito – é preciso ter muito tato para fazê-lo. No entanto, ele percebeu que Sexto conquistava o respeito de todos os tipos de pessoas, adaptando com habilidade suas palavras para que fossem mais agradáveis do que qualquer elogio, mesmo enquanto falava francamente ou discordava de alguém. Claramente, estoicos como Marco davam muito mais valor à civilidade e boas maneiras do que os filósofos cínicos. Os estoicos perceberam que, para comunicar-se sabiamente, devemos usar uma linguagem apropriada. De fato, de acordo com Epicteto, uma característica marcante de Sócrates era que ele jamais ficava irritado durante uma discussão. Ele sempre agia com educação e se abstinha de falar severamente, mesmo quando outros o insultavam. Pacientemente, sofreu muitos abusos e, no entanto, conseguiu pacificar a maioria dos conflitos de maneira calma e racional[56].

Podemos imaginar que, quando Rústico desafiou Marco por seu comportamento, seus comentários, embora muitas vezes provocativos e íntimos, provavelmente eram bastante criteriosos, para que seu jovem discípulo se beneficiasse deles sem se sentir humilhado. No entanto, como podemos encontrar mentores com essa sensibilidade? Galeno admite que você provavelmente jamais conhecerá alguém como Diógenes, o Cínico, que teve coragem o suficiente para falar a verdade a Alexandre, o Grande. Primeiro, é necessária uma abertura mais geral às críticas; segundo Galeno, devemos dar a todos que encontramos permissão para nos dizer quais são nossas falhas, e decidir não ficar com raiva de nenhuma delas. De fato, Marco diz a si mesmo que deve entrar na mente de todo homem, para estudar seus julgamentos e valores, e

55 *Meditações*, 8.30.

56 *Meditações*, 1.9; 5.28; *Discursos*, 2.12

em contrapartida deixar que todo homem entre em sua mente[57]. Se alguém lhe der um motivo válido para acreditar que ele está se extraviando em termos de pensamento ou ação, Marco afirma que mudaria alegremente de atitude. Marco procurou priorizar na vida a verdade das questões, lembrando-se de que ninguém jamais foi prejudicado dessa maneira, mas que aqueles que se apegam ao erro e à ignorância sempre saem prejudicados[58]. Relatos afirmam que esse conselho remonta a Zenão. A maior parte dos homens não vê a hora de apontar as falhas de seus vizinhos, disse ele, quer tenham pedido ou não. Portanto, em vez de nos ressentir, devemos receber críticas de outras pessoas como algo inevitável na vida, tornando-as vantajosas, transformando todos os homens em verdadeiros professores. Portanto, Galeno diz que, se desejamos obter sabedoria, devemos estar prontos para escutar a qualquer pessoa diante de nós, mostrando gratidão "não àqueles que nos lisonjeiam, mas àqueles que nos repreendem"[59].

Evidentemente, isso não significa que devemos confiar em todas as opiniões igualmente. Marco esclarece que devemos nos treinar para saber diferenciar os bons conselhos dos ruins, aprendendo a não nos preocupar com as opiniões de pessoas tolas. Escutar cuidadosamente a maior parte das pessoas que encontramos na vida é um ato de prudência, mas não é certo conceder o mesmo peso a todas as opiniões. Em vez disso, acolhendo as críticas e aceitando-as desapaixonadamente, podemos aprender a analisá-las racionalmente, discernindo os bons conselhos dos maus. Às vezes, de fato, aprendemos mais com os erros dos outros. No entanto, como observa Galeno, devemos confiar mais nos conselhos de indivíduos que nos fornecem provas consistentes de sua sabedoria e virtude. Entretanto, se exercitarmos com cuidado, podemos aprender com todas as pessoas, enquanto procuramos alguém como Rústico, um amigo em cuja sabedoria podemos confiar plenamente.

Para que um relacionamento desse tipo funcione, o aluno precisa ser completamente honesto com seu mentor. Em uma passagem, Marco imagina um professor sábio instruindo alguém a dizer em voz alta as primeiras coisas que lhe viessem à mente, sem censura. Ele duvida que a maioria de nós possa suportar isso por um único dia, pois tolamente atribuímos mais valor às opiniões de outras pessoas do que às nossas. E, no entanto, Marco aspirava a esse nível

57 *Meditações*, 8.61.

58 *Meditações*, 6.21.

59 Galeno, *Diagnosis and Cure of the Soul's Passions*.

de transparência. Ele diz que devemos imaginar alguém perguntando "O que está se passando agora em sua mente?", sem aviso prévio, e que devemos ser capazes de responder com sinceridade, sem ruborizar. Marco afirma desejar que sua alma seja nua e simples, mais visível do que o corpo que a rodeia. Em outras passagens, ele vai além, e, assim como um cínico, afirma que jamais devemos desejar algo na vida que exija paredes ou cortinas. Por um lado, essas são expressões do desejo de Marco de buscar um ideal moral elevado: ser tão puro de coração a ponto de não ter absolutamente nada a esconder. Entretanto, ele também está aludindo a uma poderosa estratégia terapêutica. Ser observado pode nos ajudar a desenvolver maior autoconsciência e corrigir nosso comportamento, principalmente se estivermos na presença de alguém que admiramos, como um mentor de confiança. Mesmo na ausência do nosso próprio Rústico, apenas imaginar que você está sendo observado por alguém sábio e benevolente pode potencialmente trazer benefícios semelhantes, especialmente se fingir que seus pensamentos e sentimentos mais íntimos são de alguma forma visíveis para você e para a outra pessoa[60].

Se queremos melhorar a nós mesmos, Galeno diz que jamais devemos parar de nos vigiar, nem mesmo por uma única hora. Como diabos fazemos isso? Ele explica que Zenão de Cítio ensinou que "devemos agir com cuidado em todas as situações como se tivéssemos que responder por isso a nossos professores logo em seguida"[61]. Trata-se de um truque mental bastante inteligente, que transforma a orientação estoica em uma espécie de prática de atenção plena. Imaginar que estamos sendo observados nos ajuda a prestar mais atenção ao nosso próprio caráter e comportamento.

Um estoico em treinamento, como o jovem Marco, teria sido sempre aconselhado a exercer autoconsciência, vigiando seus próprios pensamentos, ações e sentimentos, talvez como se seu mentor, Rústico, estivesse continuamente observando-o. Epicteto dizia a seus alunos que, assim como alguém que anda descalço é cauteloso para não ferir uma unha ou torcer o tornozelo, também deve tomar cuidado ao longo do dia para não prejudicar seu próprio caráter, cometendo erros de julgamento moral[62]. Na terapia moderna, é comum aos pacientes que estão progredindo se perguntarem, nos intervalos entre as sessões, o que o terapeuta poderia dizer sobre os pensamentos que os acometem.

60 *Meditações*, 12.4; 3.4; 10.1; 3.7.

61 Galeno, *Diagnosis and Cure of the Soul's Passions.*

62 *Handbook*, 38.

Por exemplo, eles podem estar se preocupando com alguma coisa e de repente imaginar a voz do terapeuta indagando-os com perguntas como "Onde estão as evidências para esses medos serem verdadeiros?" ou "Como é que se preocupar com isso realmente funciona para você?". A própria ideia de ter alguém observando seus pensamentos e sentimentos pode ser suficiente para fazê-lo parar e considerar se são pensamentos benéficos. Evidentemente, se você costuma conversar com um mentor ou terapeuta sobre suas experiências, fica muito mais fácil imaginar a presença deles quando não estão por perto. Mesmo que você não tenha alguém assim em sua vida, ainda pode imaginar que está sendo observado por um amigo sábio e solidário. Se você ler bastante a respeito de Marco Aurélio, por exemplo, poderá tentar imaginar que ele é seu companheiro enquanto executa alguma tarefa desafiadora ou enfrenta uma situação difícil. O que você faria de maneira diferente apenas por saber que ele estava ao seu lado? O que acha que ele poderia dizer sobre o seu comportamento? Se pudesse ler sua mente, o que ele diria de seus pensamentos e sentimentos? Você pode escolher seu próprio mentor, é claro, mas deu para entender a ideia.

Acredito que é possível que isso seja, em parte, o que Marco estava fazendo quando escreveu *Meditações*. Rústico morreu provavelmente por volta de 170 d.C., enquanto Marco estava fora comandando as legiões na fronteira norte durante a Primeira Guerra Marcomana. Há evidências sugerindo que ele pode ter começado a escrever *Meditações* na mesma época. Então, é tentador imaginar se ele fez isso em resposta à perda de seu amigo e tutor. Como vimos, Marco afirmou estar cercado por pessoas que eram contrárias aos seus pontos de vista e que até desejavam sua morte. Parece que nessa época ele realmente sentiu a ausência de um amigo como Rústico, que compartilhava suas crenças filosóficas e valores mais queridos.

Se Marco realmente começou a escrever essas anotações para si mesmo logo após a perda de seu mentor estoico, seu objetivo pode ter sido o de assumir a responsabilidade de ser seu próprio mentor. Ainda hoje, exercícios de escrita, como manter um diário terapêutico, são uma forma popular de autoajuda. Entretanto, além dos aforismos criados por Marco e as frases citadas de poetas e filósofos famosos, *Meditações* contém pequenos trechos de diálogo. Podem ser registros de anotações de leitura, como a cópia dos *Discursos* de Epicteto, que Rústico lhe deu de presente. Ou poderiam ser diálogos ficcionais inventados por Marco, usando sua imaginação para evocar um mentor interno.

Talvez possam ser lembranças de fragmentos de conversas tidas entre Marco e seus tutores muitos anos antes. Por exemplo, um desses diálogos pode ser parafraseado da seguinte maneira:

> **PROFESSOR:** Passo a passo, uma ação após a outra, você deve construir sua vida e se contentar se cada ato individual, tanto quanto o destino permitir, atingir seu objetivo.
> **ALUNO:** Mas e se houver algum obstáculo externo que me impeça de alcançar meu objetivo?
> **PROFESSOR:** Não pode haver obstáculo algum aos esforços de um homem para abordar as coisas com sabedoria, justiça e autoconsciência.
> **ALUNO:** Mas e se algum aspecto externo do meu comportamento for prejudicado?
> **PROFESSOR:** Bem, então é necessária uma aceitação alegre desse obstáculo, juntamente com uma mudança sensata para fazer o que as circunstâncias permitirem. Isso permitirá que você tome outro curso de ação, que esteja de acordo com o esquema geral da vida sobre o qual estamos falando[63].

Galeno sugeria que ter um modelo a seguir é a coisa mais apropriada a fazer durante nossa juventude. Mais tarde, no decorrer da vida, à medida que assumimos mais responsabilidades por nosso próprio caráter, torna-se importante seguir princípios filosóficos específicos e praticar viver segundo eles. Ao longo dos anos, com mais experiência, devemos desenvolver mais autoconsciência para poder detectar nossos próprios erros sem precisar da ajuda de um mentor. Além disso, aprendemos gradualmente a refrear paixões, como a raiva, por meio de uma prática disciplinada e analisando aquele sentimento em seu estágio inicial. Praticando isso com frequência, acabaremos nos tornando menos propensos a experimentar esses sentimentos. Quando Rústico faleceu, Marco já praticava filosofia havia mais de três décadas. Então, quando começou a escrever as *Meditações*, provavelmente já estava bem preparado para entrar na fase seguinte de seu desenvolvimento psicológico como estoico.

COMO SEGUIR OS PRÓPRIOS VALORES

O termo "mentor" tem origem na *Odisseia* de Homero. Atena, a deusa da sabedoria e da virtude, se disfarça de um amigo de Odisseu, chamado Mentor, para

---

63 *Meditações*, 8.32.

poder aconselhar seu filho Telêmaco, que está em grande perigo. Ela permanece ao seu lado durante a batalha final contra os inimigos de Odisseu, encorajando o herói à vitória. Marco disse que mesmo os aspirantes a estoicos não deveriam ter vergonha de procurar a ajuda de outros, assim como um soldado ferido em uma fortaleza sitiada não fica envergonhado de aceitar uma perna de seus companheiros para subir as ameias[64]. Porém, nem todo mundo tem um Rústico para ajudá-lo a superar as muralhas. Se, como descreve Galeno, você puder encontrar alguém em quem confiar, isso é maravilhoso. Porém, a maioria das pessoas provavelmente terá que confiar em outras estratégias, como Marco talvez tenha feito após a morte de Rústico. Essas estratégias se enquadram em duas categorias principais: escrever e imaginar.

Mesmo que você não tenha um mentor na vida real a quem seguir, você ainda pode se beneficiar desse conceito usando sua imaginação. Marco, como outros filósofos antigos, evocava as imagens de vários conselheiros e modelos em sua mente. Ele também acreditava que era importante considerar o caráter e as ações dos filósofos antigos. A certa altura, ele diz que os escritos dos "Efésios", possivelmente referindo-se aos seguidores de Heráclito, aconselhavam a pensar constantemente em indivíduos de gerações anteriores que demonstraram virtude exemplar. Como vimos, a história de Zenão começa com o conselho enigmático de "assumir a cor dos homens mortos", ao estudar a sabedoria das gerações anteriores. Marco pede a si mesmo que concentre sua atenção nas mentes dos homens sábios, particularmente em seus princípios mais profundos, considerando cuidadosamente o que esses homens evitam e o que eles buscam na vida. Em *Meditações* ele nomeia os filósofos que mais admira: Pitágoras, Heráclito, Sócrates, Diógenes, o Cínico, Crísipo e Epicteto. Certamente você pode até escolher o próprio Marco como modelo se estiver estudando a vida e a filosofia dele[65].

O primeiro passo é escrever as virtudes exibidas por alguém que você admira. Listar as qualidades que mais admira em outra pessoa, assim como fez Marco no primeiro livro de *Meditações*, é um exercício simples e poderoso. Marco explica em um capítulo posterior que contempla as virtudes daqueles que viveram com ele, buscando elevar seu espírito: a energia de um, a modéstia de outro, a generosidade de um terceiro e assim por diante[66]. Nada alegra mais

64 *Meditações*, 7.7.

65 *Meditações*, 11.26; 4.38.

66 *Meditações*, 6.48.

nossa alma, diz ele, do que pessoas próximas a nós exibindo virtude em suas vidas, e, por essa mesma razão, devemos valorizar esses exemplos e mantê-los frescos na memória. O ato de anotar geralmente torna a imagem mais vívida e memorável. Os estoicos consideravam isso uma fonte de alegria saudável. Anotar suas ideias sobre o que torna outra pessoa admirável, ponderá-las e revisá-las oferece uma oportunidade de processá-las internamente. Com a prática, você poderá visualizar os traços de caráter que está descrevendo com mais facilidade.

Mais de uma década após a morte de Antonino, por exemplo, Marco ainda se lembrava de permanecer um discípulo fiel em todas as áreas da vida[67]. Embora não seja ele próprio um filósofo, Antonino parecia ter naturalmente muitas das virtudes louvadas pelos estoicos. Em *Meditações* Marco disse que foi Antonino quem lhe mostrou que um imperador poderia conquistar o respeito de seus súditos sem guarda-costas, mantos caros, ornamentos preciosos, estátuas e todas as outras armadilhas de sua posição social de vida. Marco aprendeu com seu pai adotivo que, apesar de seu *status* de César, era possível viver de maneira semelhante à de um cidadão comum, sem perder o *status* ou negligenciar suas responsabilidades. Seguindo o exemplo de Antonino, ele se lembra de não ficar "manchado de púrpura", transformando-se em um César[68]. Em vez disso, Marco procurou tingir profundamente sua mente, embebendo-a com as mesmas virtudes que observou nos outros, esforçando-se, como ele dizia, a permanecer a pessoa que a filosofia procurava fazer dele.

Marco contempla o vigoroso compromisso de Antonino com a razão, a benevolência simples, sua paz interior inabalável e o comportamento calmo. Marco afirma que seu pai era como Sócrates em sua capacidade de se abster de coisas das quais a maioria das pessoas é fraca demais para prescindir e de apreciar com moderação as coisas que a maioria das pessoas não pode apreciar sem se exceder. Ele diz a si mesmo que, se puder imitar todas essas virtudes, poderá encontrar sua hora final com a mesma serenidade e consciência limpa mostrada por Antonino em seu leito de morte.

Além das virtudes das pessoas reais, os estoicos eram conhecidos por contemplar o caráter hipotético de um sábio ou mestre ideal. Existem várias passagens em que Marco parece estar fazendo isso. Essas descrições inevitavelmente

---

67 *Meditações*, 1.16; 6.30.

68 *Meditações*, 6.30.

parecem um pouco mais abstratas e grandiosas. Por exemplo, ele diz que o homem sábio perfeito é como um verdadeiro sacerdote dos deuses, com o elemento divino da razão dentro de si. Ele não é corrompido pelo prazer nem ferido pela dor, e permanece intocado pelos insultos. O verdadeiro sábio é como um lutador na mais nobre das lutas, profundamente tingido de justiça. Com todo o seu ser, ele aceita tudo o que lhe sucede, conforme designado pelo destino. Ele raramente se preocupa com o que os outros dizem ou fazem, a menos que seja para o bem comum. Ele naturalmente se importa com todos os seres racionais, como se fossem seus irmãos e irmãs. Ele não é influenciado pelas opiniões de ninguém, mas dá atenção especial aos sábios que vivem de acordo com a natureza[69]. Aqui Marco está tentando descrever a perfeição humana para si mesmo, imaginando um sábio ideal que personifique completamente os objetivos estoicos da vida.

Além de nos perguntarmos quais são as qualidades que a pessoa sábia ideal deve ter, podemos perguntar quais são as qualidades que esperamos ter em um futuro distante. Por exemplo, que tipo de pessoa você gostaria de ser depois de praticar o estoicismo por dez ou vinte anos? Em um ponto, Marco parece estar descrevendo os objetivos de longo prazo do processo de terapia estoica pelo qual passou com Rústico. Ele afirma que, na mente de quem foi castigado e completamente purificado, não há ferida purulenta sob a superfície, e nada que não possa ser examinado ou que se oculte da luz. Ele acrescenta que não resta nada de servil ou falso em alguém que tenha passado por isso, não sendo nem dependentes dos outros nem alienados deles[70]. Esses são objetivos de terapia tanto para os estoicos quanto para a vida.

Anotar as virtudes detidas por um homem ou mulher sábios hipotéticos, ou aquelas a que aspiramos para nós mesmos, geralmente é um exercício muito benéfico. Também pode ser útil formular descrições de dois ou três indivíduos específicos e compará-las com uma descrição mais geral de um indivíduo ideal. Essas pessoas podem ser conhecidos reais de sua vida, figuras históricas ou até mesmo personagens fictícios. O mais importante é processar a informação refletindo sobre ela e revisando-a sempre que se fizer necessário. Deixe passar algum tempo e depois volte para revisar e aprimorar as suas descrições. Considere como virtudes específicas, como sabedoria, justiça, coragem e moderação,

69 *Meditações*, 3.4.

70 *Meditações*, 3.8.

poderiam ser demonstradas pelos modelos que você escolheu. Em geral, repensar sobre as coisas e analisá-las de diferentes perspectivas – da maneira que você escolher – pode ser útil em termos de autoaperfeiçoamento. Depois de passar algum tempo em exercício de escrita, você poderá mais facilmente imaginar as coisas em sua mente. A melhor maneira de fazer isso é imaginar uma pessoa-modelo cujos pontos fortes você pôde identificar ao observá-la lidando com uma situação desafiadora. Os estoicos se perguntavam: "O que Sócrates ou Zenão fariam?". Marco provavelmente se perguntava como Rústico e seus outros professores lidariam com as situações difíceis que enfrentou na vida. Sem dúvida, ele se perguntava o que Antonino faria. Os psicólogos chamam isso de "modelar" o comportamento de alguém. Já abordamos brevemente essa questão em nossa discussão sobre a descatrastrofização na terapia cognitiva. Você pode se perguntar, por exemplo: "O que Marco faria?".

Além de visualizar as pessoas para modelar seu comportamento, nós também podemos modelar suas atitudes. Os estoicos podem se perguntar: "O que Sócrates ou Zenão diriam a respeito de isso?". Você pode imaginar seu modelo pessoal – ou mesmo um conjunto completo de sábios estoicos – aconselhando-o. O que eles diriam para você fazer? Que conselho eles dariam? O que eles teriam a dizer sobre como você está lidando com um problema atualmente? Faça esses tipos de perguntas para si mesmo em sua imaginação e tente formular qual seria a resposta. Transforme-a em uma discussão mais longa, se isso ajudar. Novamente, se você estiver modelando Marco Aurélio, pergunte: "O que Marco diria?".

A modelagem geralmente é seguida por um "ensaio mental" da mudança de comportamento: imaginando-se agindo de maneira semelhante com seus modelos ou vendo-se seguindo os conselhos dados por eles. Isso geralmente exige uma série de tentativas. Pense nisso como um aprendizado de tentativa e erro. Imagine-se lidando com os desafios que espera enfrentar e exibindo as virtudes que deseja aprender. Você provavelmente achará mais útil imaginar-se fazendo pequenos avanços, em vez de dominar imediatamente toda a situação. Isso é conhecido como o benefício de "imagens de superação" em vez de "imagens de domínio". Não tente correr antes que você possa caminhar, estabelecendo metas irreais. Apenas ensaie algumas mudanças simples no seu comportamento, para começar. De qualquer modo, pequenas mudanças podem ter grandes consequências.

Ao ensinar as pessoas a empregar as práticas estoicas, achei útil ter uma estrutura simples para as práticas diárias. Envolve um "ciclo de aprendizado" com começo, meio e fim, que se repete a cada dia. De manhã você se prepara para o dia que se inicia, ao longo do dia você tenta viver consistentemente de acordo com seus valores, e à noite você revisa seu progresso e se prepara para repetir o ciclo novamente no dia seguinte. Vou me referir aos exercícios estoicos usados no início e no final de cada dia como as meditações da manhã e da tarde e noturna. Ter uma rotina diária como essa torna muito mais fácil ser consistente em sua prática. Essa estrutura também se encaixa perfeitamente em nossa discussão sobre modelagem e mentoria. Durante sua meditação matinal, avalie quais tarefas você deve concluir e quais desafios você deve superar. Pergunte a si mesmo "O que meu modelo faria?" e tente imaginá-los lidando com as mesmas situações que você está prestes a enfrentar. Mentalmente, ensaie as virtudes que você deseja exibir. Durante todo o dia, tente continuamente ter consciência de si mesmo, como se um mentor ou professor sábio o estivesse observando. Hoje chamamos isso de "atenção plena estoica", mas os estoicos se referiam a algo semelhante a prestar atenção em si mesmo. Fique de olho em como você usa a mente e o corpo, principalmente os julgamentos de valor que faz em diferentes situações, e observe os sentimentos sutis de raiva, medo, tristeza ou desejos doentios, assim como os maus hábitos.

Durante sua meditação noturna, analise como as coisas realmente foram, talvez revendo os principais eventos do dia duas ou três vezes em sua mente. O que diriam seus mentores imaginários? Que conselho eles poderiam dar para que fizesse as coisas de maneira diferente da próxima vez? Essa é a sua oportunidade de aprender com a experiência e se preparar para a manhã, planejando seu comportamento e ensaiando as coisas novamente, em um ciclo contínuo de autoaperfeiçoamento. Você pode se perguntar, por exemplo: "O que Marco Aurélio diria sobre como eu me saí hoje?".

Os antigos faziam algo semelhante. Galeno disse que sua própria rotina diária envolvia contemplar um famoso poema sobre filosofia chamado "Os Versos Dourados de Pitágoras". Sêneca e Epicteto também mencionam esse poema e podem ter influenciado outros pensadores estoicos. Galeno recomenda ler seus versos duas vezes, primeiro em silêncio e depois em voz alta. Ele sugere que lembremos todos os dias as áreas carentes de aperfeiçoamento que o mentor nos ajudou a identificar. Deveríamos fazer isso com a maior frequência possível, mas pelo menos, diz ele, "ao amanhecer, antes de começarmos nossas tarefas diárias, e à noite, antes de descansarmos".

Em relação à meditação matinal, Galeno diz que, tão logo você se levante da cama e comece a considerar cada uma das tarefas a seguir, faça duas perguntas:

1. Quais seriam as consequências se você agisse como escravo de suas paixões?
2. Como o seu dia seria diferente se você agisse de forma mais racional, exibindo sabedoria e autodisciplina?

Marco discute como se preparar para o dia seguinte pelo menos quatro vezes em *Meditações*. Ele menciona que os Pitagóricos costumavam contemplar as estrelas todas as manhãs, pensando em sua consistência, pureza e nudez como símbolo do homem que vive com sabedoria, virtude e simplicidade. Ao despertar, ele também diz a si mesmo que está acordando para exercer seu potencial de sabedoria e não apenas para ser um fantoche das sensações corporais, influenciado por sentimentos agradáveis ou acometido pelo desconforto. Ele diz a si mesmo para amar sua natureza e sua capacidade de raciocinar, fazendo o possível para viver de acordo com esses valores. Como veremos mais adiante, ele também se dá conselhos muito específicos sobre como lidar com pessoas difíceis sem ficar frustrado ou ressentido[71].

Esta famosa passagem de "Os versos dourados", que Epicteto citou para seus alunos, descreve a meditação noturna:

"Não durma para fechar os olhos cansados, até que você calcule cada ação diurna:

'Onde eu errei? O que eu fiz? E que dever ainda não foi feito?'

Do início ao fim, revise seus atos e depois

Reprove a si mesmo por atos miseráveis, mas regozije-se com os que foram bem executados."[72]

Você pode se fazer estas três perguntas muito simples:

1. **O que você fez de mal?** Você se deixou dominar por medos irracionais ou desejos doentios? Você agiu mal ou se permitiu ter pensamentos irracionais?
2. **O que você fez bem?** Você fez progresso nas ações sábias? Elogie-se e reforce o que deseja repetir.

71 *Meditações*, 11.27; 5.1; 2.1.

72 *Discursos*, 3.10.

3. **O que você poderia fazer de diferente?** Você deixou passar qualquer oportunidade de exercer virtude ou força de caráter? Como você poderia lidar melhor com as coisas?

Como vimos, os jovens estoicos sendo observados ou questionados por um mentor de confiança tornaram-se profundamente conscientes de seus pensamentos e ações. Até certo ponto, saber que você vai se interrogar no final do dia pode ter um efeito semelhante. Obriga-o a prestar mais atenção à sua conduta ao longo do dia. Marco lembrou-se de um ditado expressivo de Heráclito: "Não devemos agir e falar como se estivéssemos dormindo"[73]. Em outras palavras, precisamos fazer um esforço para despertar nossa autoconsciência. Seguir essa rotina diária, em certo sentido, nos ajuda a fazer isso, agindo como um mentor para nós mesmos.

Esse regime o tornará mais consciente de seus pensamentos, sentimentos e ações. Você também pode promover a autoconsciência fazendo perguntas regularmente ao longo do dia, da maneira descrita pelos estoicos. Por exemplo, Marco frequentemente examinava seu próprio caráter e ações, talvez fazendo o tipo de perguntas que um mentor estoico poderia ter feito. Ele se perguntava, em diferentes situações: "Que utilidade estou tendo agora para minha alma?"[74]. Ele sondava a própria mente, examinando os valores fundamentais que estava assumindo como garantidos. "Que tipo de alma tenho eu agora?", ele perguntaria. "Estou me comportando como uma criança, um tirano, uma ovelha, um lobo, ou estou cumprindo meu verdadeiro potencial como ser racional? Com que propósito estou usando atualmente minha mente? Estou sendo tolo? Estou alienado de outras pessoas? Estou me deixando desviar do curso pelo medo e pelo desejo? Que paixões existem agora em minha mente?" Você também pode se perguntar: "Como isso está realmente funcionando?". Às vezes é necessário interromper as coisas que você está fazendo por hábito, para que possa se perguntar se elas são realmente saudáveis ou não saudáveis para você em longo prazo.

Os estoicos empregaram o método de questionamento socrático, o *elenchus*, que expõe contradições nas crenças da pessoa em questão – um pouco como o interrogatório de uma testemunha em um tribunal. Eles acreditavam, acima de tudo, que o homem sábio é consistente em seus pensamentos e ações. Pessoas

73 *Meditações*, 4.46.

74 *Meditações*, 5.11.

tolas, por outro lado, vacilam, movidas por paixões contraditórias, que flutuam de uma coisa para outra como borboletas. É por isso que frequentemente ouvimos os estoicos louvando o sábio por permanecer "o mesmo", não importa o que ele enfrente – até mesmo sua expressão facial e comportamento permanecem consistentes, faça chuva ou faça sol. Marco provavelmente passou por esse tipo de questionamento por Rústico e seus outros tutores, como parte da terapia estoica. Uma das principais coisas que tendem a ser questionadas é a contradição entre os valores que guiam as nossas próprias vidas, ou as coisas que desejamos, e os valores que usamos para julgar outras pessoas, ou o que achamos digno de louvor e digno de culpa. Hoje os terapeutas chamariam isso de "padrão duplo".

Esse tipo de questionamento socrático faz parte de uma abordagem conhecida como "esclarecimento de valores", que existe desde os anos 1970, mas recentemente passou por um ressurgimento de popularidade entre terapeutas e pesquisadores[75]. Refletindo profundamente sobre nossos valores todos os dias e tentando descrevê-los de maneira concisa, podemos desenvolver um senso mais claro de direção na vida. Você pode fazer isso questionando:

- Qual é a coisa mais importante na vida para você?
- O que você realmente quer que sua vida defenda ou represente?
- Como você quer ser lembrado depois de morto?
- Que tipo de pessoa você mais deseja ser na vida?
- Que tipo de caráter você quer ter?
- O que você gostaria que fosse escrito em sua lápide?

Essas perguntas são semelhantes à conhecida técnica terapêutica de imaginar os elogios em seu próprio funeral, perguntando-se como, idealmente, você gostaria de ser lembrado pelas pessoas. Pense em Ebenezer Scrooge, de *Um conto de Natal*, de Dickens, que tem uma espécie de epifania moral depois que o Fantasma do Futuro do Natal o confronta com uma visão perturbadora de pessoas reagindo à sua morte e lápide.

Outra técnica útil de esclarecimento de valores para estudantes de estoicismo envolve a criação de duas listas curtas em colunas lado a lado intituladas "Desejado" e "Admirado":

75 Simon, Howe, e Kirschenbaum, Values Clarification, 1972.

1. **Desejado.** As coisas que você mais deseja para si na vida.
2. **Admirado.** As qualidades que você considera mais louváveis e admiráveis em outras pessoas.

A princípio, essas duas listas quase nunca são idênticas. Por que elas são diferentes e como sua vida mudaria se você desejasse as qualidades que considera admiráveis em outras pessoas? Como os estoicos poderiam dizer, o que aconteceria se você tornasse a virtude sua prioridade número um na vida? O aspecto mais importante desse exercício de esclarecimento de valores, para os estoicos, seria compreender a verdadeira natureza do bem maior do homem, elucidar nosso objetivo mais fundamental e viver de acordo com ele. Tudo no estoicismo remete a um objetivo final de apreender a verdadeira natureza do bem e viver de acordo com isso.

Depois de esclarecer seus valores fundamentais, você pode compará-los às virtudes cardeais estoicas da sabedoria, justiça, coragem e moderação. As pessoas acham surpreendentemente útil reservar alguns minutos por dia para refletir sobre seus valores. De fato, o esclarecimento de valores tornou-se parte integrante dos tratamentos modernos para a depressão clínica. Esclarecer nossos valores e tentar viver de maneira consistente de acordo com eles pode nos ajudar a obter um maior senso de direção e significado na vida, levando a uma maior satisfação e realização. Tente fazer um *brainstorming* de pequenas maneiras pelas quais você pode realizar coisas que satisfaçam seus valores essenciais todos os dias. Não seja muito ambicioso; comece com pequenas mudanças. Então, durante a meditação da noite, você pode literalmente dar a si mesmo uma "nota" por cada virtude, ou melhor, por cumprir seus valores centrais. Isso o incentivará a pensar mais profundamente sobre como poderá progredir para incorporar seus valores. Lembre-se: o objetivo fundamental da vida, para os estoicos, o bem maior, é agir de maneira consistente de acordo com a razão e a virtude.

Neste capítulo, examinamos o papel que Júnio Rústico desempenhou na vida de Marco como tutor e mentor estoico: ele convenceu Marco, ainda um jovem César, de que se beneficiaria do treinamento moral e da terapia estoica das paixões. Reconstruímos um relato da terapia estoica (*therapeia*) com base na descrição dada pelo médico pessoal de Marco, Galeno, que se baseia nos livros perdidos de Crisântopo, *Terapêutica*, e combinamos esse relato com passagens relevantes das *Meditações*.

Também descrevemos como se beneficiar de práticas semelhantes hoje, se você tem ou não um mentor real a quem recorrer. O papel do mentor pode ser visto em termos de modelagem, tanto de comportamentos quanto de atitude. Você pode usar diferentes exercícios de escrita e visualização para simular o processo estoico de orientação. Também vimos como "Os versos dourados de Pitágoras" proporcionaram a Galeno, Sêneca e Epicteto uma estrutura para a terapia estoica, dividindo o dia em três estágios: meditação matinal, atenção plena durante o dia e meditação noturna.

Introduzimos o conceito de esclarecimento de valores da terapia moderna. Refletir e esclarecer seus valores essenciais pode ajudar a combater a depressão e outros problemas emocionais, especialmente quando você faz um esforço consistente para viver mais de acordo com seus valores verdadeiros todos os dias. Você pode comparar esses valores com as virtudes estoicas e explorá-los de diferentes perspectivas, seguindo uma rotina diária. Continue voltando à pergunta: "Qual é a coisa mais importante na vida?". Ou, como diriam os estoicos: "Qual é a verdadeira natureza do bem?". Até mesmo reservar alguns minutos por dia para repassar seus valores fundamentais e fazer coisas que estejam de acordo com eles pode ser algo muito benéfico. Lembre-se: pequenas mudanças desse tipo podem, geralmente, ter efeitos surpreendentemente grandes. As ideias deste capítulo o ajudarão a aplicar muitos outros conceitos e técnicas estoicas que você está prestes a aprender, fornecendo uma estrutura para sua prática diária. Apenas esse "ciclo de aprendizado" simples, quando usado adequadamente, será suficiente para que muitas pessoas possam ver melhorias em seu próprio caráter e resiliência emocional, especialmente combinadas com a leitura e o estudo dos textos estoicos. O autoescrutínio parece ter sido um aspecto importante do treinamento em estoicismo antigo. Como Sócrates disse: "A vida não examinada não vale a pena ser vivida".

CAPÍTULO 4

A ESCOLHA DE HÉRCULES

Marco colocou as mãos na cabeça e suspirou. Não foi a assolação causada pela Peste Antonina ou a crescente ameaça de uma invasão bárbara pelo norte que o fizeram temer pelo futuro de Roma. Pelo contrário, foi uma festa oferecida pelo seu irmão, Lúcio Vero. Lúcio e Marco sempre foram muito diferentes, apesar de terem governado juntos; porém, com o passar dos anos, ficaram cada vez mais distantes. Enquanto Marco se voltava cada vez mais para a filosofia como seu guia, Lúcio ficou conhecido por ser hedonista e endiabrado.

Os laços familiares dos nobres romanos eram complicados. Lúcio não era apenas o irmão adotivo de Marco, mas também seu genro, tendo se casado com a filha de Marco, Lucila. Dizia-se, portanto, que Marco o considerava mais um filho do que um irmão. Ao ser aclamado imperador, a primeira providência de Marco foi nomear Lúcio coimperador, para governar junto a ele, a primeira medida desse tipo na história romana. Lúcio recebeu o sobrenome de Marco, Vero – anteriormente ele era conhecido como Lúcio Élio Aurélio Cômodo. Lúcio era um jovem bonito e carismático que provavelmente parecia mais à vontade que Marco nas roupas roxas de um imperador.

> [Lúcio] Vero era bem apessoado pessoalmente e simpático de expressão. Sua barba era longa, quase no estilo dos bárbaros; ele era alto e imponente na aparência, pois a testa projetava-se um pouco sobre as sobrancelhas. Dizia-se que tinha tanto orgulho de seus cabelos amarelos que peneirava pó de ouro em sua cabeça para que seus cabelos, assim iluminados, parecessem ainda mais amarelos[76].

Contudo, embora Marco e Lúcio detivessem ambos o título de imperador, Lúcio era claramente subordinado a Marco e lhe obedecia de maneira comparável à de um governador de província ou de um tenente do exército.

Uma das razões pelas quais Marco o nomeara coimperador foi que Lúcio poderia reivindicar o trono. Como vimos, o pai natural de Lúcio morrera antes que ele pudesse suceder a Adriano. Por isso, foi inteligente da parte de Marco convencer o Senado a dividir o poder com seu irmão, a fim de evitar o

76 *História Augusta*.

surgimento de facções opostas. Não havia nada que o Senado temesse mais que uma guerra civil destruindo o império, e essa medida ajudou a garantir a estabilidade política. As histórias também implicam que a saúde debilitada de Marco influenciou a decisão. Como Lúcio era nove anos mais jovem e estava em condições físicas muito melhores, foi preparado para viver mais que Marco e se tornar seu sucessor. A governança conjunta significava que, se um imperador morresse repentinamente, o outro permaneceria no poder, reduzindo o risco de conflito durante a sucessão.

Além disso, o historiador Cassius Dio descreveu Lúcio como um homem mais jovem e vigoroso, "mais adequado para atividades militares". Até onde se sabe, Lúcio nunca cumpriu nenhum serviço militar quando jovem, mas no começo talvez fosse mais popular entre as legiões do que Marco. Seu pai havia pelo menos servido brevemente como governador e comandante militar da Panônia. Assim que Marco e Lúcio foram nomeados coimperadores, Marco enviou Lúcio para falar às legiões em seu nome e efetivamente começou a tratá-lo como seu representante nas Forças Armadas. Marco e seus conselheiros claramente tinham a impressão de que Lúcio poderia vir a se tornar um general após a formação. Porém, ele se mostrara completamente inútil para esse papel, pois não tinha o senso de dever e autodisciplina necessários para a vida militar, preferindo passar o tempo bebendo e se divertindo com amigos.

De fato, Lúcio era conhecido por amar festas extravagantes, em acentuado contraste com seu irmão. A festa que causou tanta preocupação a Marco custou aproximadamente o equivalente ao salário anual de uma legião inteira. A principal despesa parece ter sido os presentes extravagantes que o imperador Lúcio deu aos convidados. Primeiro eles receberam facas e talheres requintados e animais vivos do mesmo tipo que comiam durante cada etapa da refeição, uma coleção variada de pássaros e criaturas quadrúpedes. Depois, receberam cálices finos feitos de pedras semipreciosas e cristais alexandrinos. Em seguida, foram entregues copos de prata, de ouro e de joias, guirlandas enfeitadas com fitas douradas e flores fora de estação, e vasos dourados contendo bálsamos raros. Os convidados foram entretidos por lutas particulares de gladiadores e beberam e jogaram dados até o amanhecer. Por fim, carruagens com mulas vestidas com adornos de prata levaram os convidados para casa; eles puderam ficar com as carruagens, juntamente com os belos jovens escravos que os serviram. Porém, não se pode comprar bons amigos, e as extravagâncias atraíram um séquito de devassos e gananciosos que incentivaram os piores aspectos da personalidade de Lúcio.

A *História Augusta* descreve Lúcio de uma maneira muito negativa, como um fanfarrão vaidoso e tolerante consigo mesmo. A imagem descrita de Lúcio contrasta drasticamente com a de Marco como um estoico *bona fide*. Mesmo que as histórias exagerem os vícios de Lúcio, provavelmente há pelo menos um pouco de verdade nelas. Por exemplo, apesar de governar como coimperador com Marco por quase uma década, Lúcio é praticamente relegado a uma nota de rodapé nas *Meditações*. Marco diz apenas que é grato por ter tido um irmão "que, por seu caráter, foi capaz de me estimular a cultivar minha própria natureza e, ao mesmo tempo, me encorajou por seu respeito e carinho", talvez repreendendo Lúcio com parcos elogios[77]. Marco fala com uma imprecisão astuciosa aqui, mas talvez signifique que ele se tornou mais determinado a fortalecer seu próprio caráter depois de observar os vícios de seu irmão saindo de controle. No entanto, Marco ficou aliviado por Lúcio permanecer leal a ele, mostrando "respeito e afeto" em vez de dividir o império juntando-se com aqueles que se opunham ao seu domínio. Podemos dizer que esse era um perigo muito real da guerra civil iniciada contra Marco seis anos após a morte de Lúcio por seu mais célebre general, Cássio Avídio.

Na juventude, Marco e Lúcio partilharam de forte interesse pela caça, luta e outras atividades atléticas, e ambos estudavam a filosofia estoica. Contudo, enquanto Marco se dedicava cada vez mais ao estudo da retórica e da filosofia e trabalhava com esmero subindo de posto em cargos públicos, Lúcio parecia não ter feito nada além de desfrutar uma vida de lazer. Enquanto o irmão mais novo participava de corridas de carruagens, jogos de gladiadores ou banquetes com seus amigos, Marco se debruçava sobre livros, adquirindo conhecimento fundamental sobre direito romano e burocracia do governo. Pode-se dizer que Lúcio escolheu o prazer antes do trabalho; Marco, o trabalho antes do prazer.

Minha análise é de que Lúcio estruturou toda a vida em torno da busca por prazeres vazios como forma de evitar entrar em contato com suas emoções. Os psicólogos sabem que as pessoas geralmente adotam hábitos que consideram prazerosos – das redes sociais ao *crack* – como uma maneira de se distrair ou reprimir sentimentos desagradáveis. No caso de Lúcio, o álcool e outras diversões talvez lhe oferecessem uma maneira de escapar da preocupação com suas

77 *Meditações*, 1.17.

responsabilidades como imperador. Como veremos, não há nada de errado com o prazer, a menos que comecemos tanto a desejá-lo que negligenciemos nossas responsabilidades ou substituamos atividades saudáveis e gratificantes por atividades que não o são.

Buscar prazeres vazios e transitórios nunca levará à verdadeira felicidade em longo prazo. Entretanto, o prazer pode ser complexo – pode nos atrair se passando por algo que não é. O que todos nós realmente procuramos na vida é o sentimento de autêntica felicidade e satisfação que os estoicos chamavam *eudaimonia*. Lúcio, no entanto, procurava nos lugares totalmente errados: aplaudindo a carnificina das arenas, enchendo amigos duvidosos de presentes luxuosos e embriagando-se até chegar ao ponto de perder a consciência. Certamente, o hábito de banquetear de um imperador romano degenerado pode parecer um exemplo extremo de alguém que permite que seus impulsos hedonistas assumam o controle. No entanto, a psicologia básica do desejo não é muito diferente hoje. As pessoas ainda confundem prazer com felicidade e frequentemente acham difícil imaginar outra perspectiva de vida. Por outro lado, os estoicos ensinaram a Marco que todos nós buscamos uma sensação de realização mais profunda e duradoura. Ensinaram-lhe que isso só poderia ser obtido compreendendo nosso potencial interior e vivendo de acordo com nossos valores fundamentais, não se deixando desviar por sentimentos superficiais. A vida de Marco e Lúcio divergia nesse sentido, até que eles seguiram direções opostas.

Há algo estranhamente familiar nessa narrativa: os caminhos opostos em que nossos dois jovens Césares se encontraram como coimperadores poderiam ter sido retirados de uma fábula moral. De fato, enquanto assistia às palestras de Apolônio e outros estoicos, Marco certamente deve ter pensado em seu irmão ao ouvir atentamente as muitas exortações para abraçar a filosofia como um modo de vida. Uma das mais famosas delas era conhecida como "A escolha de Hércules". Essa antiga alegoria sobre a escolha de nosso caminho na vida desempenha papel especial na história do estoicismo. Conta-se que, por acaso, pouco depois de seu naufrágio, Zenão leu o segundo livro dos *Ditos e feitos memoráveis de Sócrates*, de Xenofonte. Ali, Sócrates é retratado argumentando que a virtude do autocontrole torna os homens nobres e bons, enquanto a busca por uma vida de prazer, não. Sócrates começa citando um verso bem conhecido de Hesíodo:

> A maldade pode ser facilmente encontrada em abundância: a estrada é suave e perto ela mora. Mas, diante da virtude, os deuses imortais suaram: longo e íngreme é o caminho para ela, e áspero no início; mas quando se atinge o cimo, finalmente a estrada é fácil, por mais difícil que tenha sido.

Sócrates, em seguida, conta "A escolha de Hércules", que ele havia aprendido com Pródico de Ceos, um dos mais conceituados sofistas gregos.

Certo dia, o jovem Hércules estava passando por um caminho desconhecido quando encontrou uma bifurcação na estrada, na qual se sentou e começou a contemplar seu futuro. Sem saber qual caminho seguir, ele se viu repentinamente confrontado por duas deusas misteriosas. A primeira apareceu como uma mulher bonita e atraente, vestida com roupas finas. Ela se chamava Kakia, embora afirmasse (falsamente) que seus amigos a chamavam de Eudaimonia, significando felicidade e satisfação. Ela se meteu na frente da companheira e suplicou insistentemente para que Hércules escolhesse o seu caminho. Prometeu que ele o levaria ao modo de vida mais fácil e agradável, um atalho para a verdadeira felicidade. Disse-lhe que ele poderia viver como um rei, evitando dificuldades e desfrutando de luxos além dos sonhos mais loucos da maioria dos homens, todos entregues a ele por meio do trabalho de outros.

Depois de ouvi-la por um tempo, Hércules foi abordado pela segunda deusa, Aretê, uma mulher menos arrogante e mais despretensiosa, que ainda assim brilhava com beleza natural. Para sua surpresa, ela usava uma expressão grave. Alertou-o de que seu caminho levava em uma direção muito diferente: seria longo e difícil, e exigiria muito trabalho árduo. Falando claramente, ela disse a Hércules que ele sofreria. Estaria condenado a andar pela Terra em trapos, injuriado e perseguido por seus inimigos. "Nada que seja realmente bom e admirável", advertiu Aretê, "é concedido pelos deuses aos homens sem algum esforço e dedicação." Seria exigido de Hércules agir com sabedoria e justiça e enfrentar adversidades crescentes com bravura e autodisciplina. Superar grandes obstáculos por meio de ações corajosas e honradas, disse a deusa, era o único caminho verdadeiro para a realização na vida.

Hércules, como muitos sabem, escolheu o caminho heroico de Aretê, ou "Virtude", e não foi seduzido por Kakia, ou "Vício". Armado com um bastão de madeira e vestido com a pele do leão de Nemeia, símbolos de um modo de vida mais primitivo e simples, ele vagava de um lugar para outro, como se o mundo inteiro fosse sua casa. Os deuses o forçaram a empreender os lendários doze trabalhos, incluindo matar a hidra e finalmente entrar no reino de Hades, o próprio submundo, para capturar Cérbero com as próprias mãos. Ele morreu em extrema agonia, traído por sua esposa invejosa, que o levou a usar uma túnica embebida em sangue contaminado com o veneno da hidra. No entanto, Zeus ficou tão impressionado com a grandeza da alma de seu filho mortal que lhe concedeu uma apoteose, elevando-o ao *status* de um deus por direito próprio.

Não é de surpreender que Hércules fosse o herói mitológico mais admirado pelos filósofos cínicos e estoicos. Seus trabalhos incorporaram sua crença de que é mais gratificante enfrentar as dificuldades voluntariamente e cultivar força de caráter do que escolher a opção mais fácil, adotando uma vida confortável e de ociosidade. Assim o satírico Luciano de Samósata, contemporâneo de Marco, retratou a lendária venda de Diógenes de Sinope em um leilão de escravos:

> **COMPRADOR:** Existe alguém que você se esforça para imitar?
> **DIÓGENES:** Sim, Hércules.
> **COMPRADOR:** Então, por que você não está usando pele de leão? Embora admita que o seu bastão se parece com o dele.
> **DIÓGENES:** Ora, essa capa velha é minha pele de leão, e, como ele, estou lutando contra o prazer, não por ordem de ninguém, mas por vontade própria, já que fiz de meu propósito limpar a vida humana[78].

Como os cínicos antes deles, os estoicos viam o mito de Hércules como uma alegoria sobre as virtudes da coragem e da autodisciplina. "Onde acham que Hércules chegaria", Epicteto pergunta a seus alunos, "se não houvesse monstros como o leão de Nemeia, a hidra, o veado de Artêmis, o javali de Erimanto e todos aqueles homens injustos e bestiais para serem enfrentados? Porque, se ele estivesse sentado em casa, embrulhado em lençóis, vivendo no luxo e na comodidade, ele não seria Hércules!"[79] Epicteto diz a seus alunos que, assim como Hércules limpou a Terra dos monstros – sem reclamar –, eles deveriam conquistar a si mesmos expurgando os desejos e emoções básicos de seus corações.

Em outras palavras, para os estoicos, a fábula de Hércules simboliza o desafio épico de decidir quem realmente queremos ser na vida, a promessa

---

78 Lucian, *Philosophies for Sale*.
79 *Discursos*, 1.16 (levemente modificado).

da filosofia e a tentação de ceder ao prazer e ao vício. A moral é que muitas vezes é requerido um esforço hercúleo para manter o caminho correto. Mas a vida de Hércules não era desagradável? Como veremos, a partir da perspectiva estoica, Hércules permaneceu alegre, apesar das coisas terríveis que sofreu. Ele desfrutou de um profundo sentimento de satisfação interior, sabendo que estava cumprindo seu destino e expressando sua verdadeira natureza. Sua vida tinha algo muito mais gratificante que prazer: tinha propósito.

Tudo isso deve ter sido familiar para Marco e Lúcio, pela educação que receberam no estoicismo. Lúcio gradualmente perdeu o interesse e deu as costas à filosofia. Enquanto Marco estava ocupado estudando ou trabalhando incansavelmente em cargos públicos, Lúcio estava ganhando notoriedade por sua devassidão e sua crescente paixão pelos populares esportes romanos para espectadores. Ele se meteu em uma situação delicada ao torcer para os Verdes nas corridas e, assim, ofendeu os fãs de times rivais, particularmente os Azuis; também levava uma estátua de ouro do cavalo mais premiado dos Verdes, Volucer, aonde quer que fosse. Lúcio fez um cálice de cristal enorme para vinho que nomeou em sua homenagem e que "superava a capacidade de qualquer gole humano", outro testemunho de sua notoriedade por beber demais.

Por outro lado, Marco, como Hércules na fábula, escolheu evitar esse tipo de distração, ou pelo menos mantê-lo no mínimo. O escravo sem nome de quem muito aprendeu quando criança o aconselhou sabiamente a não ficar do lado dos Verdes ou dos Azuis nas corridas de carruagens e a não apoiar diferentes facções na listagem de gladiadores. Essas eram as principais formas de entretenimento público na Roma imperial, e parece que as "massas" eram tão viciadas nelas quanto muitos de nós somos nos esportes e *reality shows* de hoje.

Marco passou a detestar todos esses eventos públicos, mas era obrigado a ir por insistência de seus amigos e conselheiros. Ele parece ter achado o derramamento de sangue desnecessário, cruel e bárbaro. De fato, como imperador, começou a impor muitas restrições à crueldade dos jogos. Insistiu que, perante ele, os gladiadores usassem armas embotadas para que lutassem como atletas, sem nenhum risco para suas vidas. A emoção nas corridas de carruagem também girava em torno de sangue, pois cavalos e aurigas eram frequentemente mutilados ou mortos nesse esporte perigoso. Marco tentou ver além do entusiasmo da multidão. Adotou uma atitude mais filosófica ante os acontecimentos que se desenrolavam diante de seus olhos, perguntando-se: é realmente isso o que as pessoas consideram divertido?

Para o estoicismo, os sentimentos de prazer em si não são bons nem ruins. Em vez disso, se nosso estado de espírito é bom ou ruim, saudável ou não, isso depende das coisas que nos proporcionam satisfação. Marco compara a sociedade romana com a ociosidade de uma procissão, onde as pessoas parecem distraídas por trivialidades, mas lembra a si mesmo que deve assumir seu lugar com benevolência. Contudo, o valor de um homem pode ser medido pelas coisas que ele estima[80]. Gostar do sofrimento dos outros é ruim. Sentir prazer em ver homens arriscando perder a vida ou sofrer ferimentos graves seria, portanto, considerado um vício pelos estoicos. Por outro lado, é bom gostar de ver as pessoas florescerem. Você pode pensar que isso seja óbvio; no entanto, o prazer pode nos cegar até o ponto de não vermos as consequências para os outros e para nós mesmos. Marco havia aprendido com seus tutores estoicos a examinar de perto as fontes e as consequências do prazer. Ele foi capaz, até certo ponto, de enxergar além dos preconceitos de sua própria cultura. Da mesma forma, devemos aprender a apreciar coisas que são boas para nós e para os outros, não coisas que são ruins para nós. De fato, existe um tipo de gratificação interior que resulta de viver genuinamente de acordo com nossos valores mais profundos, que podem fazer com que os prazeres comuns pareçam superficiais em comparação. Marco tem isso em mente quando diz repetidamente a si mesmo que o objetivo de sua vida não é prazer, mas ação.

No começo, as pessoas ridicularizavam Marco, o consideravam esnobe e enfadonho, pois, durante os jogos, viam que ele estava lendo documentos oficiais e discutindo-os com seus conselheiros. Ele foi informado de que tinha de mostrar o rosto nesses eventos, para manter a multidão feliz, mas ele queria usar esse tempo para abordar os negócios sérios da administração do Estado. Até seu tutor e amigo íntimo, Frontão, o criticou por ser muito sério:

> Algumas vezes, na sua ausência, eu o critiquei de maneira severa, diante de um pequeno círculo com meus amigos mais íntimos. Houve um tempo em que eu o fazia, por exemplo, quando você entrava em reuniões públicas com uma expressão mais sombria do que era apropriada, ou debruçava-se sobre um livro no teatro ou durante um banquete (estou falando de uma

80 *Meditações*, 7.3.

época em que eu próprio ainda não havia me afastado de teatros e banquetes). Em tais ocasiões, então, eu chamava você de homem insensível que não agia conforme as circunstâncias exigiam, ou às vezes, até, num impulso de raiva, de pessoa desagradável.[81]

Frontão, mais tarde, entendeu a maneira de pensar de Marco. Gradativamente, ele percebeu que a vida era mais do que socializar com a classe patrícia romana, a quem ambos passaram a ver como carente de calor e amizade genuínos. Marco também enfrentou críticas da velha guarda por promover homens como seu futuro genro, Pompeiano, com base no mérito e não na nobreza do nascimento. Ele escolheu seus amigos com cuidado, com base nos traços de caráter que mais admirava, e não no que parecia agradável àqueles de sua classe social. A companhia de seus amigos nem sempre era divertida – às vezes falavam francamente e o criticavam –, mas ele os aceitava porque compartilhavam seus valores e o ajudavam a melhorar como pessoa. Ele claramente preferia a companhia de sua família e amigos mais confiáveis à socialização com a elite romana. Marco admite, em *Meditações*, que ansiava por uma vida familiar mais simples, porém idílica, em suas pacíficas casas no interior da Itália. Embora essa fosse, sem dúvida, uma maneira mais saudável e modesta de passar seu tempo de lazer em comparação com os banquetes tumultuados de Lúcio, ainda assim era um desejo que Marco logo teria que deixar de lado, quando as Guerras Marcomanas exigiram que ele deixasse Roma para a fronteira norte.

Não obstante Marco astuciosamente guardasse os documentos no anfiteatro, ele ainda insistia em trabalhar. Enquanto discutia decisões políticas com seus conselheiros, os espectadores supunham que ele estivesse conversando sobre os jogos, como todo mundo. Ele até encontrou maneiras de tirar lições de vida dos jogos. Em lutas com animais selvagens, ele observava gladiadores, devorados e cobertos de feridas, implorando para serem suturados para que pudessem se jogar de volta na luta. Isso lembrou Marco da maneira como continuamos a ceder a desejos doentios, apesar de sabermos o mal que eles nos causam. Talvez isso também o lembrasse de seu irmão, que abandonara a filosofia e adotara uma vida de devassidão que, claramente, o estava destruindo.

Marco mantinha Lúcio sob certo controle, enquanto estavam juntos. No entanto, logo após os dois irmãos serem nomeados coimperadores, o rei parta

81 Frontão, Cartas, em *Meditações* (trans. Hard), 16.

Vologases IV invadiu o Estado cliente romano da Armênia. O governador da vizinha Capadócia (atualmente Turquia) apressou-se para atacar o inimigo, mas sua legião foi cercada e aniquilada. Ele foi forçado a tirar a própria vida. Foi uma derrota humilhante para os romanos, e o conflito rapidamente se transformou em uma grande crise militar.

A presença de Marco ainda era necessária em Roma, então ele enviou Lúcio à Síria para assumir o comando das tropas reunidas no Oriente. Contudo, uma viagem que deveria levar algumas semanas acabou levando nove meses. As histórias afirmam que Lúcio perdeu tempo caçando e festejando pelo caminho. Marco o acompanhou até Cápua, no sul da Itália, antes de voltar para Roma. Assim que seu irmão mais velho partiu, Lúcio "devorou tudo que viu na casa de todos" até ficar tão doente que Marco teve que correr para ampará-lo na vizinha Canúsio. Os prazeres, como vimos, podem nos cegar, nos impedindo de ver as consequências, se não tomarmos cuidado. Os excessos de Lúcio o levariam cada vez mais a negligenciar seu próprio bem-estar e o do império.

A *História Augusta* refere-se duramente ao imperador Lúcio, reclamando que, quando ele finalmente chegou à Síria, e ao longo da guerra romano-parta, longe da supervisão de Marco, as características mais fracas e degeneradas de seu caráter prevaleceram.

> Enquanto um legado [um general romano] era morto, enquanto legiões eram massacradas, enquanto a Síria planejava uma revolta e o Oriente estava sendo arrasado, [Lúcio] Vero caçava na Apúlia, viajava por Atenas e Corinto, acompanhado por orquestras e cantores, e passeando por todas as cidades da Ásia que faziam fronteira com o mar, e pelas cidades de Panfília e Cilícia, que eram particularmente notórias por suas estâncias de lazer.

Quando Lúcio finalmente chegou a Antioquia, capital da Síria, longe do olhar de Marco, ele se entregou totalmente a uma vida turbulenta. Raspou a barba para fazer a vontade de sua amante, Pantea. Isso confirmou que ele abandonara a filosofia de uma vez por todas, a fim de seguir um estilo de vida mais permissivo. A barba de um filósofo havia se tornado um símbolo surpreendentemente politizado após anos de perseguição sob regimes anteriores. Para alguns, pelo menos, raspá-la implicava abandonar as crenças e valores mais estimados. Algumas gerações antes, supostamente falando da perseguição dos filósofos pelo imperador Domiciano, Epicteto havia desafiadoramente exclamado que, se as autoridades quisessem cortar sua barba, teriam que cortar sua cabeça primeiro.

Marco já havia enviado o general romano Cássio Avídio, um disciplinador notoriamente rigoroso, para assumir o comando das tropas na Síria, arrastando os libertinos legionários orientais para fora dos bordéis e das casas de bebida e arrancando as flores de seus cabelos. Assim que Lúcio chegou para assumir o comando, porém, sua comitiva pessoal tomou o lugar dos soldados nos espaços de lazer e prazer do Oriente. O comentário era de que Lúcio se envolvia em inúmeros casos de amor com mulheres adúlteras e rapazes na Síria, mesmo ele sendo casado com a jovem Lucila, filha de Marco. Foi lá que ele adquiriu o hábito de jogar dados até o amanhecer. Ele andava por tavernas e bordéis tarde da noite, disfarçado de plebeu, dizem, ficando bêbado, se metendo em brigas e voltando para casa cheio de hematomas. Quando bebia, gostava de quebrar os copos nas tavernas jogando moedas neles, o que provavelmente iniciou algumas brigas. Ficava tão embriagado depois de festejar durante a noite que costumava adormecer à mesa de banquetes e precisava ser levado para o quarto pelos servos.

Lúcio era, de fato, conhecido por ser um bebedor insaciável. Com base nas informações disponíveis, parece provável que sofresse de alcoolismo, acompanhado por sintomas de ansiedade e depressão. Durante as guerras romano-partas, por exemplo, escreveu a Frontão queixando-se em desespero das "ansiedades que me deixaram muito infeliz dia e noite, e quase me fizeram pensar que tudo estava arruinado". Provavelmente se referia a problemas de negociação com os hostis partas. Lúcio estava claramente dominado pelo sofrimento emocional. Beber compulsivamente, fazer sexo casual, jogar e festejar tornou-se sua maneira de lidar, ainda que mal, com as pressões de seu cargo. Os estoicos acreditavam que entretenimento, sexo, comida e até álcool tinham seu lugar na vida – eles não são bons nem ruins. No entanto, quando buscados excessivamente, podem se tornar prejudiciais. Portanto, o homem sábio estabelece limites razoáveis aos seus desejos e exerce a virtude da moderação: "Nada em excesso". Quando fazer o que nos é prazeroso torna-se mais importante do que fazer o que é realmente bom para nós ou nossos entes queridos, temos aí uma receita para o desastre. Há uma enorme diferença entre prazeres saudáveis e não saudáveis. Lúcio definitivamente havia ultrapassado os limites.

Depois que os romanos garantiram a vitória sobre os partas após seis anos de guerra, Lúcio finalmente retornou da Síria para comemorar seu triunfo com Marco. No entanto, uma vez em Roma, ele se interessou ainda menos pelo irmão mais velho, e seu comportamento continuou a degenerar-se. As pessoas zombavam de que ele devia ter capturado atores em vez de soldados partas, porque orgulhosamente trouxera muitos do Oriente. Ainda assim, Lúcio descaradamente convidou Frontão, um grande retórico, a escrever uma história da guerra, dando crédito a ele por todas as realizações de Roma. A verdade era que Lúcio havia deixado Cássio Avídio e seus outros generais no comando e ficou o mais longe possível das batalhas, percorrendo a região como uma celebridade com sua comitiva de aproveitadores. Como veremos, essa negligência não foi irrelevante. Cássio Avídio assumiu seu lugar e gradativamente se tornou quase tão poderoso quanto um imperador nas províncias orientais.

Lúcio não estava em casa havia muito tempo antes de a Primeira Guerra Marcomana irromper na fronteira norte. Dessa vez, os dois imperadores saíram de Roma juntos em trajes militares. Marco evidentemente não achou que era uma boa ideia o irmão ir sozinho, e não se sentiu à vontade em deixá-lo em Roma sem supervisão. Lúcio queria permanecer em Aquileia, no norte da Itália, onde podia caçar e fazer banquetes, mas Marco insistiu que eles precisavam atravessar os Alpes para a Panônia, que havia sido invadida pelos marcomanos e seus aliados. Depois que os romanos repeliram a incursão bárbara inicial, os coimperadores retornaram a Aquileia por insistência de Lúcio, porque ele desejava estar perto de Roma. Entretanto, no início de 169 d.C., Lúcio foi atingido por um súbito desmaio e morreu três dias depois, após seus médicos terem lhe feito uma sangria. Não podemos ter certeza do que o matou. Havia até rumores de que Marco o envenenara. No entanto, sua perda de consciência, incapacidade de falar e morte súbita são sinais de peste, que era prevalente nas cidades próximas e nos campos legionários nessa época. Ironicamente, apesar da reputação de Lúcio como o mais jovem e mais forte dos dois coimperadores, ele só chegou aos 39 anos, enquanto Marco, com sua notória fragilidade, alcançou quase sessenta.

Pode-se pensar que Marco ficou aliviado por se livrar de seu irmão rebelde, mas ele provavelmente sentiu muito sua perda. Aconteceu em um momento de crescentes crises, quando doenças se espalharam por todo o império e Marco foi forçado a deixar Roma pela primeira vez para assumir o comando na fronteira norte. Ele deve ter se sentido cada vez mais isolado, em grande perigo pessoal e sob enorme pressão política. Como veremos, foi diante dessas tribulações que a obra *Meditações* tomou forma.

COMO DOMINAR O DESEJO

Já mencionamos a "Escolha de Hércules", de Pródico, mas Marco cita outra famosa alegoria sobre o desejo em suas anotações. É uma das fábulas de Esopo, chamada "O rato do campo e o rato da cidade". Um rato da cidade visitou seu primo no campo, onde foi recebido com uma refeição simples de comida rústica: uma crosta de pão e um pouco de aveia seca. O rato da cidade riu dos gostos pouco sofisticados e da comida camponesa de seu primo. Vangloriando-se do luxo e da abundância encontrados na cidade, insistiu que o rato do campo fosse à cidade com ele para experimentar a boa vida. O rato do campo concordou, e eles foram para a casa onde o rato da cidade vivia escondido para se deleitar como rei nas refinadas sobras na mesa do dono da casa. Contudo, dois cães os ouvem e entram latindo na sala, o que faz os ratos correrem em busca de abrigo, temendo pelas suas vidas.

Ao atingirem a segurança de uma toca de rato e recuperarem o fôlego, o rato do campo, abalado, agradeceu ao primo por sua hospitalidade, mas disse que voltaria imediatamente para sua humilde habitação rural. Embora a comida do campo fosse modesta, ele preferia a paz e a tranquilidade de sua própria casa e uma vida simples aos perigos da cidade. Os hábitos perigosos do rato da cidade não são realmente a vida ideal. Eles têm um custo muito alto. O rato do campo diz que preferiria jantar como um camponês a correr o risco de ser comido vivo por cães vorazes. Refletindo sobre a moral dessa história, Marco lembra o "temor e apreensão" com os quais o rato da cidade vive perpetuamente por causa de sua ganância[82]. Não posso evitar pensar que Marco Aurélio se via como o rato do campo, e seu irmão, Lúcio, como o rato da cidade.

Só porque Marco via os "prazeres" que enlaçavam Lúcio como vazios e superficiais não significa que não havia alegria em sua própria vida. Não devemos nos deixar enganar pela gravidade de *Meditações*, que consiste em exercícios semiformais, e pensar que o autor tinha uma personalidade taciturna. Suas cartas particulares provam que Marco era um homem bem-humorado e surpreendentemente afetuoso que passou a juventude desfrutando de uma grande

82 *Meditações*, 11.22.

variedade de esportes e *hobbies*. Ele gostava de pintura, boxe, luta, corrida, caçada de aves e javalis, e a *História Augusta* acrescenta que era muito hábil em vários jogos de bola. É claro que, com o passar dos anos e o aumento de suas responsabilidades, dedicou a vida a lidar com os assuntos do Estado e a praticar filosofia estoica, o que ajudou a orientar suas ações. Entretanto, sabemos que era amado por quem era próximo a ele e parecia agradável e acessível a outras pessoas. Foi descrito como austero, mas não excessivamente, humilde, mas não passivo e sério, mas nunca soturno. Claramente sentia grande prazer na companhia de seus amigos e familiares.

Marco provavelmente foi um homem muito mais feliz do que seu irmão hedonista Lúcio. É verdade que ele não experimentou os altos de todas as festas loucas de Lúcio, mas também não sofreu os baixos, as dolorosas consequências da intemperança. O que ele obteve, em vez disso, foi a felicidade mais profunda e duradoura que os estoicos alegaram ser o resultado de viver de acordo com a sabedoria e a virtude, ou pelo menos um vislumbre desse estado ideal. De fato, ele deixou claro que seu objetivo era alcançar a maior alegria em seu coração e manter uma "alegre serenidade" durante toda a vida. Tendo vislumbrado essa paz interior, Marco estava convencido de que era possível viver consistentemente naquele estado de espírito, mesmo que fosse criticado por aqueles que o cercavam ou fosse ferido por bestas selvagens[83]. O próprio Sócrates permanecera alegre enquanto estava na prisão aguardando sua execução e mesmo quando levou o copo de cicuta aos lábios – pelo menos assim contam. No entanto, Marco também viu essa atitude saudável de alegria diante da adversidade com seus próprios olhos, como demonstrado por seus amados tutores estoicos. Eles haviam ensinado ao jovem Marco que a calma interior e a felicidade são as consequências naturais de uma vida bem vivida, de acordo com a genuína sabedoria e autodisciplina. Mais relevante ainda, ele havia testemunhado evidências de que esse era o modo de vida verdadeiro deles, incorporado nas ações desses grandes homens, mesmo diante de terríveis adversidades.

O inglês moderno não está bem equipado para capturar algumas das distinções feitas na filosofia grega antiga, especialmente quando se trata de descrever emoções e sensações. Usamos a palavra "prazer" de maneira ampla para abranger quase qualquer sentimento positivo. No entanto, os estoicos fizeram distinção

83 *Meditações*, 3.16; 7.68

entre o tipo de prazer (*hedone*) que obtemos de coisas "externas", como comida ou sexo ou lisonja, e o sentimento mais profundo de alegria interior (*chara*) de que Marco está falando. A alegria estoica é profunda. Origina-se de alcançar seu objetivo fundamental na vida e experimentar satisfação genuína, o que faz com que os prazeres comuns pareçam triviais se comparados. Prazeres comuns costumam agitar nossas mentes, especialmente quando nos entregamos demais. A alegria estoica nunca faz isso – é sinônimo de paz interior e não conhece excesso[84]. Os estoicos se referem a ela como a forma pura de "alegria" que alguém experimenta quando está vivendo uma vida realmente formidável e alcançou uma realização pessoal genuína (*eudaimonia*). É claro que nenhum de nós chegou lá, mas todos nós, potencialmente, podemos vislumbrar a meta, desde que sigamos na direção certa.

Há mais dois pontos-chaves sobre alegria estoica que devem ser enfatizados:

1. Os estoicos tendiam a ver a alegria não como o objetivo da vida, que é a sabedoria, mas como um subproduto dela, portanto, acreditavam que tentar encontrá-la diretamente poderia nos levar ao caminho errado se a busca fosse à custa da sabedoria.
2. A alegria no sentido estoico é fundamentalmente ativa, e não passiva; vem da percepção da qualidade virtuosa de nossas próprias ações, das coisas que fazemos, enquanto os prazeres corporais surgem de experiências que acontecem conosco, mesmo que sejam consequência de ações como comer, beber ou fazer sexo.

Marco diz, portanto, que não é nos sentimentos, mas nas ações, que reside o seu bem supremo[85].

O senso de prazer do sábio provém de uma coisa somente: agir coerentemente de acordo com a virtude[86]. No entanto, Marco menciona em outro lugar duas fontes adicionais de alegria. Juntas, correspondem às três relações principais que a ética estoica abrangeu: nosso eu, outras pessoas e o mundo como um todo.

1. **Contemplar a virtude em si mesma.** Como acabamos de ver, Marco diz que a fonte mais importante de "serenidade" e "alegria" para um estoico

84 *Meditações*, 10.12.
85 *Meditações*, 9.16.
86 *Meditações*, 6.7.

vem do abandono do apego às coisas externas e do foco em viver com sabedoria, principalmente exercitando a virtude (justiça) em nossas relações com os outros.

2. **Contemplar a virtude nos outros.** Marco também diz a si mesmo que, quando quiser alegrar seu coração, deve meditar as boas qualidades das pessoas próximas a ele, como vigor, modéstia e generosidade. Isso é essencialmente o que ele faz no livro 1 de *Meditações,* quando enumera extensamente as virtudes de seus familiares e professores. Isso ajuda a explicar o importante papel dessas amizades em sua vida.
3. **Aceitar o seu destino.** Marco também diz a si mesmo que, em vez de desejar coisas ausentes, como muitos fazem, deve refletir sobre os aspectos agradáveis das coisas que já tem diante de si e pensar como sentiria falta delas se não as tivesse[87].

A palavra grega para alegria (*chara*) está intimamente relacionada à palavra gratidão (*charis*). De fato, os estoicos nos incentivam a apreciar as coisas externas que a fortuna nos deu. Marco adverte, no entanto, que se deve exercer moderação a esse respeito. Você não deve adquirir o hábito de supervalorizar as coisas externas e se apegar demais a elas. Você pode verificar isso, diz ele, perguntando-se se ficaria chateado se as coisas que você valoriza lhe fossem tiradas. Os estoicos queriam desenvolver um saudável senso de gratidão na vida, intocado pelo apego. Então, eles praticavam calmamente imaginando mudanças e perdas, como um rio passando suavemente, carregando coisas. O homem sábio ama a vida e é grato pelas oportunidades que ela lhe dá, mas ele aceita que tudo muda e que nada dura para sempre. Marco, então, escreveu que é uma característica do sábio estoico "amar e aceitar tudo o que acontece com ele e é apontado para ele como seu destino"[88]. As pessoas hoje em dia muitas vezes sentem que isso é semelhante a uma famosa frase em latim cunhada pelo filósofo alemão do século 19 Friedrich Nietzsche: *amor fati,* ou amor ao próprio destino.

Os estoicos enfatizavam a gratidão, mas também aceitavam que não há nada de errado em sentir prazer em experiências saudáveis, desde que não em excesso. Como mencionado anteriormente, eles certamente não achavam que

87 *Meditações,* 7.28; 6.48; 7.27.

88 *Meditações,* 3.16.

experiências agradáveis fossem uma coisa ruim. Pelo contrário, o prazer e suas fontes são moralmente "indiferentes", nem bons nem ruins.

Em outras palavras, os estoicos não eram desmancha-prazeres. Marco estava convencido de que poderia obter tanta satisfação saudável com as coisas simples que aconteciam em sua vida quanto os que buscavam prazer, como seu irmão, satisfazendo vorazmente seus desejos doentios[89]. Sócrates também alegou, paradoxalmente, que aqueles que praticam o controle realmente obtêm mais prazer com coisas como comida e bebida do que aqueles que se entregam a elas em excesso. A fome é o melhor sabor, disse ele, enquanto, se comermos demais, estragamos nosso apetite. Os hedonistas podem acusar os estoicos de perder os prazeres da vida, mas os estoicos responderiam com este paradoxo: a vida de alguém como Marco, que exerce a moderação, é certamente mais agradável e envolve menos sofrimento autoinfligido do que a vida de alguém como Lúcio, que não tem autocontrole e se entrega demais.

No entanto, um paradoxo ainda mais profundo reside na noção de que, em última análise, a virtude da autodisciplina pode se tornar uma fonte maior de "prazer" do que comida ou outros objetos externos de nosso desejo. Mais precisamente, o exercício da moderação pode se tornar uma fonte de satisfação pessoal e realização interior que ultrapassa os prazeres comuns que ele procura superar. É importante lembrar, porém, que estamos falando de autodisciplina exercida com sabedoria, não de qualquer tipo de autonegação que possa ser realmente tola ou prejudicial. Para os estoicos, o valor intrínseco da sabedoria, como um fim em si mesmo, sempre supera todo o resto, incluindo o prazer e outros benefícios externos que podem decorrer como resultado de viver sabiamente. São mais como um bônus adicional do que o objetivo real da vida.

PASSOS PARA MODIFICAR OS DESEJOS

Então, como você se livra de desejos doentios e aprende a experimentar maior satisfação na vida, como os estoicos descrevem? A maioria de nós se vê buscando prazeres hedonistas e se entregando a maus hábitos que podem parecer difíceis de mudar. Obviamente, em casos de dependência genuína de drogas ou álcool, você deve procurar aconselhamento profissional. No entanto, psicólogos da década de 1970 desenvolveram maneiras confiáveis de mudar hábitos e desejos comuns. Atualmente, esses métodos ainda são utilizados por terapeutas

89 *Meditações*, 10.33.

para tratar problemas como má alimentação ou roedura das unhas. Alguns de nossos hábitos mais persistentes podem ser formas de evitarmos sentimentos desagradáveis, que deixam problemas mais profundos sem solução. No entanto, gastar muito tempo buscando prazeres vazios também pode impedir-nos de realizar atividades que podemos achar genuinamente gratificantes, como viver mais plenamente em alinhamento com nossos valores essenciais. Podemos afirmar que esse é o problema mais sério de todos.

Por exemplo, hoje em dia as pessoas frequentemente reclamam que se sentem "viciadas" nas redes sociais. Passam muitas horas *online* checando mensagens por hábito ou compulsão, sentindo-se agitadas, entediadas e incomodadas se tentarem se abster por um período de tempo. São obcecadas por redes sociais, jogos de computador, programas de televisão etc., da mesma forma que Lúcio fez com corridas de carruagens e lutas de gladiadores. Pensando bem, poucos afirmariam que essa é a maneira mais gratificante de passar a vida. Ninguém nunca teve as frases "Eu gostaria de ter visto mais televisão" ou "Eu gostaria de ter passado mais tempo no Facebook" gravadas na lápide. Se esses prazeres vazios e passivos não fornecem uma sensação duradoura de realização ou satisfação, os estoicos nos advertiriam a não gastar muito tempo com eles.

Especialmente as pessoas que sofrem de depressão clínica acham que prazeres insatisfatórios substituíram as atividades mais gratificantes que antes davam sentido às suas vidas. Eles podem facilmente se tornar formas de distração ou fontes de entorpecimento emocional.

Portanto, você deve avaliar cuidadosamente seus hábitos e desejos em termos gerais: quanto essas atividades realmente contribuem para sua felicidade no longo prazo ou para sua satisfação com a vida?

Irei recomendar um sistema simples para avaliar e modificar seu comportamento com base em uma combinação de terapia cognitivo-comportamental e práticas estoicas antigas. Consiste nos seguintes passos:

1. Avalie as consequências de seus hábitos e desejos para selecionar quais mudar.
2. Identifique sinais de alerta iniciais para que você possa cortar desejos problemáticos pela raiz.
3. Obtenha distância cognitiva separando seus sentimentos da realidade externa.

4. Faça outra coisa em vez de praticar o hábito.

Além disso, reflita como você pode introduzir outras fontes de sentimentos positivos e saudáveis:

1. Planeje novas atividades que sejam coerentes com seus valores íntimos.
2. Contemple as qualidades que você admira nas outras pessoas.
3. Pratique a gratidão pelas coisas que você já tem na vida.

4. AVALIANDO AS CONSEQUÊNCIAS DOS DESEJOS

Como você identifica quais hábitos mudar? Os terapeutas atuais geralmente ajudam seus clientes a avaliar os prós e contras de diferentes cursos de ação, a fim de escolher entre eles. Às vezes, isso é chamado de "análise de custo-benefício" ou "análise funcional". É claro que as pessoas com hábitos que desejam mudar, como comer demais ou fumar, normalmente dizem: "Eu já sei que isso é ruim para mim!". No entanto, se você não tem certeza de que algo é um mau hábito ou um desejo doentio, pese as consequências de seguir o desejo contra as do exercício da moderação ou de fazer outra coisa.

Por exemplo, se você assiste regularmente televisão por uma hora depois do trabalho, quais são os prós e os contras desse hábito no longo prazo? O que você poderia fazer, no lugar, que seria mais coerente com seus verdadeiros valores de vida e como isso funcionaria em longo prazo? Alguns filósofos, como vimos, afirmam que o mero ato de exercer moderação pode se tornar mais gratificante do que se entregar a maus hábitos. Como alternativa, você poderia fazer um "costume substituto" que esteja no alto de sua lista de valores pessoais, mas que pode exigir um pouco de esforço, como telefonar para um ente querido ou ler um livro. Lembre-se, o objetivo desse exercício é não apenas reduzir maus hábitos, mas também introduzir mais atividades intrinsecamente valiosas e recompensadoras, como as virtudes estoicas. Por exemplo, se é importante que você seja um bom pai, programe atividades que permitam que você se comporte de maneira coerente com esse valor. Aproveitar essas oportunidades o ajudará a se parecer mais com o tipo de pessoa que deseja ser na vida, mesmo que apenas por alguns minutos por dia no início. O que aconteceria se você passasse mais tempo praticando as virtudes que admira, fazendo coisas que considera especialmente valiosas e gratificantes e menos tempo se entregando a hábitos que podem parecer agradáveis, mas não são realmente bons para você?

Com efeito, pensar de verdade nas consequências dos comportamentos e imaginá-los vividamente em sua mente pode ser suficiente, em alguns casos, para eliminar o comportamento. Epicteto disse a seus alunos que visualizassem as consequências de uma ação e determinassem como ela funcionaria para eles ao longo do tempo. Podemos observar Marco empregando esse método, perguntando-se o que cada ação significa para ele e imaginando se ele terá motivos para se arrepender no futuro[90]. Como observamos, os estoicos gostavam de dividir as decisões em dicotomias simples. Em "A escolha de Hércules", da mesma forma, existem basicamente dois caminhos a seguir:

1. O caminho do vício, ou seguir desejos excessivos e emoções irracionais (paixões doentias).
2. O caminho da virtude, ou exercer a autodisciplina e seguir a razão e os seus valores verdadeiros na vida.

Os estoicos costumavam lembrar-se do paradoxo de que emoções doentias, como medo e raiva, na verdade nos causam mais dano do que as coisas que nos chatearam. Da mesma forma, aprender a ter autocontrole pode nos fazer mais bem do que obter todas as coisas externas que desejamos. As virtudes da coragem e da moderação melhoram nosso caráter e nossas vidas de modo geral quando são praticadas com sabedoria, enquanto a maioria das coisas que almejamos nos proporciona apenas prazer passageiro.

Os terapeutas acham útil perguntar a seus clientes sobre seus hábitos: "Como estão indo as coisas em longo prazo?". Muitas vezes, essa simples pergunta é suficiente para motivar a mudança de comportamento. No entanto, o que chamamos de "análise funcional" estoica pode ser feito muito mais detalhadamente no papel. Você pode anotar os prós e contras no curto prazo de um curso de ação seguidos das consequências no longo prazo. Simplesmente perceber que seus desejos produzem resultados negativos pode às vezes mudar a maneira como você se sente e se comporta. Outras vezes, porém, talvez seja necessário visualizar repetidamente os efeitos negativos dos maus hábitos de maneira muito detalhada, clara e vívida, para alterá-los. Você notará que também ajuda imaginar as consequências positivas de abster-se do desejo, dominá-lo ou fazer

90 *Meditações*, 8.2.

o oposto. Será útil visualizar dois caminhos à sua frente, exatamente como a bifurcação na estrada com a qual Hércules se defrontara: por exemplo, parar de fumar *versus* continuar, exercitar-se *versus* não fazer nada. Passe um tempo imaginando como esses dois caminhos se separariam ao longo do tempo, aonde eles podem levá-lo daqui a vários meses ou até anos.

Seu objetivo principal, nessa fase, é identificar quais desejos ou hábitos você deseja superar e ter clareza sobre as consequências de fazê-lo. Seu objetivo secundário é aumentar sua motivação, desenvolvendo um forte senso de contraste entre os dois caminhos à sua frente e os benefícios da mudança. A motivação é uma chave bem conhecida para o sucesso no que diz respeito à mudança de hábitos, então, faz sentido começar fazendo o possível para melhorá-la. Para mudar um hábito, você deve ter um desejo de mudança. No entanto, é possível aumentar seu desejo por mudança, de modo que você pode trabalhar isso.

2. IDENTIFIQUE SINAIS DE ALERTA INICIAIS

Agora que você refletiu sobre quais hábitos ou desejos podem conflitar com seus valores e vale a pena mudar, seu próximo passo é "surpreendê-los no início", reparando quando eles realmente estão acontecendo. A chave é identificá-los cedo, para poder cortá-los pela raiz. Isso requer automonitoramento paciente, especialmente quando procurar os sinais de alerta iniciais dos sentimentos ou comportamentos que você deseja modificar. Quando feito corretamente, esse tipo de automonitoramento é efetivamente uma forma de treinamento em *mindfulness* estoico.

Mantenha um registro diário por escrito das situações em que você percebe o desejo emergindo. Isso pode ser tão simples quanto registrar cada vez que você sente uma pequena inclinação para se entregar ao hábito, o primeiro indício de desejo. Também pode ser uma folha de registro mais detalhada, incluindo linhas com colunas para a data/hora, a situação externa ("Onde você estava?"), os primeiros sinais de alerta que você notou e/ou uma classificação de zero a dez da força do impulso e, possivelmente, também do nível de prazer real que você experimentou se cedeu a ele. Se você achar útil, pode também registrar quaisquer pensamentos que tenha tido que tenham facilitado ou escusado o desejo, como "Só uma vez não vai fazer mal!" ou "Eu sempre posso parar amanhã" ou "Eu só não tenho força de vontade".

Data/hora/lugar	Alertas iniciais	Impulso (0-10)	Prazer (0-10)	Pensamentos

Seu primeiro objetivo deve ser estudar a si mesmo e identificar as situações de gatilho ou de "alto risco" em que o problema tende a surgir. Talvez você coma besteira para confortar-se em dias particularmente estressantes no trabalho ou depois de brigar com um ente querido. Procure sinais de alerta sutis iniciais do comportamento que foram ignorados anteriormente. Torne-se mais consciente de seus pensamentos, ações e sentimentos, para poder perceber o desejo surgindo cada vez mais cedo. Procure sinais que normalmente precedem o desejo. Para continuar com o exemplo de comer besteira, você pode perceber que olha os doces na loja e se imagina comendo. Se você é fumante, talvez fique tenso ou inquieto quando deseja um cigarro. Coisas simples que as pessoas fazem quando efetuam comportamentos rotineiros são difíceis de ser detectadas, mesmo que possam ser bastante visíveis para um observador – por exemplo, a expressão no rosto, o olhar, a maneira como usam as mãos e assim por diante. Esses alertas iniciais podem incluir o tipo de pensamento facilitador mencionado acima, como "Uma guloseima cairia bem" ou "Só essa vez não faz mal".

Muitos hábitos comuns que as pessoas desejam abandonar acabam sendo do tipo "mão no rosto", como roer unhas, fumar, beber ou comer lanches. As pessoas costumam mexer nas mãos antes de praticar esses hábitos, como acariciar o queixo antes de roer a unha. Observar esses precursores pela primeira vez pode enfraquecer o hábito. Um mentor estoico ou um amigo que você recrutou seria um recurso inestimável para você em situações como essa. Instrua a pessoa a chamar sua atenção para o hábito com um simples gesto, como bater no nariz e ir embora. As pessoas geralmente acham muito irritante serem repreendidas por algo que nem estavam cientes de que estavam fazendo. Se você estiver trabalhando sozinho, precisará agir como se outra pessoa o estivesse observando cuidadosamente e imaginar o que ela veria.

Aprender a surpreender as coisas em um estágio inicial torna mais fácil descarrilar a corrente de comportamentos que leva ao surgimento do desejo e paixão. Aumentar a consciência sobre os elementos sutis de um comportamento também faz com que ele pareça menos automático. Por exemplo, a maioria dos adultos consegue amarrar os cadarços automaticamente, sem pensar. No entanto, se você tentar ensinar uma criança a fazê-lo, poderá se confundir. O que era habitual e automático quando não parávamos para pensar muitas vezes se torna estranho e incômodo quando somos forçados a analisar as etapas ou a desempenhá-las de uma maneira ligeiramente diferente. Isso não tem serventia se você estiver se apresentando diante de uma plateia ou praticando um esporte em que pensar muito em seu comportamento pode causar autoconsciência e dificultar ações rotineiras. Pergunte a alguém que está prestes a realizar uma atividade treinada, como jogar golfe, se ele começa inspirando ou expirando – isso muitas vezes vai ser o suficiente para confundi-lo e desconcentrá-lo. O mesmo princípio, de que a autoconsciência atrapalha a qualidade automática do comportamento, pode ser muito *útil* quando você realmente deseja eliminar um mau hábito.

3. OBTENHA DISTÂNCIA COGNITIVA

Depois de detectar os primeiros sinais de alerta de um desejo ou hábito, você também pode se ajudar a mudar, observando a separação entre seu ponto de vista atual e a realidade externa. Já introduzimos o conceito de distanciamento cognitivo da psicoterapia moderna. Ele fornece uma maneira de entender uma das práticas psicológicas mais importantes do estoicismo: a de "separar" nossos valores dos eventos externos. Quando um desejo ou hábito surge, observe pensamentos que o incentivam – "O que será que está acontecendo na internet?" – e também pensamentos ou desculpas que o facilitam – "Não tem problema eu checar minhas mensagens por um segundo". Observá-los de maneira desassociada, quase como se fossem pensamentos de outra pessoa, o ajudará a ganhar distância cognitiva e enfraquecerá o ímpeto de praticá-los. Os estoicos fazem isso, como vimos, de várias maneiras. Você pode "apostrofar" o pensamento, falando com ele como se falasse com outra pessoa, e dizer: "Você é apenas um pensamento, de maneira alguma é a coisa que afirma representar" – a coisa em si não tendo valor intrínseco. Você também pode citar Epicteto e dizer: "Não são as coisas que nos fazem ansiar por elas, mas nossos julgamentos sobre as coisas". Somos nós que escolhemos atribuir valor às coisas que parecem atraentes.

É como se fortes desejos e sentimentos de prazer estivessem nos dizendo "Isso é bom!". Um desejo poderoso nos faz esquecer que existem outras maneiras de ver as coisas que almejamos. No entanto, deter-se e manter distância cognitiva, separando seus pensamentos da realidade, tende a enfraquecer a força de seus sentimentos e a influência que eles exercem sobre seu comportamento.

Existem muitas maneiras diferentes de obter distância cognitiva. Uma é imaginar como um modelo de pessoa exemplar observaria a mesma situação de maneira diferente. Suponha que esteja desejando um hambúrguer. Você pode usar a técnica verbal de se perguntar: "O que Sócrates faria com esse desejo?". Sócrates, possivelmente, era cuidadoso com sua dieta e preferia comer com moderação. Como vimos, ele achava que o autocontrole era mais importante que o prazer, e, se evitarmos comer demais, obteremos mais prazer com a comida. Você também pode perguntar: "Como Marco agiria se ele tivesse o mesmo tipo de desejo?". É claro que talvez você prefira escolher um modelo próprio, talvez alguém que você conheça pessoalmente, um amigo, colega ou membro da família, ou mesmo uma celebridade ou personagem fictício. Primeiro, considere o que o modelo escolhido diria a eles mesmos sobre o desejo. Como eles reagiriam à percepção inicial do desejo? Depois, considere o que eles realmente fariam. É claro que você não precisa imitá-los, porém, ver a experiência de diferentes perspectivas pode enfraquecer a força do sentimento. Você pode se inspirar para resolver problemas e pensar criativamente em formas alternativas de responder. Por outro lado, quando as pessoas se sentem sobrecarregadas por desejos ou emoções, muitas vezes conseguem imaginam apenas uma maneira de encarar os eventos.

Marco também fala sobre a importância de dividir as coisas em partes e refletir sobre cada parte de forma isolada. A ideia é que, quando examinamos algo em termos de seus elementos e focamos em cada um deles, perguntando-nos se é o suficiente para nos sobrecarregar, toda a experiência tende a parecer mais suportável. Técnicas semelhantes a "dividir para conquistar" são empregadas na terapia cognitiva moderna para superar desejos e emoções problemáticas. Podemos também emprestar o termo usado pelo psicoterapeuta do início do século 20 Charles Baudouin, que foi influenciado pelo estoicismo, para descrever esta técnica psicológica: "depreciação por meio da análise"[91].

91 Baudouin e Lestchinsky, *The Inner Discipline*, 48.

Isto é, dividir qualquer problema em pequenos pedaços que pareçam menos poderosos e avassaladores emocionalmente.

Por exemplo, quando estiver praticando certos atos, como maus hábitos do tipo que discutimos, Marco aconselhou a deter-se e perguntar a cada passo: "A morte é de temer por te privar dele?". Isso lhe proporcionou uma maneira de isolar cada parte de um hábito e projetar o valor em questão[92]. Por exemplo, alguém fumando um cigarro pode se perguntar, a cada tragada, se perder essa sensação seria realmente o fim do mundo. Alguém que verifica compulsivamente as redes sociais pode parar e perguntar se não ler cada notificação seria realmente tão insuportável. Se você pratica a autoconsciência dessa maneira, muitas vezes (mas nem sempre) percebe que o prazer que obtém com esses hábitos é realmente muito menor do que você supunha anteriormente.

Marco conduziu a dança dos sálios, os antigos sacerdotes guerreiros saltadores, e lutou boxe e luta livre quando jovem. Ele se baseia nessas experiências, fazendo a observação psicológica astuta de que você pode dissipar as delícias da música e da dança apenas parando para analisá-las em suas partes – por exemplo, dividindo uma melodia em notas individuais, em sua mente, e perguntando a si mesmo sobre cada pequena parte: "Essa seria o suficiente para me conquistar?"[93]. Da mesma forma, no pancrácio, um esporte antigo que combina boxe, luta livre, chute e sufocamento, analisar cada um dos movimentos de seu oponente individualmente pode ajudá-lo a aprender a vencê-lo sem se sentir sobrecarregado. Marco, portanto, aconselhou-se a analisar os eventos em suas partes componentes, a fim de quebrar o feitiço da paixão.

Você já aprendeu sobre o conceito de indiferença estoica, ou *apatheia*. Tem um significado muito específico – libertação dos desejos ou paixões prejudiciais – que os estoicos distinguiam da indiferença comum. Não se trata de ser insensível ou indiferente. Enquanto os estoicos acreditavam que os únicos bens verdadeiros são a sabedoria e a virtude, tendemos a adotar o hábito de pensar nas coisas externas como se fossem mais importantes do que engrandecer nossa própria natureza. Vimos como os estoicos enfatizaram particularmente a suspensão de julgamentos de valor sobre coisas externas. Eles fizeram isso usando a linguagem para descrever os eventos da maneira mais

92 *Meditações*, 10.29.

93 *Meditações*, 11.2.

objetiva possível. Como vimos, eles chamaram isso de firme apego à realidade *phantasia kataleptike*, ou a "representação objetiva" dos eventos.

Você pode ver como esse conceito poderia se aplicar ao gerenciamento de desejos não saudáveis. As pessoas costumam falar sobre as coisas que anseiam na linguagem que estimula seu próprio desejo, mesmo quando percebem que estão promovendo hábitos prejudiciais: "Estou morrendo de vontade de comer chocolate. Por que é tão bom? É muito gostoso! É melhor que sexo". (É principalmente gordura vegetal, cacau e um monte de açúcar refinado.) Esse é outro exemplo de retórica trabalhando contra você. Por outro lado, quando você descreve comida, ou qualquer outra coisa que deseja, na linguagem realista, pode se sentir desapegado dela..Adriano, que, acredita-se, tenha morrido de ataque cardíaco, apreciava muito um prato extravagante chamado *tetrapharmacum*, ou "remédio quádruplo", supostamente inventado pelo pai de Lúcio Vero. Consistia em faisão, javali, presunto e uma úbere suína, tudo embrulhado em massa folhada. Por outro lado, Marco às vezes olhava carnes assadas e outras iguarias e murmurava para si mesmo: "Este é um pássaro morto, um peixe morto, um porco morto"[94]. Um vinho requintado é apenas suco de uva fermentado, e assim por diante[95]. Vistas de uma perspectiva diferente, em outras palavras, as coisas que as pessoas desejam geralmente não são nada entusiasmantes.

Às vezes, essas representações objetivas se assemelham às anotações que um médico antigo ou filósofo natural teria feito para documentar suas observações de fenômenos físicos. Na terapia cognitiva moderna, também sugerimos que os clientes se considerem cientistas, abordando a mudança de comportamento como um experimento com uma atitude de curiosidade, desprendimento e objetividade. Marco chegou a aplicar esse modo de ver o mundo em sua vida sexual. Observamos anteriormente que ele lutara para superar sentimentos de raiva quando jovem. Ele também menciona brevemente ter desejos sexuais que considerou melhor não realizar. No livro 1 de *Meditações*, Marco diz que, olhando para trás, está agradecido por ter escolhido preservar sua inocência sexual por alguns anos até a idade adulta[96]. Ele também está agradecido porque, quando posteriormente foi perturbado por fortes desejos sexuais, superou-os e "nunca tocou em Benedita ou Teodoto" – provavelmente uma mulher e um homem escravos na casa de seu pai, o imperador Antonino. Podemos ver que

94 *Meditações*, 6.13.
95 *Meditações*, 6.13.
96 *Meditações*, 1.17.

Marco aplicou depreciação por análise a desejos sexuais. Em um ponto, por exemplo, ele descreveu o sexo para si mesmo, talvez como um médico antigo, como meramente o esfregar de partes do corpo seguido de um espasmo e a ejaculação de um pouco de muco[97]. Não é muito romântico, mas esse é o ponto – ele pretendia neutralizar impulsos sexuais inadequados, do tipo que ele lutava para superar. (Porém, ele teve treze filhos, portanto, não era totalmente contrário ao sexo.) A questão não é obliterar todo desejo, mas, sim, moderar desejos insalubres ou excessivos, que têm muita influência em certos tipos de prazer.

4. FAÇA OUTRA COISA

Você identificou quais desejos deseja superar, aprendeu a identificar seus sinais de alerta iniciais e praticou como deter-se e distanciar-se deles. De certo modo, a melhor coisa a fazer a seguir é absolutamente nada. Em outras palavras, não responda mais aos sentimentos de desejo. Você certamente pode voltar a esses sentimentos mais tarde, se precisar. Faça um intervalo em vez de agir de acordo com o desejo. Você pode afastar-se da situação em que está experimentando tentação. Muitos tipos de impulsos duram apenas um minuto por vez, embora possam ser recorrentes ao longo do dia. Você só precisa lidar com o momento presente, porém, um tipo de impulso ou anseio de cada vez. Então, tendo surpreendido esses sentimentos cedo e lembrado de que é principalmente o seu pensamento que os causa, evite agir de acordo com o desejo e se envolva em uma atividade diferente, algo saudável que você acha intrinsecamente gratificante. Você é sempre livre para fazer outra coisa.

Por exemplo, suponha que você tenha o hábito de beber uma taça de vinho todas as noites após o trabalho, mas isso pouco a pouco se transforma em uma garrafa de vinho, às vezes duas garrafas. Isso não é saudável para você em longo prazo. Talvez você também tenha decidido que suas noites seriam mais bem aproveitadas lendo ou frequentando aulas noturnas, porque esse é o tipo de pessoa que você prefere ser. Você sabe que estar em casa no início da noite é a sua situação de gatilho para se entregar a esse hábito. Você notou que tudo começa quando se sente entediado e agitado e diz a si mesmo que precisa de uma bebida para relaxar. Agora você está melhorando em identificar o ímpeto de beber assim que ele começa a aparecer. Você repara em seus pensamentos e está ciente de como eles influenciam seus sentimentos. Diga a si mesmo: "Não

97 *Meditações*, 6.13.

é o vinho que me faz sentir desejo, mas a maneira como estou pensando sobre ele". Tendo parado e recuado um pouco desses sentimentos, o passo seguinte é não servir-se uma taça de vinho e abster-se de fazê-lo por tempo suficiente para que o desejo diminua. Tentações adicionais não duram muito, e você pode lidar com o sentimento novamente exatamente da mesma maneira, um passo de cada vez, se ele voltar.

Em vez de encher uma taça de vinho, faça outra coisa: saia de casa para mudar de ambiente. Faça algo que lhe dê uma sensação de realização verdadeira, em vez de apenas uma sensação de prazer efêmera e vazia. Se você está decidido a mudar esse tipo de hábito, pode eliminar a tentação se livrando das garrafas e taças de vinho da sua casa e assumindo o compromisso de não comprar substitutos. Envolva-se em "comportamentos substitutos" saudáveis, como beber vitaminas de frutas ou chá de ervas. Obviamente, o que fazer dependerá do tipo de hábito que deseja superar, mas você obtém a ideia geral.

Idealmente, como vimos, seu objetivo é substituir hábitos e desejos insatisfatórios e grosseiros por atividades que você acha mais intrinsecamente gratificantes. Quando discutimos o esclarecimento de valores anteriormente, abordamos esse aspecto do estoicismo, que tem a ver com agir de maneiras mais "virtuosas". Às vezes, porém, não fazer algo, o próprio ato de superar um mau hábito, pode ser considerado uma virtude, algo a ser valorizado por si só. Uma das técnicas que Marco emprega com mais frequência em Meditações é perguntar a si mesmo que virtude ou recurso a natureza lhe deu para lidar com uma situação específica. Isso está diretamente relacionado à questão de quais traços de caráter mais admiramos em outras pessoas. Marco diz que normalmente elogiamos a virtude do autocontrole e da moderação nos outros, que impede que sejamos levados por nossos prazeres[98]. Normalmente, não admiramos alguém pela quantidade de porcaria que come, mas louvamos sua determinação na superação de maus hábitos, como o de comer muita besteira.

Os estoicos acreditavam que, se queremos melhorar a nós mesmos, devemos ser guiados mais pelas qualidades que admiramos nas outras pessoas e pelos nossos verdadeiros valores e princípios do que evitando a dor e buscando o prazer. Esse tipo de vida hedonista não é satisfatório, e, como sugere "A escolha de Hércules", não conseguiremos florescer como seres humanos e alcançar

---

98 *Meditações*, 8.39.

coisas das quais poderemos nos orgulhar enquanto não suportarmos certos sentimentos de dor e desconforto e renunciarmos a certos prazeres.

Essa visão, sem dúvida, aflora quando as pessoas têm filhos e começam a pensar o que significa ser um bom pai. Se você quer ser um modelo para seus filhos, pergunte a si mesmo que tipo de pessoa você é e que qualidades deseja exibir. Aprimorar seu próprio caráter, exercitar a moderação com sabedoria em sua vida diária, pode se tornar mais uma prioridade do que a simples busca pelo prazer. Certamente, os estoicos iriam além e argumentariam que deveríamos praticar sabedoria, autodisciplina e moderação, não porque seja um bom exemplo para nossos filhos, mas porque fazê-lo é um fim em si – a virtude é sua própria recompensa. Nosso objetivo são a sabedoria e a força do caráter, não porque esperamos ganhar algo, mas simplesmente porque é assim que queremos ser na vida.

Você também aprendeu como os estoicos estudavam as atitudes e os comportamentos dos modelos. Para Marco, incluía indivíduos de sua própria vida, como Antonino Pio e Júnio Rústico, e também figuras históricas sábias como Heráclito, Sócrates e Diógenes, o Cínico. As pessoas que frequentemente admiramos têm uma atitude de pegar ou largar em relação aos prazeres corporais, como comida e bebida, como a atitude que Marco atribuiu a Sócrates e observou em Antonino. Eles não almejam esses prazeres ou se sentem viciados neles. Eles valorizam mais seu próprio caráter e integridade. Por outro lado, eles são capazes de desfrutar prazeres de maneira saudável, dentro de limites razoáveis, lembrando que são temporários e não estão totalmente sob nosso controle.

Novamente, é esclarecedor considerar o duplo padrão entre as coisas que você deseja para si e as coisas que considera admiráveis nos outros. Muitas pessoas acham a sugestão de que deveriam abandonar certos prazeres quase chocante a princípio. No entanto, as mesmas pessoas costumam elogiar e admirar outras pessoas que praticam persistência e autocontrole e renunciam a certos prazeres em prol da sabedoria e da virtude. Epicteto usou o questionamento socrático para destacar esse tipo de contradição, oculto à vista nos valores subjacentes das pessoas. Ver realmente que duas crenças são incompatíveis pode enfraquecer uma ou as duas e ajudá-lo a esclarecer seus valores fundamentais. A técnica das duas colunas, que implica listar as coisas que você normalmente deseja em sua própria vida e compará-las às qualidades que você admira em outras pessoas, pode destacar incoerências entre as duas visões. O que aconteceria se você começasse a desejar mais das características que admira em outras pessoas? Por exemplo, suponha que você substituiu o hipotético desejo de comer chocolate pelo desejo de ser uma pessoa bastante autodisciplinada e fazer escolhas saudáveis de forma mais consistente? Para os estoicos, o objetivo supremo é sempre mais a virtude do que o prazer. No entanto, prazeres saudáveis e até mesmo uma sensação de alegria ainda mais profunda podem resultar como consequência de viver de acordo com a virtude.

INCLUA FONTES MAIS SAUDÁVEIS DE ALEGRIA

Vimos anteriormente que Marco menciona três fontes de alegria racional. A primeira e mais importante é a alegria que os estoicos experimentam ao vislumbrar seu próprio progresso em direção à sabedoria e à virtude e, assim, realizar seu potencial na vida. Além de substituir hábitos não saudáveis por atividades mais intrinsecamente valiosas, você pode planejar atividades benéficas todos os dias. Por exemplo, reservar dez minutos por dia para escrever histórias para seus filhos. Embora isso possa não substituir um mau hábito, ele introduz um bom, se isso for algo que lhe dá uma sensação de satisfação. É como reservar um tempo todos os dias para exercitar as virtudes estoicas e se tornar mais como as pessoas que você admira.

E quanto à alegria que Marco diz que podemos obter contemplando a virtude dos outros? Isso está relacionado ao que dissemos sobre adotar como modelo as atitudes e o comportamento de outras pessoas. Reserve um tempo para escrever uma resenha das qualidades que mais admira nas outras pessoas, como Marco faz no livro 1 de *Meditações*, ou visualizá-las na sua mente. Contemplar as virtudes das pessoas próximas a você pode ter o benefício adicional de ajudar a melhorar seu relacionamento com elas. Além disso, como pensar sobre as qualidades que você admira nos outros afeta você e como você pode aprender e se beneficiar dessa experiência?

Por fim, lembre-se do que Marco disse sobre sentir gratidão em vez de desejo. De certa forma, desejar algo é imaginar ter o que você não tem, a presença de algo que está ausente. A gratidão, por outro lado, vem da imaginação da ausência de coisas que estão presentes no momento: como seria se você não tivesse isso? Se ocasionalmente não imaginarmos a perda, lembrando a nós mesmos como seria a vida sem as coisas e as pessoas que amamos, nós não lhe daríamos a devida importância. Mantenha um diário de pessoas e coisas pelas quais você é grato; pode também se concentrar no que pode aprender com elas. Como Marco diz, no entanto, é importante fazer isso de maneira que você não se apegue demais a coisas externas. Os estoicos tentam evitar isso lembrando a si mesmos que coisas externas e outras pessoas não estão inteiramente sob nosso controle e que um dia desaparecerão. O homem sábio é grato pelos presentes que a vida lhe deu, mas também se lembra de que eles estão apenas emprestados – tudo muda, e nada dura para sempre. Epicteto disse a seus alunos estoicos que imaginassem que eram convidados de um banquete no qual o prato era compartilhado, não avidamente segurando e devorando, mas educadamente pegando uma porção adequada e depois passando o resto adiante. É assim que os estoicos pensam sobre a vida em geral: eles desejam ser gratos por coisas externas sem se apegar demais a elas.

Vimos como os estoicos aspiravam encontrar a felicidade de maneira saudável, por meio da gratidão pelas coisas que possuem, admiração pelos pontos fortes dos outros e orgulho pela própria capacidade de agir com dignidade, honra e integridade. Lembre-se também de que, para os estoicos, o prazer e a dor comuns não são bons ou ruins, mas apenas indiferentes. A principal preocupação deles é evitar se tornar hedonista, colocando muito valor nos prazeres físicos, entregando-se a eles e almejando-os excessivamente. Uma preferência, ou desejo "leve", por coisas prazerosas e evitar dor e desconforto é natural para os estoicos, dentro de limites razoáveis.

Podemos aplicar algumas das orientações que eles nos deixaram sobre como dominar nossos desejos hoje usando a estrutura que descrevi. Avalie certos hábitos e desejos racionalmente em termos de suas consequências. Anote os prós e contras em longo prazo de ceder ao hábito *versus* superá-lo. Feche os olhos e visualize uma bifurcação na estrada representando dois caminhos, imaginando o mais vividamente possível, em primeiro lugar, o futuro com paixões doentias, depois o futuro com ações sábias, de acordo com a razão. Você pode adaptar a rotina diária mencionada anteriormente para ficar assim:

1. **Meditação matinal.** Pense no sol nascente, nas estrelas e em seu pequeno espaço dentro de todo o universo. Repasse mentalmente os principais eventos do dia, imaginando como Sócrates, Zenão, Marco Aurélio ou seu próprio modelo pessoal lidariam com hábitos e desejos. Imagine como você

planeja lidar com quaisquer desafios e quais recursos ou virtudes internos você pode empregar.

2. **Durante o dia.** Pratique *mindfulness* estoico buscando sinais iniciais de alerta dos hábitos e desejos que você deseja superar. Tente identificá-los cedo e corte-os pela raiz. Faça uma pausa e pratique a aceitação de qualquer sentimento de desconforto com a indiferença estoica. Mantenha distância cognitiva de seus pensamentos e evite agir de acordo com seus sentimentos. Em vez disso, ocupe-se com comportamentos substitutos saudáveis, que contribuam para um verdadeiro sentimento de satisfação. Você também pode manter um registro escrito ou planilha com certos hábitos, conforme descrito neste capítulo.

3. **Meditação noturna.** No final do dia, revise como você se saiu com relação ao que diz respeito a agir de acordo com seus valores – isto é, virtudes. Em relação aos desejos, considere o que você fez bem, o que fez mal e o que poderia fazer de maneira diferente amanhã. Se isso ajudar, imagine responder a essas perguntas perante um sábio mentor estoico ou mesmo uma banca de sábios, e considere que conselhos eles podem lhe dar. Use o que aprendeu para ajudar a preparar a meditação da manhã seguinte.

Como veremos nos próximos capítulos, você pode adaptar essa rotina estoica básica e algumas das mesmas técnicas para ajudá-lo a lidar com outros desafios da vida, como dor, ansiedade e raiva. Assim você aprenderá a usar técnicas semelhantes, mas de uma maneira um pouco diferente.

CAPÍTULO 5

SEGURANDO A URTIGA

Marco Aurélio era conhecido por sua fragilidade física, consequência de vários problemas crônicos de saúde, mas também era famoso por sua resiliência excepcional. Por exemplo, o historiador Cassius Dio escreveu:

> Certamente, ele não podia exibir muitos feitos de coragem física; no entanto, havia aperfeiçoado seu corpo de um muito fraco, para um capaz de uma resistência incrível.[99]

Como explicamos esse aparente paradoxo? Como um homem tão fraco e doente tornou-se conhecido por sua força e resistência? Talvez a resposta esteja em sua atitude em relação à dor e à doença e nas técnicas estoicas que ele usava para lidar com elas.

No início da Primeira Guerra Marcomana, Marco tinha quase cinquenta anos, um homem velho para os padrões romanos. No entanto, ele vestiu a capa e as botas militares, partiu de Roma e se colocou na linha de frente da batalha. Ele passou grande parte de seu tempo na fortaleza legionária de Carnuntum, do outro lado dos Alpes, às margens do Danúbio, na Áustria moderna. Cassius Dio nos diz que, em princípio, Marco era frágil demais para suportar o frio clima do norte e discursar para as legiões reunidas diante dele. Era um ambiente perigoso e fisicamente cansativo, mesmo para um imperador. Para piorar as coisas, com um grande número de homens vivendo nas proximidades, os campos militares eram especialmente vulneráveis a surtos da peste. No entanto, Marco tipicamente ignorou as dificuldades da vida na fronteira norte citando o poeta Eurípides: "Tais coisas malditas são trazidas pelo comboio da guerra". Em outras palavras, eram coisas esperadas.

Apesar de seus problemas de saúde e do ambiente inóspito, Marco passaria mais de uma década comandando as legiões ao longo do Danúbio. Em *Meditações,* ele agradece aos deuses por seu corpo ter aguentado por tanto tempo sob tal esforço físico[100]. Ele sobreviveu às duas Guerras Marcomanas e à Peste Antonina, chegando aos sessenta anos de idade, quando as chances

99 Cassius Dio, *História Romana,*72.34.

100 *Meditações,* 1.17.

de fazê-lo eram muito pequenas. De fato, embora sofresse de problemas de saúde recorrentes, conseguiu viver mais do que a maioria de seus contemporâneos. Ainda assim, a repentina transição para a vida militar deve ter sido um tremendo desafio físico para ele. Portanto, não é de surpreender que seus escritos frequentemente revelem evidências de sua luta psicológica para lidar com problemas físicos.

No entanto, ele passou a maior parte da vida se preparando para enfrentar essa batalha interna. Ao longo dos anos, Marco aprendeu gradualmente a suportar a dor e a doença, utilizando as estratégias psicológicas do estoicismo antigo. Durante a guerra, ao escrever as *Meditações*, refletiu sobre essas técnicas como parte de sua prática contínua. Essas anotações refletem um estado de espírito obtido após mais de três décadas de um rigoroso treinamento estoico. Em outras palavras, sua atitude em relação à dor e à doença durante a campanha do norte não vieram naturalmente para ele; foi preciso aprender a agir dessa maneira.

Porém, as *Meditações* não são a nossa única fonte para conhecer os pensamentos de Marco. No início do século 19, o estudioso italiano Ângelo Mai descobriu um verdadeiro tesouro de cartas antigas, trocadas entre o retórico latino Marco Cornélio Frontão e vários outros indivíduos nobres, incluindo seu aluno Marco Aurélio. Não podemos datar com precisão cada carta individualmente, mas elas parecem abranger todo o período da amizade de Marco e Frontão, até a morte do último, por volta de 167 d.C., no auge da Peste Antonina.

Essa correspondência é notável por várias razões. Pela primeira vez, os estudiosos puderam espiar a vida particular de Marco e testemunhar sua verdadeira personalidade. Longe da caricatura popular de um estoico como alguém friamente austero, Marco mostra notável afeto e carinho por Frontão e sua família. Seu estilo de escrever é casual e bem-humorado. Ele conta a Frontão, por exemplo, o tempo em que passeava no campo, vestido como cidadão comum, quando um pastor acusou grosseiramente seus companheiros de serem um bando de bandidos comuns. Marco cavalgou rindo no rebanho, espalhando divertidamente as ovelhas para interromper a discussão. No entanto, o pastor não achou graça e jogou um bastão contra eles, gritando enquanto os jovens fugiam do local. É difícil imaginar que, vinte anos depois, o autor dessas letras afetuosas e descontraídas estaria circunspecto, anotando meditações estoicas ao ver partes de corpos cortados, espalhadas pelos campos de batalha gelados da Panônia.

Porém, há outra coisa nessas cartas em grande contraste com as *Meditações*: a quantidade de conversa fiada, e às vezes até ofensiva, que faz sobre várias condições de saúde. Frontão tinha aproximadamente vinte anos a mais que Marco e gostava muito de reclamar das várias dores que sentia. Em um exemplo, Frontão lista as regiões do seu corpo mais afetadas durante a noite por uma dor generalizada – "meu ombro, cotovelo, joelho e tornozelo" –, o que, segundo ele, o teria impedido de escrever para Marco com a própria mão[101].

Em outra carta escrita por ele:

> Depois da sua partida, senti uma dor no joelho, a princípio leve, é verdade, de modo que eu ainda pudesse andar com a devida cautela e usar uma carruagem. Hoje à noite, a dor se instalou de forma mais violenta, mas não ao ponto de não a suportar facilmente quando estou deitado, se não piorar.[102]

Às vezes, Marco passa a fofocar com Frontão sobre seus próprios problemas de saúde.

> Quanto ao meu estado atual de saúde, você será capaz de julgar isso com bastante facilidade pela minha letra trêmula. É verdade que, no que diz respeito à minha força, estou observando uma melhora, e não resta nada além da dor no meu peito; mas a úlcera está danificando minha traqueia.[103]

Essa carta, em particular, foi escrita antes de Marco ser aclamado imperador. Isso mostra que, aos quarenta anos, talvez muito antes, ele já sofria do tipo de sintomas que o afligiriam durante todo o seu reinado. No entanto, nessas cartas, não há evidências das técnicas estoicas para lidar com os problemas de saúde, encontradas uma década adiante em *Meditações*.

Quando jovem, Marco estava em forma e gostava de praticar atividades físicas, como vimos. Enquanto esteve em Roma, foi treinado para lutar com armaduras, provavelmente por gladiadores, usando armas cegas para praticar. Ele também gostava de caçar e adorava perseguir javalis a cavalo. Também saía em passeios caçando pássaros com redes e lanças.

---

101 Frontão para Marco, *Carta* 9.

102 Frontão para Marco, *Carta* 22.

103 Marco para Frontão, *Carta* 8.

Portanto, nossa imagem geral de Marco em sua juventude é de um jovem forte e atlético. Porém, entre os quarenta e cinquenta anos de idade, ele se tornou fisicamente frágil, e é dessa forma que as gerações seguintes se lembram dele. Escrevendo no século 4, por exemplo, o imperador Juliano imagina que a pele de Marco deveria ser diáfana e translúcida. Marco chegou a referir a si mesmo em um discurso como sendo um velho fraco, incapaz de comer sem dor ou de dormir sem perturbações. Em *Meditações* também menciona a obtenção de remédios para tosse sangrenta e simpatias para tontura[104]. Ele sofria particularmente de dores crônicas no peito e dores de estômago. Só conseguia se alimentar de pequenas porções de comida, ingeridas tarde da noite. Os estudiosos ofereceram diagnósticos diferentes, sendo o mais comum a existência de úlceras crônicas no estômago, embora ele provavelmente tivesse vários outros problemas de saúde.

Após o surto inicial de peste em Roma, Galeno, médico da corte de Marco, prescreveu a ele o antigo composto conhecido como *theriac*, uma misteriosa combinação feita com dezenas de ingredientes exóticos, desde mirra amarga até carne de víbora fermentada e uma pequena quantidade de ópio. Marco acreditava que doses regulares de *theriac* o ajudavam a suportar a dor no estômago e no peito, além de outros sintomas. Ele parou de usar esse remédio por um tempo, pois causava muita sonolência, mas voltou a tomar uma versão modificada com uma quantidade reduzida de ópio. Portanto, parece ter tomado *theriac* criteriosamente durante muito tempo.

De qualquer forma, o medicamento claramente não eliminava a dor e o desconforto sentidos por Marco. Como muitas pessoas que sofrem de dor crônica, ele precisou desenvolver outras formas de lidar com isso. Ao longo dos anos, portanto, Marco passou a depender das técnicas psicológicas do estoicismo como uma maneira de conviver com os problemas de saúde, especialmente quando as coisas se tornaram mais difíceis, depois de se juntar ao exército no Danúbio. Durante a calamidade causada pela Peste Antonina e a carnificina das Guerras Marcomanas, Marco provavelmente testemunhou inúmeras pessoas lidando com seus próprios sofrimentos, algumas melhores que outras. Ao longo de sua vida, ele aprendeu bastante ao observar como uma série de indivíduos exemplares suportava fortes dores e doenças. Ele interpretou essa

104 *Meditações*, 1.17.

sabedoria através das lentes do estoicismo e, em seguida, condensou-a nos escritos de *Meditações*.

Diferentemente do Marco que vimos nas cartas trocadas com Frontão, ele afirma, de maneira muito franca, nas *Meditações*, que o homem sábio não demonstra uma atitude trágica nem se queixa a respeito das coisas que lhe acontecem. Ele certamente não está se referindo a seus professores de retórica, Frontão e Herodes Áticos. No entanto, ao escrever essas palavras, provavelmente se referia aos rivais de Frontão e Ático: os professores de filosofia, homens que ensinaram a ele a doutrina do estoicismo, fornecendo um exemplo vivo de resiliência mental. Por exemplo, a maneira como Apolônio de Calcedônia enfrentara fortes dores e várias doenças foi algo marcante, ao longo da vida, em Marco. Apolônio mantivera a serenidade durante tudo isso, nunca permitindo que qualquer revés o atrapalhasse, permanecendo sempre comprometido com o objetivo de sua vida de adquirir sabedoria e compartilhá-la com os outros[105].

No entanto, Cláudio Maximus, outro dos tutores estoicos de Marco, parece ter deixado uma impressão ainda mais marcante sobre ele. Marco menciona três vezes a doença e a morte de Maximus nas *Meditações*. Como Apolônio, Maximus era completamente decidido em relação ao seu compromisso com a busca da sabedoria, apesar de ter uma doença severa. Ele não era um professor estoico, como Apolônio, mas um estadista romano de alto escalão e um comandante militar de sucesso. Era também uma pessoa rígida e bastante autossuficiente, conhecida por seu compromisso com o estoicismo – o tipo de homem que se mantinha de pé por mérito próprio, como Marco gostava de dizer, em vez de se escorar em outras pessoas. Ele permanecia inabalável em sua determinação e alegria diante de qualquer situação difícil[106]. Aparentemente, Maximus ficou doente e morreu pouco tempo depois que o Senado o nomeou procônsul da África, em 158 d.C., e sua perda parece ter sido profundamente dura para Marco.

De fato, Marco compara Maximus ao imperador Antonino. Os dois homens mostravam uma impecável força de caráter, autodisciplina e resistência diante da dor e da doença. Antonino cuidou bem de sua saúde, de modo que, durante a maior parte de sua longa vida, raramente precisou da ajuda de médicos. No entanto, ele sofria de fortes dores de cabeça e, à medida que envelhecia, tornou-se tão encurvado que eram necessárias talas de madeira

105 *Meditações*, 3.7; 1.9.

106 *Meditações*, 1.15.

para manter o tronco ereto. Marco notou que, ao se recuperar de uma forte dor de cabeça, seu pai adotivo simplesmente voltava a seus deveres como imperador com determinação renovada. Ele não perdia tempo se preocupando com suas doenças ou permitia que suas dores o impedissem de trabalhar por muito tempo. Enquanto Marco escrevia as *Meditações,* ele se viu olhando para trás, relembrando a maneira pacífica com a qual Antonino havia falecido uma década antes, nos seus impressionantes 74 anos[107]. Assim como Maximus, Antonino estava sempre contente, sempre alegre. Dizem que, enquanto ele estava morrendo, com seu último suspiro, sussurrou a palavra equidade para seu guarda, algo que era emblemático em relação tanto ao seu caráter quanto ao seu reinado. Podemos ver claramente que a atitude de Marco em relação à dor e à doença foi moldada pelo estudo do caráter desses homens. Talvez ele também quisesse tornar-se menos parecido com Frontão e os outros sofistas, cujo amor à retórica acabava aumentando suas queixas, transformando infortúnios comuns em tragédias pessoais.

Embora Marco fosse um estoico, também se inspirou em outra fonte surpreendente no que diz respeito a lidar com a dor e a doença: a rival escola filosófica de Epicuro. Os epicuristas acreditavam que o objetivo da vida era o prazer: *hedone*. Porém, eles descreviam o prazer de uma maneira bastante paradoxal, como consistindo principalmente em um estado de liberdade da dor e do sofrimento (*ataraxia*). Minimizar o sofrimento emocional causado pela dor e pela doença era, portanto, extremamente importante para eles.

Marco cita uma carta supostamente escrita por Epicuro quase quinhentos anos antes. Sabemos de outra fonte que Epicuro sofria com graves pedras nos rins e disestesia, o que acabou causando sua morte:

> Quando estava doente, minha conversa não era dedicada aos sofrimentos do meu corpo, nem falava sobre esses assuntos com aqueles que me visitavam, mas continuei a discutir os principais elementos da filosofia natural como antes, e este ponto especialmente: como é que a mente, apesar de estar atenta às agitações da nossa pobre carne, é imperturbável e preserva seu bem específico. Também não permiti que os médicos assumissem uma postura grave, como se estivessem envolvidos em algo importante, mas minha vida prosseguiu tão bem e feliz como sempre.[108]

107 *Meditações,* 1.16; 6.30.

108 Epicuro, citado em *Meditações,* 9.41.

Marco deve ter ficado impressionado com o contraste entre essa carta e o tipo de correspondência que vinha tendo décadas antes com Frontão. Assim como a maioria de nós, Marco havia se envolvido exatamente no tipo de conversa e reclamações sobre os "sofrimentos do corpo" contra os quais Epicuro havia alertado. Embora ele estivesse com problemas de saúde, Epicuro não se queixou nem insistiu em falar sobre seus sintomas. De fato, ele usou sua doença como uma oportunidade para debater de maneira lúcida sobre como a mente pode permanecer em paz enquanto o corpo sofre dores e desconfortos terríveis. Ele simplesmente continuou fazendo o que amava: discutindo filosofia com seus amigos.

Marco cita essa carta e depois se exorta a sempre agir como Epicuro: permanecendo focado na busca da sabedoria, mesmo diante de doenças, dores ou outras dificuldades. Esse conselho, diz ele, é comum não apenas ao epicurismo e ao estoicismo, mas também a todas as outras escolas de filosofia. Nossa principal preocupação deve ser sempre o que estamos fazendo agora, momento a momento, com a nossa própria mente[109].

Marco retorna aos ensinamentos de Epicuro sobre dor e doença várias vezes nas *Meditações.* Ele está particularmente interessado em uma das máximas famosas de Epicuro, ou nas *Principais Doutrinas,* que apresentam conselhos sobre como lidar com a dor. Epicuro disse que devemos lembrar que a dor é sempre suportável, pois é sempre aguda ou crônica, mas nunca as duas coisas ao mesmo tempo. Um dos pais da igreja, Tertullian, resumiu a ideia dizendo que Epicuro cunhou a máxima "um pouco de dor é desprezível, e uma grande dor não é duradoura". Portanto, você pode aprender a suportar dizendo a si mesmo que a dor não durará muito se for intensa ou que será capaz de suportar algo muito pior se a dor for crônica. As pessoas frequentemente se opõem a isso afirmando que a dor que sentem é ao mesmo tempo crônica e aguda. Porém, em *Meditações,* Marco parafraseava a mesma citação de Epicuro da seguinte maneira: "Sobre a dor: se é insuportável, nos leva embora; se persistir, pode ser suportada"[110]. O ponto é que uma dor crônica além da nossa capacidade de suportar teria nos matado, então, o fato de ainda estarmos de pé prova que somos capazes de suportar algo muito pior. Embora isso possa ser difícil de aceitar para algumas pessoas, os participantes dos meus cursos *online* que sofre-

109 *Meditações,* 9.41.

110 *Meditações,* 7.33.

ram muitos anos com dor crônica relataram que essa máxima epicurista foi de grande ajuda para eles, assim como para muitas pessoas ao longo dos séculos anteriores. É preciso que pratiquemos, para continuar olhando as coisas dessa maneira, assim como devemos praticar para superar hábitos e desejos doentios.

Por que os antigos consideravam essa estratégia específica uma maneira útil de lidar com a dor? Quando as pessoas estão realmente em dificuldade, elas se concentram em sua incapacidade de lidar com o problema e na sensação de que o problema está ficando fora de controle: "Eu simplesmente não aguento mais isso!". Essa é uma forma de catastrofização: focar demais no pior cenário possível, sentindo-se sobrecarregado. No entanto, Epicuro afirma que, concentrando-se nos limites de sua dor, em termos de duração ou gravidade, é possível desenvolver uma mentalidade mais voltada para o enfrentamento e menos sobrecarregada por preocupações ou emoções negativas a respeito de sua condição.

Marco também acreditava ser útil pensar em sua dor como confinada a uma parte específica do corpo, em vez de se deixar consumir por ela, imaginando-a mais difundida. A dor quer dominar sua mente, tornando-se a história toda. No entanto, as pessoas que lidam bem com a dor geralmente a veem objetivamente, como algo de natureza mais limitada, o que torna mais fácil para elas suportá-la de várias maneiras. De fato, em outra passagem de *Meditações*, Marco acrescenta um toque estoico ao ditado de Epicuro. "A dor não é insuportável nem eterna se você mantiver seus limites em mente e não acrescentar nada a ela por sua própria imaginação."[111] Os estoicos geralmente ficavam felizes em assimilar aspectos do epicurismo e outros ensinamentos filosóficos, mas os aprimoravam para serem mais compatíveis com suas próprias doutrinas fundamentais. Marco quis dizer que a dor é tolerável se lembrarmos que nossa atitude em relação a isso é o que realmente determina nosso estado de espírito. Não são nossas dores ou enfermidades que nos aborrecem, mas nossos julgamentos sobre elas, como diriam os estoicos. Essa é uma das principais ferramentas terapêuticas do arsenal estoico para o manejo da dor.

Marco também observou que a maior parte das outras formas de desconforto físico pode ser tratada essencialmente da mesma maneira. Ele compara lidar com dor a lidar com dificuldade em comer e sonolência, dois problemas que sabemos que ele sofria pessoalmente. Também menciona o calor opressivo,

111 *Meditações*, 7.64.

lembrando a noção cínica de aprender a suportar calor e frio intensos. Ao enfrentar qualquer um desses desconfortos, Marco simplesmente se advertia: "Você está dando atenção à dor"[112]. Então, aplicaria as mesmas habilidades de enfrentamento, estivesse lutando em uma nevasca ao longo do Danúbio ou sofrendo de cansaço por cavalgar por dias desde sua base em Aquileia, no norte da Itália, até a fortaleza legionária de Carnuntum. Dor, desconforto, cansaço – são apenas sensações desagradáveis.

Ele estava certo. As habilidades que as pessoas usam para lidar com a dor – mesmo as muito intensas – são semelhantes às que podem ser usadas para lidar com outras sensações desconfortáveis. Por exemplo, durante formas comuns de exercício físico, como corrida ou ioga, existem oportunidades para praticar essencialmente as mesmas estratégias de enfrentamento. Podemos aprender a tolerar as sensações inofensivas de fadiga e desconforto experimentadas ao realizar esse tipo de atividade. Tomar um banho frio também nos permite praticar as mesmas técnicas. Se aprendermos bem essas estratégias, poderemos acioná-las para lidar com dores severas ou ferimentos graves em uma crise, mesmo se formos pegos de surpresa. Em outras palavras, a tolerância diária a pequenos desconfortos físicos pode nos ajudar a construir uma resiliência psicológica duradoura. Você pode chamar isso de uma forma de inoculação de estresse: você aprende a aumentar a resistência a um problema maior, expondo-se voluntariamente e repetidamente a algo semelhante, embora em doses menores ou em uma forma mais branda.

Com o tempo, Marco observou muitas pessoas ao seu redor afetadas por diferentes doenças e enfrentando a morte de várias maneiras. Ele também aprendeu estratégias e técnicas de enfrentamento específicas com seus professores estoicos. De fato, Marco descreveu várias estratégias estoicas diferentes para lidar com a dor e a doença em *Meditações*. A coisa mais importante observada por ele em indivíduos com grande capacidade de suportar dificuldades foi a habilidade de "retirar" ou "separar" sua mente das sensações corporais. Já introduzimos essa técnica estoica, que chamei de distanciamento cognitivo. Ela requer aprender a reter julgamentos de valor de sentimentos desagradáveis, encarando-os como moralmente indiferentes, nem bons nem ruins em si mesmos e, em última instância, inofensivos. Isso requer prática, é claro, e uma compreensão dos conceitos subjacentes.

112 *Meditações*, 7.64.

Foi principalmente por meio dos ensinamentos estoicos de Epicteto que Marco encontrou uma maneira de conceituar essa poderosa técnica. Uma das histórias mais famosas sobre a resistência estoica é sobre algo que Epicteto viveu. Ele era originalmente escravo e passou a pertencer a Epafrodito, um secretário do imperador Nero. Segundo o padre Orígenes, certa vez, Epafrodito segurou Epicteto com raiva e torceu cruelmente sua perna. Epicteto não reagiu, mantendo a mesma compostura. Ele apenas avisou seu mestre que o osso estava prestes a quebrar. Epafrodito continuou torcendo, e foi exatamente o que aconteceu. Em vez de se queixar, Epicteto respondeu com naturalidade: "Veja, eu não te disse que iria quebrar?".

Epicteto alude ao fato de ser coxo nos *Discursos*, mas jamais menciona a causa. Em vez disso, ele usa sua deficiência como exemplo para ensinar seus alunos a lidar com a doença. A doença é um impedimento ao nosso corpo, ele diz a eles, mas não à nossa liberdade de vontade, a menos que a tornemos isso. Ser coxo, diz ele, é um impedimento para a perna, mas não para a mente[113]. Epicteto não ficou mais perturbado por sua perna aleijada do que por sua incapacidade de criar asas e voar – ele simplesmente a aceitou como uma das muitas coisas na vida que estavam além de seu controle. Ele via sua deficiência como uma oportunidade de exercer sabedoria e força de caráter. Mais tarde, ganhou a liberdade e começou a ensinar filosofia. Talvez seu mestre tenha sentido remorso. De qualquer forma, essa história ilustra poderosamente a famosa indiferença dos estoicos à dor física. Se essa história for verdadeira, Marco certamente a teria ouvido.

COMO SUPORTAR A DOR

Pode parecer natural supor que a dor é intrinsecamente ruim, mas os estoicos empregam uma série de argumentos para convencer seus seguidores de que dor e prazer não são bons nem ruins. Por exemplo, uma maneira de ilustrar o caráter indiferente da dor seria apontar que, como outras coisas externas, a dor pode ser usada de maneira sábia ou tola, para o bem ou para o mal. Um atleta pode aprender a suportar a dor e o desconforto do esforço físico extremo. Nesse caso, expor-se deliberadamente, por meio de exercícios físicos intensos, a sensações dolorosas, ou pelo menos desconfortáveis, pode ser algo benéfico, na medida em que ajuda a desenvolver resistência. É claro que alguém

113 *Handbook*, 9.

que evita desconforto provavelmente evitará exercícios extenuantes. Dor e desconforto podem se tornar vantagens na vida se oferecerem oportunidades para desenvolvermos nossos pontos fortes. Também é verdade que muitas pessoas comuns, em certos momentos, demonstram indiferença à dor – como quando são feridas enquanto tentam salvar a própria vida. É claro que algumas pessoas, como masoquistas, até apreciam a sensação de dor. Dor é apenas uma sensação, em outras palavras; o que importa é como escolhemos reagir a isso.

Nos *Discursos*, Epicteto explica várias vezes a seus alunos como devem agir para lidar com a dor e a doença. Como Epicuro antes dele, ele acreditava que reclamar e tagarelar demais sobre nossos problemas apenas os torna piores e, mais importante, prejudica nosso caráter. Marco concordava que lamentações coletivas fazem mal à alma: "Não se juntem aos outros em suas lamentações, nada de emoções violentas"[114]. Os terapeutas cognitivos modernos também descobriram que o sofrimento aumenta quando as pessoas dizem a si mesmas: "Eu não posso aguentar!". Seu sofrimento diminui quando começam a olhar as coisas de maneira mais racional e objetiva, reconhecendo várias maneiras pelas quais podem potencialmente lidar naquele momento ou como enfrentaram uma situação semelhante no passado. Em parte, essa é uma observação sobre a retórica da dor. Deveríamos ter cuidado em dizer a nós mesmos "Isso é insuportável!", e assim por diante, porque geralmente é apenas uma hipérbole que aumenta nossa sensação de desespero.

Epicteto diz a seus alunos que uma coisa é dor na cabeça ou no ouvido, mas que eles não devem dar um passo adiante e dizer: "Estou com dor de cabeça, infelizmente". Não deve deixar implícito que a dor é algum tipo de catástrofe. Ele explicou que não estava negando a eles o direito de gemer, apenas que eles não deveriam fazê-lo interiormente, aderindo realmente à ideia de que estão feridos. Só porque um escravo é lento em trazer um curativo não se deve chorar alto e de maneira atormentada, reclamando: "Todo mundo me odeia!". ("Mas quem não odiaria um homem assim?", ele acrescenta ironicamente.) Epicteto resumiu seu conselho prático dizendo aos alunos que respondessem a eventos perturbadores ou sensações desagradáveis afirmando literalmente: "Isso não é nada para mim". Talvez isso aumente as sensações desagradáveis. Mesmo assim, os estoicos ainda podem "preferir" evitar dores e doenças quando possível. Uma vez que já esteja acontecendo, eles tentam aceitar o fato com indiferença.

---

114 *Meditações*, 7.43.

Além da máxima de Epicuro, Marco menciona muitas estratégias estoicas para suportar dores e doenças, todas relacionadas a observar essas dificuldades com uma indiferença estudada. A maioria dessas estratégias foi influenciada pelos *Discursos* de Epicteto.

1. Separe sua mente da sensação, que eu chamo de "distanciamento cognitivo", lembrando-se de que não são as coisas ou sensações que nos perturbam, mas nossos julgamentos sobre elas.
2. Lembre-se de que o medo da dor causa mais danos do que a própria dor, ou use outras formas de análise funcional para avaliar as consequências de temer *versus* aceitar a dor.
3. Observe as sensações corporais objetivamente (representação objetiva ou *phantasia kataleptike*), em vez de descrevê-las em termos emotivos. ("Há uma sensação de pressão ao redor da minha testa", em vez de "Parece que estou morrendo – parece que tem um elefante batendo na minha cabeça várias vezes!")
4. Analise as sensações em seus elementos e limite-as de maneira precisa ao seu local específico no corpo, usando assim a mesma depreciação por análise que usamos no capítulo anterior para neutralizar desejos e ânsias não saudáveis. ("Há uma sensação aguda de pulsação no meu ouvido que vai e vem", e não "Estou em completa agonia.")
5. Veja a sensação como limitada no tempo, mutável e transitória, ou "contemple a impermanência". ("Esta sensação atinge o pico apenas por alguns segundos de cada vez e depois desaparece, provavelmente desaparecerá em alguns dias.") Se você tem um problema agudo como dor de dente, terá esquecido como é daqui a alguns anos. Se você tiver um problema de longo prazo, como a dor ciática crônica, saberá que às vezes piora e, outras vezes, será menos severo. Faz muita diferença se você puder se concentrar na ideia de que isso deve passar.
6. Deixe sua luta contra a sensação e aceite-a como natural e indiferente, o que é chamado de "aceitação estoica". Não significa que você não deve tomar medidas práticas para lidar com isso, como usar remédios para reduzir a dor, mas deve aprender a conviver com a dor sem ressentimento ou luta emocional.

7. Lembre-se de que a natureza deu a você a capacidade de exercitar a coragem e a resistência para superar a dor e que admiramos essas virtudes em outras pessoas, o que discutimos em relação à contemplação e modelagem da virtude.

Vamos analisar cada uma dessas estratégias, uma de cada vez.

DISTANCIAMENTO COGNITIVO

A estratégia de gerenciamento da dor mais importante mencionada por Epicteto e Marco é o que chamamos de "distanciamento cognitivo". Ela pode ser resumida em uma frase que já lhe será familiar: "Não são os eventos que nos incomodam, mas nossos julgamentos sobre os eventos"[115]. Se aplicarmos essa ideia ao conceito de dor, significa que o que nos incomoda não é a dor , mas, sim, nossos julgamentos a respeito dela. Quando suspendemos a ação de atribuir julgamentos de valor à dor, nosso sofrimento é aliviado. É algo que está sempre ao nosso alcance fazer, em qualquer situação – só depende de nós a importância que escolhemos investir nas nossas sensações corporais.
Marco descreve a suspensão de julgamentos de valor como a "retirada", "separação" ou "purificação" (*kathaesis*) da mente, nesse caso, das sensações corporais de dor e doença. Ele também gosta de explicar a suspensão do julgamento dizendo que a dor e o prazer devem ser deixados onde estão, nas partes do corpo a que pertencem. Mesmo que o corpo, o companheiro mais próximo da mente, seja "cortado ou queimado, festeje ou decaia", podemos preservar nossa faculdade dominante em um estado de paz, desde que não julguemos as sensações corporais como intrinsecamente boas ou ruim[116].

Marco também chama essa atitude de ser "indiferente a coisas indiferentes"[117]. Há uma passagem particularmente importante em que ele explica as sutilezas da psicologia estoica a esse respeito[118]. Devemos manter nossa faculdade dominante intacta por coisas externas, incluindo sensações corporais de dor e prazer. Segundo ele, isso significa não permitir que a faculdade dominante se una aos eventos externos, traçando uma linha em torno da mente, marcando seus limites, com sensações corporais do outro lado, como se vistas de longe,

115 *Handbook*, 5.

116 *Meditações*, 4.39.

117 *Meditações*, 11.16.

118 *Meditações*, 5.26.

logo ali. Por outro lado, quando nos permitimos fazer fortes julgamentos de valor sobre sensações externas, como a dor, fundimos nossas mentes com elas e nos perdemos na experiência de sofrer.

É importante notar que Marco não está nos pedindo para negar que a dor (ou o prazer, por sinal) é parte da vida, mesmo para o sábio estoico. Ele observa que as sensações de dor e prazer encontrarão inevitavelmente o caminho para a nossa consciência por causa da afinidade natural que existe entre a mente e o corpo. Ele enfatiza que você não deve tentar suprimir as sensações, porque elas são naturais, e não deve atribuir julgamentos a elas como boas ou más, úteis ou prejudiciais. Esse delicado equilíbrio é central ao *mindfulness* moderno e na terapia cognitiva baseada na aceitação, que ensina os pacientes a não suprimir sensações desagradáveis, nem se preocupar com elas. Em vez disso, você dever aprender a aceitá-las, enquanto se mantém desapegado delas.

Para Marco, o mais importante é que deixemos de olhar para a dor e a doença através das lentes do dano. Esses julgamentos se originam dentro de nós. São projetados externamente em sensações corporais e em outros eventos externos. É importante lembrar que ver algo como útil ou prejudicial depende inteiramente de nossos objetivos. A maioria das pessoas aceita sem questionar os pressupostos que têm sobre seus objetivos na vida, tanto que raramente os conhecem. Se meu objetivo é parecer bonito, caso eu quebre o nariz, haverá a tendência de ver esse fato como algo prejudicial, e não útil. Mas se meu maior objetivo é a sobrevivência e quebro meu nariz enquanto escapo da morte, provavelmente veria esse fato com relativa indiferença. Os estoicos querem que vivamos uma transformação radical em nossos valores subjacentes, de modo que nosso objetivo supremo seja viver com sabedoria e suas virtudes associadas. Eles querem que tratemos a dor e os ferimentos físicos com indiferença. De fato, esses infortúnios podem até proporcionar uma oportunidade para exercermos mais sabedoria e força de caráter. Marco diz a si mesmo:

> Abandone o julgamento, e a noção de 'eu fui ferido' será abolida; elimine essa noção, e o dano em si se foi.[119]

Os estoicos não se importam com a saúde física? Sim, eles se importam. Eles classificam-na como algo preferível e indiferente. Para nós, é natural e razoável preferirmos a saúde à doença. A saúde física nos oferece mais oportunidades

119 *Meditações*, 4.7.

de exercitar nossa vontade e influenciar eventos externos na vida. Por si só, a saúde não é boa ou ruim. É mais como uma oportunidade. Uma pessoa tola pode desperdiçar as vantagens que a boa saúde oferece ao ceder aos seus vícios. Uma pessoa sábia e boa, por outro lado, pode usar a saúde e a doença como oportunidades para exercer a virtude. Epicteto foi "prejudicado" quando sua perna foi quebrada se fizermos a suposição de que esse foi um dos eventos que o colocaram no caminho de se tornar um grande filósofo? Ele diria que, em última análise, o que importa é o dano que fazemos ao nosso próprio caráter. Em comparação a isso, uma perna mutilada é algo irrelevante.

Se pudermos aprender a reter nosso julgamento de que a dor é terrível ou prejudicial, podemos retirar sua horrível máscara, e ela não parecerá tão monstruosa para nós[120]. Ficamos apenas com a observação banal de que nossa carne está sendo estimulada "de maneira grosseira", como Epicteto gostava de dizer. É apenas uma sensação. Porém, com nosso julgamento de que se trata de algo intrinsecamente ruim, insuportável ou catastrófico, escalamos a mera sensação de dor corporal para um turbilhão interno do sofrimento emocional. Por exemplo, Marco, em outros lugares, aborda suas impressões e sensações corporais, dizendo:

> "Vá embora como veio, eu te suplico pelos deuses, pois eu não te quero. Mas você veio de acordo com a maneira antiga. Não estou bravo com você: apenas vá embora"[121].

Ele diz "Eu não estou bravo com você" ao sentimento doloroso, porque não o percebe como ruim ou prejudicial. Aquilo entra na mente da maneira antiga, por meio das sensações, um processo fisiológico natural compartilhado por humanos e animais. Ironicamente, você não precisa suprimir ou resistir a sentimentos desagradáveis, desde que abandone a crença de que eles são ruins. Se você os aceitar com indiferença, eles não fazem mal a você. Quando sua mente consciente, sua faculdade dominante, dá muita importância para as sensações corporais, ela torna-se "fundida e mesclada" com elas, e é puxada pelo corpo como um fantoche pelas cordas[122]. No entanto, você sempre tem o potencial de se colocar acima das sensações físicas e vê-las com indiferença ponderada.

---

120 *Discursos*, 2.1.

121 *Meditações*, 7.17.

122 *Meditações*, 10.24.

ANÁLISE FUNCIONAL

Depois de ganhar distância cognitiva, você estará em uma posição melhor para considerar as consequências de seus julgamentos de valor ("análise funcional"). Partindo de que o sofrimento surge de nossos julgamentos negativos, os estoicos afirmam que o medo da dor nos causa muito mais mal do que a própria dor, porque prejudica nosso próprio caráter. A dor, por outro lado, é inofensiva se você aprender a aceitá-la com uma atitude de indiferença. Epicteto afirmou isso de forma muito sucinta: "Pois a morte ou a dor não é assustadora, o que é assustador é o medo da dor ou a morte"[123]. Para viver a vida plenamente, você precisa sair da sua zona de conforto, como dizemos hoje. O medo da dor faz de todos nós covardes e limita nossa esfera de vida.

É importante ter uma compreensão abrangente das consequências negativas de um comportamento, se quisermos alterá-lo. Por exemplo, a fobia de sangue pode impedir que alguém faça os exames médicos necessários – para algumas mulheres, é até um obstáculo ao parto. De fato, a maioria das pessoas tem medo de dores e doenças em graus variados. Perceber que o medo da dor pode causar mais danos do que a própria dor pode motivá-lo a começar a praticar regularmente as habilidades psicológicas necessárias para superar a intolerância à dor e ao desconforto.

REPRESENTAÇÃO OBJETIVA

Marco também aprendeu a descrever eventos externos e sensações corporais para si mesmo como processos naturais, adotando a linguagem da representação objetiva. Como observado anteriormente, podemos comparar isso com a maneira neutra e desinteressada de um médico documentar os sintomas de doença em um paciente. Epicteto e Marco fazem isso quando descrevem sensações dolorosas e desagradáveis apenas como movimentos "ásperos", ou agitações, ocorrendo na carne.

> Pensamentos como esses ultrapassam as próprias coisas e atingem o coração delas, permitindo-nos vê-las como realmente são.[124]

É como se estivéssemos descrevendo os problemas de outra pessoa: com mais objetividade e desapego. Eu poderia dizer para mim mesmo, por exemplo,

123 *Discursos*, 2.1.

124 *Meditações*, 6.13.

"O dentista está trabalhando nos dentes de Donald", pensando nisso desapaixonadamente a partir da perspectiva de uma terceira pessoa.

DEPRECIAÇÃO POR ANÁLISE

Marco também diz a si mesmo para evitar sobrecarregar sua mente, preocupando-se com o futuro ou ruminando sobre o passado. Quando focamos nossa atenção na realidade do aqui e agora, isso fica mais fácil de ser atingido. Ao visualizar as coisas objetivamente, isolando o momento presente e dividindo-o em partes menores, podemos enfrentá-las uma por vez, usando o método que denominamos depreciação pela análise. Ele diz, por exemplo, que devemos perguntar, a cada dificuldade atual: "O que há nisso de insuportável ou além da resistência?"[125]. De fato, Marco observa que o poder dos eventos de nos afligir diminui muito se ignorarmos os pensamentos do passado e do futuro, concentrando-nos apenas no momento presente, o aqui e o agora, isoladamente.

Essa estratégia de dividir e conquistar ainda é usada na terapia cognitivo-comportamental moderna para combater sentimentos desagradáveis; os pacientes podem ser incentivados a se concentrar no momento presente e a lidar com experiências angustiantes, um passo de cada vez. Os estoicos ficam entre essa perspectiva e uma que os estudiosos modernos chamam de "visão de cima", que envolve retratar sua situação atual do alto, como parte de toda a vida na Terra, ou mesmo de todo o tempo e espaço. Uma estratégia divide os eventos em partes menores, e a outra imagina toda a existência e o minúsculo evento dentro dela. Ambas as estratégias podem nos ajudar a visualizar eventos externos, como dor e doença, com maior indiferença[126].

CONTEMPLANDO A FINITUDE E A IMPERMANÊNCIA

Depois de descrever qualquer sensação dolorosa ou sintoma de doença em linguagem objetiva e analisá-la em suas partes componentes, geralmente também podemos visualizá-la como confinada a um local específico do corpo. Marco sempre se lembra de ver a dor e o prazer como pertencentes às partes do corpo em que estão localizados – em outras palavras, pensar na pequenez da sensação em contraste com a expansividade de sua consciência observadora. Assim, ele aprendeu a pensar na dor que permanece "ali", à distância.

---

125 *Meditações*, 8.36.

126 *Meditações*, 11.16.

Deixe a parte afetada do corpo reclamar, se necessário, diz ele. A mente não precisa concordar e assentir com ela, julgando a sensação como muito ruim e prejudicial[127]. Pense na dor do seu corpo como se fosse o latido de um cão raivoso; não comece a latir junto com o cachorro, gemendo sobre sua própria dor. Sempre está ao seu alcance considerar a sensação como pertencente ao corpo e limitada a um local específico. Você pode optar por deixá-la lá, em vez de se fundir a ela por meio de preocupações e ruminações.

> A mente também pode preservar sua calma se retirando, e a faculdade dominante não causa danos; quanto às partes que são prejudicadas pela dor, deixem que a declarem, se puderem.[128]

Hoje os terapeutas ajudam seus pacientes a objetivar a dor dessa maneira, atribuindo-lhe uma forma ou cor arbitrária, como um círculo preto. Essa técnica, chamada "fisicalizar" o sentimento, pode ajudá-lo a imaginá-lo nos olhos da sua mente, de uma perspectiva desapegada, em um local específico do corpo. Você pode até pensar em si mesmo olhando a dor física ou outro sintoma de doença através de uma janela de vidro, separando o corpo da mente ou imaginando a dor temporariamente fora do corpo, do outro lado da sala.

Além de ver as sensações desagradáveis como limitadas espacialmente à parte afetada do corpo, Marco frequentemente se lembra de considerar sua duração e de vê-las como limitadas no tempo e no espaço. Ele emprega essa estratégia com fatores externos em geral, mas particularmente com sensações dolorosas e sintomas de doença. Isso se assemelha ao conselho de Epicuro para focar no fato de que a dor aguda é temporária. Você pode estar familiarizado com o ditado persa que afirma "Isso também passará", citado por Abraham Lincoln, que traz um argumento semelhante. Podemos também lembrar a nós mesmos de quantas sensações desagradáveis vieram e foram embora no passado, como uma maneira de destacar sua transitoriedade.

Essa abordagem é uma das estratégias favoritas de Marco para encorajar uma atitude de indiferença estoica. Ver as coisas como mutáveis, como um rio que flui, pode ajudar a enfraquecer nosso apego emocional a elas. Às vezes, ele vai mais longe e se lembra de sua própria transitoriedade – sua mortalidade. Vamos sentir indiferença em relação a sentimentos dolorosos, diz ele, se lembrarmos

---

127 *Meditações*, 7.16; 7.14.

128 *Meditações*, 7.33.

que as demandas que eles colocam em nossa atenção existirão apenas por um período limitado, porque a vida é curta e em breve terminará[129].

ACEITAÇÃO ESTOICA

Epicteto também afirma que deveríamos aceitar doenças e sentimentos dolorosos quando fôssemos acometidos por eles ("aceitação estoica"). Nossos pés, segundo ele, se tivessem uma mente própria, estariam dispostos de bom grado na lama a cada passo que damos, aceitando isso como uma parte necessária de sua função natural[130]. Isso lembra a antiga metáfora estoica do cão seguindo o carrinho. Um cão amarrado a uma carroça em movimento pode puxar a coleira e ser arrastado ou aceitar seu destino, correndo suavemente ao lado da carroça. De fato, uma das primeiras definições estoicas do objetivo natural do homem é que consiste em uma vida "fluindo suavemente", livre de lutas desnecessárias. O conceito de aceitar radicalmente sentimentos desagradáveis também se tornou central na terapia cognitivo-comportamental moderna (TCC). A dor torna-se mais dolorosa quando lutamos contra ela, mas o fardo é frequentemente aliviado, paradoxalmente, se podemos aceitar a sensação e relaxar nela ou até mesmo recebê-la. Lutar para suprimir, controlar ou eliminar sentimentos desagradáveis adiciona outra camada à nossa miséria e frequentemente sai pela culatra, piorando o problema original.

Marco realmente imagina a natureza como uma médica, como Asclépio, o deus da medicina, prescrevendo-lhe dificuldades para ele como se fossem remédios dolorosos[131]. Para tomar o remédio da natureza adequadamente, devemos aceitar nosso destino e responder virtuosamente, com coragem e autodisciplina, melhorando assim nosso caráter. Então, Marco vê a aceitação voluntária das dificuldades como uma psicoterapia das paixões. Devemos engolir as pílulas amargas do destino e aceitar os sentimentos dolorosos e outros sintomas desagradáveis da doença quando eles chegam a nós.

Como vimos, os estoicos foram influenciados nesse aspecto pela antiga prática cínica das dificuldades voluntárias. Eles se exporiam deliberadamente ao desconforto, como calor ou frio intenso, a fim de desenvolver resistência psicológica. O paradoxo de aceitar desconforto é que muitas vezes isso leva a uma diminuição do sofrimento. Diógenes, o Cínico, costumava dizer que

129 *Meditações*, 11.16.

130 *Discursos*, 2.6.

131 *Meditações*, 5.8.

devemos tratar as sensações dolorosas como cães selvagens. Eles vão morder e rasgar nossos calcanhares quanto mais tentarmos fugir em pânico, mas geralmente recuam se tivermos a coragem de virar de frente e encará-los com calma.

> É como a mordida que se pode sofrer quando se apanha um animal selvagem, diz Bion (de Borysthenes): se você agarrar uma cobra pelo meio, será mordido, mas se agarrá-la pela cabeça, nada de ruim lhe acontecerá. Da mesma forma, ele diz, a dor que você pode sofrer como resultado de coisas externas depende de como você as encara; se você as confronta da mesma maneira que Sócrates, não sentirá dor, mas se as absorve de qualquer outra maneira, você sofrerá, não por causa da coisa em si, mas por seu próprio caráter e opiniões falsas.[132]

No entanto, muitas pessoas comuns involuntariamente provocam os ataques da fortuna virando as costas a ela, em vez de confrontá-la cara a cara.

Dio Crisóstomo, um sofista que estudou com o grande professor estoico Musônio Rufus, comparou o cínico a um boxeador que se sai melhor caso ele se prepare para ser atingido, aceitando o fato com indiferença. Se, por outro lado, ele se afastar ansiosamente de seu oponente, acabará exposto a um golpe mais forte. Crisóstomo também comparou o ato de suportar a dor com pisar no fogo – se o fizermos com cautela, é mais provável que nos queimemos do que se pisarmos com confiança. As crianças até brincam de apagar as chamas em suas línguas, diz ele, fazendo isso com rapidez e confiança. Hoje falamos em "agarrar a urtiga" para enfatizar que encarar algo e aceitá-lo leva muitas vezes a menos ferimentos do que abordá-lo de maneira hesitante e defensiva. (Se você roçar em uma urtiga, você será ferido; se você segurar a urtiga com firmeza no sentido correto, pressionando as espinhas afiadas, evitará ser ferido.) Ao segurar calmamente a urtiga da dor em vez de lutar contra ela, ressentir-se ou reclamar, podemos aprender a sofrer menos com isso.

Os cínicos e estoicos estavam milhares de anos à frente de seu tempo ao propor a aceitação voluntária como uma maneira de lidar com a dor e outros sentimentos desagradáveis. Essa aceitação faz parte dos protocolos modernos de terapia comportamental para o gerenciamento da dor e, nas últimas décadas, tornou-se o foco central de muitos terapeutas que lidam com esses

132 Teles de Megara, *em Self Sufficiency*, em *Diogenes the Cynic: Sayings and Anecdotes with Other Popular Moralists* (2012), trans. Robin Hard (Oxford: Oxford University Press, 2012).

problemas. A distração pode, às vezes, ter resultados positivos nos casos de dores breves (agudas), como em procedimentos cirúrgicos ou odontológicos, mas as estratégias de distração tendem a sair pela culatra quando usadas para lidar com a dor crônica. Como o cão estoico que segue o carrinho, não temos outra escolha real a não ser enfrentar a dor. No entanto, você pode optar por fazê-lo de forma grosseira, lutando e esperneando contra a dor, ou de forma suave, por meio de uma aceitação calma. Muitas pessoas acham que aceitar a dor diminui muito o sofrimento emocional causado por ela. Lutar contra a dor, tentando suprimi-la ou evitá-la, consome seu tempo e energia, limita seu comportamento e o impede de continuar com outras coisas – assim, a aceitação também pode melhorar sua qualidade de vida a esse respeito. Além disso, em alguns casos, aceitar nossas sensações corporais pode permitir que ocorra uma familiarização natural, de modo que começamos a notar menos nossa dor, e as sensações dolorosas podem até começar a diminuir como resultado disso.

Portanto, é importante evitar lutar demais contra as sensações corporais dolorosas ou desconfortáveis, porque há evidências consideráveis da psicologia moderna de que isso pode ser contraproducente. Os pesquisadores chamam esse desejo de controlar ou evitar sentimentos desagradáveis de "evasão experiencial", provando-se ser bastante tóxico para a saúde mental. As pessoas que acreditam firmemente que sentimentos desagradáveis são ruins e tentam suprimi-los de suas mentes frequentemente ficam mais tensas e preocupadas com os mesmos sentimentos que estão tentando evitar, aprisionando-se em um círculo vicioso. Para os estoicos, a dor é "indiferente" e não é ruim. Portanto, é aceita como um processo natural. Em uma passagem vívida, Marco diz a si mesmo que reclamar de eventos é tão fútil e inútil quanto os chutes e guinchos que os leitões fazem quando lutam para se libertar durante um sacrifício ritual[133]. Lutar contra coisas que não podemos controlar nos causa mais mal do que bem.

CONTEMPLANDO A VIRTUDE

Epicteto escreveu um discurso intitulado "De que maneira devemos suportar a doença". Nele, argumenta que a dor e a doença são uma parte inevitável da vida, e, como em qualquer outra parte da vida, existem virtudes relevantes, que estão sempre ao nosso alcance para exercer.

---

133 *Meditações*, 10.28.

> Se você sofre de febre, terá todos os sintomas que pertence a um homem com febre. O que é suportar bem a febre? Não culpar a Deus ou ao homem; não se afligir com o que acontece, esperar a morte de maneira boa e nobre, fazer o que deve ser feito: quando o médico entrar, não se assuste com o que ele diz; nem se alegre se ele disser "Você está indo bem".[134]

Epicteto gostava de dizer aos seus alunos que, diante de tudo o que estiver lhes acontecendo, eles deveriam adquirir o hábito de se perguntar qual capacidade ou virtude têm para fazer bom uso daquele evento. Da mesma forma, os terapeutas cognitivos perguntam a seus pacientes: "Quais recursos você tem que podem ajudá-lo a lidar melhor com a dor?". Por exemplo, se enfrentarmos uma dor intensa, descobriremos que a natureza nos equipou com o potencial de resistência, e se adquirirmos o hábito de exercer essa virtude, as sensações dolorosas não terão mais domínio sobre nós[135].

Outra maneira útil de abordar a dor é nos perguntar como alguém que experimenta o mesmo tipo de dor ou doença que estamos enfrentando pode lidar com isso de forma mais admirável (modelar a virtude). O que elogiaríamos em outras pessoas na mesma situação? Considere então até que ponto podemos fazer a mesma coisa imitando essas forças ou virtudes.

Como Epicteto, Marco costuma enfatizar que muitas pessoas comuns mostram grande coragem e autodisciplina a serviço de objetivos mundanos, como a ganância ou exibição para impressionar os outros.

> Nada acontece a alguém de modo que essa pessoa não tenha sido anteriormente preparada pela natureza para suportar. As mesmas coisas acontecem com outra pessoa, e esta, ou porque não percebe que elas aconteceram com ela, ou porque quer mostrar sua força mental, permanece firme e inalterada. Não é extraordinário que a ignorância e a presunção se mostrem mais poderosas que a sabedoria?[136]

Porém, Marco lembra a si mesmo que podemos tornar tudo o que nos sucede na vida suportável, sugerindo para nós que é do nosso interesse fazê-lo ou que o dever exige isso de alguma forma. Quando temos uma razão para suportar alguma coisa, tudo fica mais fácil. Como Nietzsche disse: "Quem tem

134 *Discursos*, 3.10.

135 *Handbook*, 10.

136 *Meditações*, 5.18.

um porquê para viver pode suportar quase todos os comos"[137]. Muitas vezes é mais fácil suportar a dor se estivermos confiantes de que isso não está nos prejudicando ou se estamos determinados a realizar algum objetivo. Os pugilistas levam socos sem reclamar para vencer as disputas. Sua capacidade de fazer isso envergonha até mesmo os filósofos, mesmo que estes últimos se considerem motivados por algo infinitamente mais importante: o amor à sabedoria. Não obstante, podemos aprender, observando os outros, que alguém pode suportar grandes dores e dificuldades se estiver suficientemente motivado para fazê-lo.

O ESTOICISMO NA PSICOTERAPIA ANTIGA

Você aprendeu como as técnicas estoicas para lidar com a dor e a doença descritas por Marco se assemelham a algumas das utilizadas na TCC moderna. No entanto, no início do século 20, muito antes da TCC, havia outra abordagem "racional" ou "cognitiva" à psicoterapia que competia com a psicanálise freudiana, mas que atualmente está amplamente esquecida. O psiquiatra e neuropatologista suíço Paul Dubois, autor de *The Psychoneuroses and Their Moral Treatment* (As psiconeuroses e seu tratamento moral), foi o principal pensador do que ficou conhecido como "psicoterapia racional". Dubois acreditava que os problemas psicológicos eram devidos principalmente ao pensamento negativo, que funcionava como uma autossugestão negativa, e ele indicava um tratamento baseado na prática do "diálogo socrático", por meio do qual ele procurava convencer racionalmente os pacientes a abandonarem as ideias insalubres responsáveis por várias condições neuróticas e psicossomáticas. A influência dos antigos estoicos é clara nas referências dispersas que Dubois faz a eles.

> Se eliminarmos dos escritos antigos algumas alusões que lhes deram uma cor local, encontraremos as ideias de Sócrates, Epicteto, Sêneca e Marco Aurélio totalmente modernas e aplicáveis aos nossos tempos.[138]

Dubois estava particularmente interessado na maneira como o estoicismo poderia ser usado para ajudar pacientes de psicoterapia a lidar com dores crônicas e outros sintomas físicos ou psicossomáticos.

---

137 *Meditações*, 10.3; frase conhecida de Victor Frankl's, no livro *Man's Search for Meaning*, atribuída a Friedrich Nietzsche, *O Crepúsculo dos ídolos*.

138 P. Dubois, *SelfControl and How to Secure It*, trans. H. Boyd (Nova York: Funk & Wagnalls, 1909), 108

A ideia não é nova; os estoicos levaram ao último grau essa resistência à dor e ao infortúnio. As linhas a seguir, escritas por Sêneca, parecem ser extraídas de um tratado moderno sobre psicoterapia: "Cuidado para não agravar seus problemas e piorar sua posição com suas queixas. O luto é leve quando a opinião não o exagera; e se alguém encoraja o outro dizendo 'Isso não é nada' ou, pelo menos, 'Isso é leve, vamos tentar suportá-lo, pois isso logo irá terminar', uma pessoa diminui a dor do luto de outra, por acreditar que de fato é assim." E mais adiante: "Uma pessoa é infeliz apenas na proporção em que acredita ser". Verdadeiramente, pode-se dizer, a respeito das dores nervosas, que só se sofre quando se pensa que sofre.[139]

Dubois citou as cartas de Sêneca para ilustrar o papel da paciência e da aceitação, em oposição à preocupação, em ajudar-nos a lidar e evitar exacerbar as doenças físicas. Ele também citou as observações de Sêneca sobre os princípios da filosofia estoica terem sido um consolo durante a doença, agindo sobre ele "como remédio", fortalecendo o corpo e elevando a alma.

No entanto, uma das passagens mais marcantes e memoráveis de Dubois diz respeito a algo que um de seus pacientes disse sobre os estoicos:

> Um jovem em quem tentei incutir alguns princípios de estoicismo em relação às doenças me parou nas primeiras palavras, dizendo: "Eu entendo, doutor; deixe-me te mostrar." E, pegando um lápis, desenhou uma grande mancha preta em um pedaço de papel.
>
> "Isso", disse ele, "é a doença, em seu sentido mais geral, o problema físico – reumatismo, dor de dente, o que você quiser –, problema moral, tristeza, desânimo, melancolia. Se eu o reconheço, fixando minha atenção nele, já traço um círculo na periferia da mancha preta, e ela se torna maior. Se eu o afirmo com ardor, o ponto é aumentado em um novo círculo. Lá estou eu, ocupado com a minha dor, procurando meios de me livrar dela, e o local só se torna maior. Se eu me preocupo com isso, se temo as consequências, se vejo o futuro sombrio, dupliquei ou tripliquei o ponto original."
>
> E, mostrando-me o ponto central do círculo, o problema reduzido à sua expressão mais simples, disse com um sorriso: "Não seria melhor tê-lo deixado como estava?".

139 P. Dubois, *The Psychic Treatment of Nervous Disorders: The Psychoneuroses and Their Moral Treatment* (Nova York: Funk & Wagnalls, 1904), 394–95.

"A pessoa exagera, imagina, antecipa aflições", escreveu Sêneca. Por um longo tempo, contei a meus pacientes desanimados e repeti para mim mesmo: "Não vamos construir uma segunda história para nossa tristeza, lamentando nossa tristeza".[140]

Esse diagrama, acrescentou Dubois, ilustra que "quem sabe sofrer, sofre menos". O ônus da dor ou da doença física é leve quando olhamos para ele objetivamente, sem "desenhar círculos concêntricos" ao seu redor, que multiplicam nosso sofrimento adicionando camadas de medo e preocupação.

No momento em que escreveu *Meditações*, Marco tinha uma relação diferente com a dor em relação à que ele teve quando trocou queixas com Frontão. De acordo com os estoicos, nossa reação inicial à dor ou à doença pode ser natural e razoável, mas amplificar ou perpetuar nosso sofrimento, reclamando sobre isso ao longo do tempo, é antinatural e irracional. Os animais podem gritar de dor e lamber suas feridas por um tempo, mas não ficam pensando nas semanas seguintes ou escrevem cartas para seus amigos reclamando sobre o quanto estão dormindo mal. Marco havia aprendido a sofrer adequadamente e, portanto, a sofrer menos, como Dubois teria dito. Foi assim que ele deve ter enfrentado dores e doenças crônicas ao longo da Primeira Guerra Marcomana, na qual levou Roma à vitória.

140 Dubois, *Self Control*, 235–36.

CAPÍTULO 6

A CIDADE INTERIOR E A GUERRA ENTRE MUITAS NAÇÕES

Era uma emboscada! Hordas e mais hordas de cavaleiros sármatas saíam da floresta, no outro lado do rio Danúbio, para enfrentar os legionários romanos de frente. Alguns se separaram em uma manobra clássica de pinça, flanqueando e cercando os homens que estavam desamparados na zona de matança, a meio caminho do rio congelado. Marco observava em silêncio com seus generais. Os bárbaros costumavam esgueirar-se pelo rio que marcava a linha de frente para invadir assentamentos na província da Panônia. Os romanos haviam aprendido que os cavaleiros inimigos eram mais vulneráveis quando acuados em sua jornada de volta, então, eles os perseguiriam através do rio, na esperança de pegá-los enquanto diminuíam o ritmo para fazer a travessia de volta para as próprias terras. No entanto, às vezes, os invasores estavam apenas levando os romanos para uma armadilha.

Assim que os romanos reconheceram que a emboscada inimiga estava sendo lançada, a infantaria assumiu sua formação defensiva padrão, conhecida como "quadrado vazio". Oficiais e tropas levemente blindadas eram protegidos no lado de dentro por legionários voltados para fora nos quatro lados, seus escudos retangulares se agrupavam firmemente, formando uma parede protetora. Os sármatas conheciam muito bem essa tática. Funcionava enquanto os romanos pudessem manter a formação, mas eles seriam massacrados se uma carga de cavalaria conseguisse romper o quadrado lançando-os em desordem. Por isso os sármatas os haviam atraído para o rio: seus cavalos foram treinados para atacar no gelo. Quando suas lanças colidiam com os escudos dos legionários formando as muralhas defensivas, os romanos escorregavam, perdiam o equilíbrio e caíam como pinos de boliche.

Os sármatas eram um inimigo misterioso e intimidador. Eles eram na verdade uma coalizão de tribos nômades lideradas pelo rei Bandaspus, governante dos iazyges, a mais guerreira entre as tribos. Os homens sármatas eram altos e musculosos, com ferozes olhos azuis, longos cabelos e barbas amarelo-avermelhadas. Esses cavaleiros excepcionais entraram em batalhas, em uma espécie de malha entalhada em cascos. Sua armadura incomum lembrava aos romanos a pele de uma píton, talvez até conjurando imagens de dragões. Dizia-se que os iazyges adoravam o fogo. Eles usavam belos elmos e lutavam com enormes lanças de madeira, com ossos afiados na ponta. No entanto, o que mais chocou os romanos foi a descoberta, ao remover os capacetes dos cadáveres dos sármatas mortos, de que muitos dos guerreiros eram mulheres.

A visão de centenas, talvez milhares, de cavaleiros sármatas avançando no Danúbio congelado deve ter sido aterrorizante. Marco aprendera a contemplar com calma esses temíveis guerreiros e a carnificina do campo de batalha, lembrando-se dos preceitos estoicos que estudara quando jovem. Ele respirou fundo e lentamente enquanto observava a primeira onda de lanceiros colidir contra os escudos romanos. Quase imediatamente, seu general e genro, Claudio Pompeiano, virou-se para ele e sorriu. O plano deles estava funcionando: dessa vez os sármatas tiveram uma surpresa. Os legionários mantiveram a formação perfeitamente quando as lanças atingiram seus escudos, sem causar danos. A infantaria de Marco havia aprendido um novo truque. Homens no interior do quadrado haviam colocado seus escudos no gelo, mantendo-os firmes no lugar. Os legionários que formavam a parede externa então apoiaram o pé traseiro contra os escudos dos camaradas. Até agora, essa tática estava ajudando a estabilizá-los contra o impacto das lanças inimigas.

Enquanto os cavaleiros sármatas se recuperavam do choque de seu ataque fracassado, o contra-ataque romano começou com uma eficiência mortal. Os arqueiros disparavam entre os escudos dos legionários. Os romanos rapidamente agarraram as rédeas dos cavalos e usaram seu próprio peso corporal para fazer os cavalos deslizarem e caírem de lado no gelo, desmontando seus cavaleiros. Os legionários romanos lançaram lanças nos sármatas por trás de seu muro de escudos. O gelo logo ficou coberto de sangue enquanto os corpos se empilhavam. Os bárbaros restantes se viram lutando para manter o equilíbrio. Incapazes de fugir de volta para a segurança da floresta, foram dispersados exatamente onde os romanos queriam. Não demorou muito para que todos estivessem escorregando, envolvidos em um tumulto, romanos lutando com sármatas no gelo sangrento. No entanto, os legionários de Marco foram treinados em luta livre. Se um sármata derrubasse um romano, ele colocaria o agressor em cima dele, deitado de bruços no gelo, depois o chutaria com as duas pernas, jogando-o de costas e invertendo suas posições. Os membros das tribos tinham pouca experiência com esse tipo de combate disciplinado e, apanhados de surpresa pela mudança de tática, acabaram sendo derrotados.

Marco conseguiu inverter a emboscada com sucesso e infligiu uma grande derrota ao rei Bandaspus. Após vários contratempos iniciais, a maré da guerra começou a virar a favor de Roma.

Os sármatas não podiam mais depender do uso do terreno a seu favor. Entrar voluntariamente em uma emboscada obviamente fora uma estratégia perigosa para os romanos. Exigia imensa disciplina e preparação cuidadosa – as tropas haviam treinado em segredo durante os meses de inverno. E acabou funcionando. Eles mantiveram a coragem em uma situação caótica, enfrentando o inimigo mais temível, e conseguiram arrancar a vitória das próprias garras da derrota.

COMO RENUNCIAR AO MEDO

Epicteto ensinou seus alunos a pensar na filosofia estoica como sendo similar ao caduceu, a varinha mágica de Hermes: todo infortúnio é transformado em algo bom por meio do seu toque[141]. Marco aprendeu a se tornar adepto desse tipo de pensamento. Os estoicos viam calmamente os diferentes tipos de infortúnios diários como parte de seu treinamento contemplativo, aprendendo a vê-los com relativa indiferença. De fato, imaginar catástrofes temidas como se realmente estivessem acontecendo pode ser visto como uma espécie de exercício emocional de batalha, uma maneira de se preparar para os piores cenários. Os estoicos ensaiariam mentalmente maneiras de responder a esses eventos com sabedoria e virtude, transformando obstáculos em oportunidades sempre que possível. Uma consequência de abraçar nossos medos é que temos mais chances de transformar criativamente contratempos aparentes em situações vantajosas, como fizeram os romanos em sua batalha no Danúbio. A princípio, essas emboscadas dos sármatas devem ter parecido catástrofes militares para os romanos. E se eles abandonassem a oportunidade de lançar uma armadilha mortal, isso poderia mudar os ventos da guerra? O obstáculo que está no caminho se torna o caminho.

Essas oportunidades apareciam mais prontamente para os líderes estoicos porque eles foram treinados para não ter medo de aparentes infortúnios. Afinal de contas, a sorte favorece os corajosos, como diziam os poetas romanos. No entanto, para os estoicos, o objetivo supremo era permanecer composto e

141 *Discursos*, 3.20.

exercitar a sabedoria mesmo diante de um grande perigo, qualquer que fosse o resultado. Marco diz a si mesmo para sempre lembrar-se, quando começar a se sentir frustrado com os eventos, de que "isso não é um infortúnio, mas sim uma sorte, de poder suportá-lo com nobreza". Após a morte repentina de Lúcio, em 169 d.C., Marco foi inesperadamente deixado sozinho no comando das tropas reunidas ao longo do Danúbio para a Primeira Guerra Marcomana. No final dos seus cinquenta anos, sem nenhuma experiência militar, ele se viu no comando do maior exército já reunido em uma fronteira romana. Estava à frente de cerca de 140 mil homens que aguardavam suas ordens, sem saber o que esperar dele. Deve ter sido incrivelmente assustador. No entanto, ele abraçou completamente seu novo papel e transformou-o em uma oportunidade de aprofundar sua resolução estoica.

Não havia dúvida de que ele arriscara a própria vida ao se posicionar na frente. No início da guerra, a Panônia foi completamente invadida por um enorme exército de coalizão liderado por Ballomar, o jovem rei dos marcomanos. Ballomar secretamente reunira muitas tribos menores, mas também era apoiado por um enorme exército dos poderosos vizinhos dos marcomanos, os quadi. Os romanos haviam sofrido uma derrota catastrófica na batalha de Carnuntum, supostamente perdendo vinte mil homens em um único dia, incluindo o prefeito pretoriano em comando, Furius Victorinus. Mesmo assim, Marco permaneceu muito próximo da ação. Em *Meditações,* ele descreve vividamente a visão de mãos, pés e cabeças decepados, a distâncias perturbadoras de seus corpos[142]. De fato, ele faz questão de anotar que está escrevendo em Carnuntum, a principal fortaleza legionária na linha de frente, e "na Granua, entre os quadi", o que o coloca mais à leste, presumivelmente depois, do outro lado do rio Danúbio, dentro do território inimigo.

Surpreendentemente, dado o perigo que enfrentou, Marco não menciona realmente a ansiedade sobre os terrores da guerra em *Meditações*. Embora, em alguns momentos, parecesse que Marco fosse alguém naturalmente preocupado, queimando ansiosamente o óleo da meia-noite enquanto trabalhava obsessivamente em questões de Estado. No momento em que estava escrevendo essas notas para si mesmo sobre filosofia, ele parecia ter se tornado um homem muito mais calmo e seguro de si. Talvez ele tenha redobrado seus esforços para assimilar o estoicismo após a morte de seu tutor Júnio Rústico,

142 *Meditações,* 8.34.

e isso pode explicar essa transformação. Quando ele chegou a Carnuntum para assumir o comando das legiões, estava fisicamente frágil e era um novato absoluto – uma "velha mulher" de um filósofo, zombou o futuro usurpador, Cássio Avídio. Todos devem ter questionado a competência de Marco para liderar uma campanha tão importante. No entanto, tanto a prática do estoicismo quanto as longas e cansativas guerras contra os marcomanos, quadi e sármatas estavam lentamente moldando seu caráter. Sete anos depois, encontramos um veterano endurecido, e as legiões do norte, que aprenderam a reverenciar seu novo comandante, agora eram ferozmente leais a Marco Aurélio.

Os soldados acreditavam firmemente que os deuses estavam do lado de seu imperador, e eles até atribuíram dois milagres lendários no campo de batalha à presença de Marco Aurélio. O primeiro, chamado "Milagre do Trovão", ocorreu em 174 d.C., quando as tropas alegaram que as orações de Marco haviam disparado um raio que destruíra um mecanismo de cerco usado pelos sármatas. Um mês depois, em julho de 174 d.C., alegou-se que Marco provocou um "Milagre da Chuva". Um destacamento de homens da Legião Trovejante, liderada por Pertinax, viu-se cercado, em número muito reduzido e sem suprimento de água. Segundo um relato, Marco levantou a mão e orou: "Com esta mão que nunca tirou uma vida, eu me volto para Ti e adoro o Doador da vida". (Esse, certamente, seria o Zeus estoico, embora os cristãos mais tarde tenham alegado que Marco estava rezando para o Deus do cristianismo.) Naquele momento, uma tempestade torrencial se seguiu, e, enquanto eles lutavam, dizia-se que os romanos bebiam a água em seus capacetes, misturada com o sangue que escorria de suas feridas.) Como vimos, Marco não era supersticioso. As legiões, no entanto, acreditavam piamente que ele era abençoado pelos deuses e o aclamavam como seu comandante vitorioso. Somos informados de que, quando ele morreu, os soldados choraram copiosamente.

CLÁUSULA DE RESERVA ESTOICA

Então, como Marco pôde superar sua total falta de experiência e se tornar um líder militar tão talentoso? Como permaneceu calmo diante de situações incertas e contra inimigos tão formidáveis? Uma das técnicas estoicas mais importantes empregadas por ele foi a de agir "com uma cláusula de reserva" (*hupexhaire sis*), um termo técnico que menciona pelo menos cinco vezes em *Meditações*. Embora a ideia remonte aos primeiros estoicos, Marco realmente aprendeu a executar todas as ações com cautela e com uma "cláusula de reserva" lendo os *Discursos* de Epicteto[143]. Essencialmente, significa realizar qualquer ação enquanto aceita com tranquilidade que o resultado não está inteiramente sob seu controle. Aprendemos com Sêneca e outros que isso pode assumir a forma de uma advertência, como "Se o destino permitir", "Se Deus quiser" ou "Se nada me impedir". Isso implica que o sujeito deve agir excluindo algo infrutífero: quaisquer suposições sobre o resultado final, quaisquer expectativas de sucesso que se possa ter. Dizemos "cláusula de reserva", aliás, porque nossas expectativas ficam reservadas para o que está dentro de nossa esfera de controle. Estamos perseguindo um resultado externo "com a reserva" de que o resultado não depende inteiramente de nós. "Faça o que você deve, deixe acontecer o que puder", como diz o ditado.

No diálogo de Cícero *Finibus,* o herói estoico romano Cato de Utica usa a imagem memorável de um arqueiro ou lanceiro para explicar esse conceito sutil. O verdadeiro objetivo do arqueiro estoico deveria ser disparar seu arco habilmente, na medida em que isso estivesse ao seu alcance. Porém, paradoxalmente, ele é indiferente a sua flecha atingir ou não o alvo. Ele controla seu objetivo, mas não o voo da flecha. Então, faz o melhor que pode e aceita o que acontecer depois. O alvo – talvez um animal que ele esteja caçando – poderia se mover inesperadamente. Marco talvez tivesse essa analogia em mente quando estava caçando pássaros e javalis selvagens em sua juventude. A virtude consiste em fazer o seu melhor e, no entanto, não se aborrecer se voltar para casa de mãos vazias – normalmente admiramos as pessoas que encaram a vida dessa maneira.

Marco deixa claro que seu objetivo interno é viver com virtude, particularmente com sabedoria e justiça, mas seu objetivo externo, seu ideal desejado, é o bem-estar comum da humanidade (não apenas de seus súditos romanos, aliás). Embora o resultado seja indiferente aos estoicos, é precisamente a ação de buscar o bem comum que constitui a virtude da justiça. De fato, se você obtém sucesso ou fracassa em suas tentativas de beneficiar os outros, ainda pode ser perfeitamente virtuoso desde que seus esforços sejam sinceros. São suas intenções que contam, tanto moral quanto psicologicamente. No entanto, você deve direcioná-las para um resultado apropriado. Por exemplo, agir de acordo com a justiça significa preferir alcançar, se o destino permitir, um resultado

143 *Meditações,* 11.37.

externo que seja justo e benéfico para a humanidade. Marco se refere a isso incontáveis vezes ao longo de *Meditações*.

De fato, enquanto outras escolas filosóficas às vezes aconselhavam seus alunos a preservar sua equanimidade evitando o estresse e as responsabilidades da vida pública, Crísipo dizia aos estoicos que "o homem sábio participará da política, se nada o impedir". O homem sábio, em outras palavras, deseja agir virtuosamente, com sabedoria e justiça na esfera social, na medida em que é capaz de fazê-lo. Entretanto, ao mesmo tempo, ele aceita que o resultado de suas ações não está sob seu controle direto. Não há garantias de que ele possa beneficiar seus concidadãos, mas ele faz o melhor possível de qualquer maneira. Em certo sentido, o estoico pega seu bolo e o come: ele retém seu desapego emocional, ainda assim, agindo no mundo. Como o arqueiro de Cato, seu objetivo é fazer o que estiver dentro de sua esfera de controle da melhor maneira possível, mantendo-se um pouco distante do resultado. Da mesma forma, podemos imaginar que, ao assumir o comando das legiões no norte, Marco poderia ter dito a si mesmo algo do tipo "Vou reprimir os marcomanos e proteger Roma, se o destino permitir".

Mais tarde, os cristãos passariam a acrescentar D.V. (*Deo volente*, "Se Deus quiser") no final de suas cartas, e os muçulmanos igualmente dizem *inshallah* até os dias de hoje. Há uma descrição maravilhosamente clara desse sentimento no Novo Testamento:

> Agora ouça, você que diz: "Hoje ou amanhã iremos a esta ou aquela cidade, passaremos um ano lá, iniciaremos negócios e ganharemos dinheiro". Digo-vos que não sabeis o que acontecerá amanhã. Que é a vossa vida? Sois, apenas, como a neblina que aparece por instante e logo se dissipa. Em vez disso, você deve dizer: "Se for a vontade do Senhor, viveremos e faremos isso ou aquilo".[144]

Marco Aurélio poderia facilmente ter dito essas palavras em referência ao Zeus estoico. Eles nos lembram que nada é certo na vida. Nada está inteiramente sob seu controle, exceto sua própria vontade. Aceitar sempre essa realidade e se preparar com antecedência para enfrentar igualmente o sucesso e o fracasso pode ajudá-lo a evitar sentir raiva, surpresa ou frustração quando os eventos não acontecem como você gostaria. Também pode impedir que você

144 Tiago 4:13–15.

se preocupe com as coisas antes da hora, antecipando que elas poderão dar errado. Naturalmente, concentramos nossa atenção no que é mais importante para nós. Os estoicos tratam seus próprios julgamentos e ações como a única coisa verdadeiramente boa ou ruim. Isso muda inevitavelmente o foco para o presente e diminui o investimento emocional no passado e no futuro. A mente preocupada está sempre ficando muito à frente de si mesma; está sempre em suspense sobre o futuro. O sábio estoico, por outro lado, está fundamentado no aqui e agora.

Marco usa a analogia de um fogo ardente para descrever o homem sábio agindo segundo a cláusula de reserva. Imagine um fogo tão intenso que suas chamas consomem naturalmente tudo o que é lançado sobre ele. Da mesma forma, a mente do sábio, agindo com a cláusula de reserva, adapta-se, sem hesitação, ao que quer que lhe aconteça. Diante do sucesso ou do fracasso, ele faz bom uso de qualquer experiência. Os estoicos só encontram limitações externamente, e não internamente, desde que eles façam a ressalva de que seus desejos serão realizados, se "o destino permitir". Por exemplo, quando as pessoas discordavam de Marco, ele primeiro tentava persuadi-las a ver as coisas de sua perspectiva. No entanto, se persistissem tentando obstruir o que ele acreditava ser um curso justo da ação, ele permaneceria calmo e transformaria o obstáculo em uma oportunidade de exercer outras virtudes, como paciência, contenção ou compreensão. Sua equanimidade permanecia intacta, pois ele nunca desejou o que estava além de seu alcance, o que constitui um dos fundamentos da solução estoica para eliminar a preocupação e a ansiedade[145].

De fato, Marco chega ao ponto de dizer que, se você não age com a cláusula de reserva em mente, qualquer falha imediatamente se tornará um mal para você, ou uma fonte potencial de sofrimento. Por outro lado, se você aceitar que o resultado não poderia ter sido diferente e não estava sob seu controle direto, não sofrerá nenhum dano ou frustração. Dessa maneira, a mente é salva da ansiedade e preservada em sua equanimidade natural, como a esfera sagrada descrita pelo filósofo pré-socrático Empédocles, "redonda e verdadeira", intocável pelo fogo, aço, tirania ou repreensão pública[146]. O poeta Horácio também empregou essa imagem da esfera pura ao descrever o ideal estoico de um homem sábio que é mestre de si mesmo, não tendo medo da pobreza, dos

145 *Meditações*, 4.1; 5.20; 6.50.

146 *Meditações*, 8.41.

grilhões ou da morte, desafiando suas paixões e menosprezando as posições de poder. Um homem "completo em si mesmo, liso e redondo, que evita que elementos estranhos se apeguem à sua superfície polida, que é tal que, quando a fortuna o ataca, somente ela sai ferida"[147]. O infortúnio ocupa espaço em sua mente, pois ele permanece desapegado dos eventos externos, recusando-se a conceder-lhes qualquer valor intrínseco. Também poderíamos simplesmente descrever isso como "adotar uma atitude filosófica" em relação ao resultado de nossas ações: resignar-se ao que quer que aconteça e permanecer imperturbável, aconteça o que acontecer.

A PREMEDITAÇÃO DA ADVERSIDADE

Se todas as ações devem ser realizadas com a cláusula de reserva, com uma aceitação de que podemos falhar, segue-se que devemos antecipar uma série de contratempos que potencialmente podem vir a ocorrer. De fato, os estoicos ampliaram essa estratégia, preparando-se para lidar com as adversidades, visualizando pacientemente todos os principais tipos de infortúnios, um de cada vez, como se já lhes estivessem acontecendo. Eles poderiam se imaginar no exílio, na pobreza, em luto ou sofrendo de uma doença terrível. Como veremos, dar um passo adiante e antecipar a própria morte é algo que desempenha um papel muito especial dentro do estoicismo. A técnica de se expor repetidamente a situações estressantes em pequenas doses, de modo que você construa uma resistência maior aos distúrbios emocionais, é conhecida na psicologia comportamental como "inoculação do estresse". É como se vacinar contra um vírus, e é semelhante ao que passamos a chamar de uma construção da resiliência.

Sêneca chama isso de *praemeditatio malorum*, ou a "premeditação da adversidade". Em *Meditações*, o exemplo mais claro dessa estratégia de meditação prospectiva é quando Marco descreve parte de sua rotina matinal – preparando-se para o dia que se inicia, antecipando vários obstáculos. Enquanto outros estoicos se preocupam com a ameaça de doenças, pobreza, exílio e assim por diante, Marco está claramente mais preocupado em enfrentar problemas interpessoais, como desonestidade, ingratidão ou traição. Ele se imagina encontrando uma variedade de pessoas difíceis, em uma tentativa de se acostumar a lidar com elas.

147 Satire 2.7 em *The Satires of Horace and Persius.*

> Comece a manhã dizendo para si mesmo: vou me encontrar com o intrometido, o ingrato, o arrogante, o enganoso, o invejoso e antissocial.[148]

É fácil ver como essa passagem está relacionada à sua vida como imperador. Marco certamente tinha inimigos no Senado, uma facção que se opunha à sua política militar, e mais tarde enfrentou uma guerra civil em grande escala. Ele afirma que estava cercado na corte por indivíduos que não compartilhavam seus valores e que eram hostis a ele; alguns até o desejavam morto. No entanto, as Guerras Marcomanas em si eram motivadas por traição e engano. O rei Ballomar, dos marcomanos, era um parceiro comercial e um aliado romano. No entanto, ele secretamente conspirou durante anos para lançar seu ataque surpresa em território italiano, levando a guerra aos portais de Roma. Ele aproveitou o auge da Peste Antonina, quando os romanos estavam fracos e as tropas normalmente guarnecidas ao longo do Danúbio ainda estavam voltando das guerras romano-partas. Foi uma enorme traição. Então, quando lemos essa famosa passagem em *Meditações*, devemos ter em mente que Marco estava usando o estoicismo como preparação para lidar com calma não apenas com pequenos incômodos, mas também com grandes crises políticas e militares que mudaram os rumos da história europeia. Roma inteira entrou em pânico com a notícia de que uma imensa horda de guerreiros bárbaros estava a caminho da Itália. Marco reagiu calmamente e com autoconfiança. Ele usou exercícios estoicos como a premeditação da adversidade para se preparar para crises repentinas que teriam deixado outros homens atordoados.

A premeditação da adversidade pode ser útil para enfrentar a raiva e outras emoções negativas, mas suas técnicas são particularmente indicadas para tratar o medo e a ansiedade. Os estoicos definiram o medo como a expectativa de que algo ruim vai acontecer, que é praticamente idêntica à definição proposta por Aaron T. Beck, o fundador da terapia cognitiva moderna. O medo é essencialmente uma emoção focada no futuro, por isso é natural que possamos combatê-lo abordando nossos pensamentos sobre o futuro. Inocular-nos contra o estresse e a ansiedade por meio da premeditação estoica da adversidade é uma das técnicas mais úteis para a construção de resiliência emocional, o que os psicólogos chamam de uma capacidade de longo prazo de suportar situações estressantes sem deixar-se sobrecarregar por elas.

---

148 *Meditações*, 2.1.

A fábula de Esopo "O javali e a raposa" diz respeito à construção da resiliência. Um dia, uma raposa estava andando pela floresta quando viu um javali afiando as presas contra o tronco de uma árvore. A raposa achou isso engraçado e zombou do javali por se preocupar tanto com nada. Quando ela finalmente parou de rir, perguntou: "Por que você está tão inquieto, seu tolo? Não há ninguém aqui para lutar com você!". O javali sorriu e disse: "É verdade, mas se um dia eu ouvir os caçadores chegando, será tarde demais para me preparar para a batalha". A moral é que, em tempos de paz, devemos nos preparar para a guerra, se quisermos estar prontos para nos defender. Os estoicos também usavam momentos de lazer para se preparar e aprender a permanecer calmos diante das adversidades.

HABITUAÇÃO EMOCIONAL

Naturalmente, nem sempre sabemos quais desafios específicos estamos prestes a enfrentar na vida. No entanto, sua resiliência emocional geral pode ser desenvolvida treinando-se com antecedência para lidar com uma ampla variedade de situações. É exatamente isso que os estoicos faziam com a estratégia da premeditação de adversidade. Uma das descobertas mais estabelecidas em todo o campo da pesquisa em psicoterapia moderna é o fato de que a ansiedade tende a diminuir naturalmente durante a exposição prolongada a situações temidas, em condições normais. Essa tem sido a base dos tratamentos de fobia baseados em evidências científicas desde os anos 1950, e também é parte integrante dos protocolos de tratamento modernos para outras formas mais complexas de ansiedade, como transtorno de estresse pós-traumático (TEPT) e transtorno obsessivo-compulsivo (TOC).

Pegue uma pessoa com uma fobia grave de gatos, por exemplo, e coloque-a em uma sala com alguns gatos. Sua frequência cardíaca aumenta, provavelmente quase dobrando em alguns segundos. Mas o que acontece depois? Bem, tudo que sobe desce... Se ela permanecer na sala e não fizer nada além de esperar, sua ansiedade normalmente irá diminuir com o tempo. Isso pode levar apenas cinco minutos ou talvez até meia hora ou mais. No entanto, na maioria dos casos, a frequência cardíaca acabará voltando a algo que se aproxima do nível normal em repouso. Se você a trouxer de volta no dia seguinte e colocá-la na sala com os gatos mais uma vez, normalmente notará que o batimento cardíaco dela voltará a subir, mas não tão alto quanto antes, e tenderá a diminuir mais rapidamente. Se você repetir esse exercício por vários dias, essa pessoa se tornará "habituada" emocionalmente aos gatos, reduzindo a ansiedade a um nível normal ou desprezível.

O fato de essa verdade básica ter sido entendida há muito tempo é bem ilustrado por outra fábula de Esopo, chamada "A raposa e o leão". Um dia, uma raposa passeando pela floresta viu um leão – uma criatura que nunca havia visto antes. Ela ficou paralisada de medo, mas parou para observar à distância, antes de se afastar lentamente. No dia seguinte, voltou ao mesmo local e viu o leão novamente, mas conseguiu se aproximar mais do que antes, escondendo-se atrás de um arbusto por um tempo antes de escapar. No terceiro dia, a raposa voltou, mas dessa vez encontrou coragem para caminhar até o leão e dizer olá, e de alguma forma os dois se tornaram amigos. A moral da história é que a familiaridade não gera desprezo, mas sim indiferença. Podemos esperar que a ansiedade diminua naturalmente com a exposição repetida, em condições normais.

No entanto, o que a literatura estoica não deixa claro é que a situação temida deve ser vivenciada por um tempo consideravelmente maior que o normal para que a ansiedade se habitue adequadamente. De fato, se a exposição for encerrada muito cedo, a técnica poderá ter o efeito contrário, aumentando a ansiedade e a sensibilização à situação temida. Portanto, é importante comparar o que os estoicos recomendam com o que sabemos da pesquisa clínica usando técnicas semelhantes.

A terapia de exposição funciona melhor quando o gatilho que provoca ansiedade está fisicamente presente, como os gatos em nosso exemplo acima. Os terapeutas chamam isso de exposição *in vivo* ou no "mundo real". No entanto, a ansiedade também se habitua quase tão bem, na maioria dos casos, quando a ameaça é apenas imaginada, algo conhecido como exposição *in vitro*, ou "imaginária". Os estoicos perceberam que a exposição a eventos imaginados pode levar à habituação emocional dessa maneira, permitindo que a ansiedade diminua naturalmente. A recomendação que fazem, de retratar regularmente eventos catastróficos, que chamamos de premeditação da adversidade, é essencialmente uma forma de exposição imaginal. A fábula de Esopo "A raposa e o leão" mostra que as pessoas há muito tempo entendiam esse fenômeno, mas ainda é impressionante descobrir uma terapia filosófica que empregou esses achados mais de dois mil anos antes de ser redescoberta pelos terapeutas comportamentais modernos.

No entanto, no caso da exposição imaginal, manter a imagem por tempo suficiente requer paciência e concentração consideráveis, especialmente quando praticada como uma forma de autoajuda sem a orientação de um terapeuta. Imaginar a situação que provoca ansiedade como se fosse um filme curto, ou uma sequência de eventos, com começo, meio e fim, com duração de aproximadamente um minuto, é uma forma simples e eficaz de realizar esse exercício. Eles podem então rever a mesma cena repetidamente, em sua mente, de cinco a quinze minutos ou até mais. Por exemplo, alguém que está ansioso com a possibilidade de perder o emprego pode visualizar ser chamado ao escritório do chefe, dizer que está sendo demitido e depois limpar a mesa e sair etc. Ele poderia imaginar isso como um curta-metragem, sendo reproduzido repetidamente em *loop*. Como observado, a quantidade real de tempo necessário varia, mas a ansiedade deve ter sido reduzida para pelo menos metade do seu nível inicial antes de terminar o exercício. A razão mais comum para o fracasso dessa experiência é que as pessoas terminam esse tipo de exercício de exposição antes que suas emoções tenham tempo suficiente para se habituar. Em outras palavras, é preciso ter paciência.

Os terapeutas costumam pedir que seus pacientes classifiquem o nível de desconforto ou ansiedade sentidos ao assistir a uma cena utilizando uma escala de zero a dez, ou porcentagem. Os pacientes então reavaliam sua ansiedade de tempos em tempos, durante as repetidas exposições imaginais, até que seu nível tenha sido suficientemente reduzido. Por exemplo, a pessoa que tem fobia de gatos pode se imaginar acariciando um gato, até que sua ansiedade diminua de 80% para pelo menos 40% ou até menos, se possível (100% seria a ansiedade mais grave que eles poderiam imaginar sentir, e em 0% não haveria ansiedade). *Nota bene*: é importante enfatizar que qualquer técnica que envolva imaginar cenas perturbadoras deve ser usada com cautela por indivíduos que sofrem de problemas de saúde mental ou por pessoas com propensão a ficar emocionalmente frágeis e pessoas que sofrem de ataques de pânico. Ao fazer isso sozinho, não escolha uma imagem que seja muito difícil de suportar, como uma memória traumática de agressão sexual – em casos como esses, o apoio de um psicoterapeuta qualificado pode ser necessário. No entanto, a maioria das pessoas é capaz de enfrentar com segurança medos e preocupações do dia a dia em sua imaginação.

MUDANÇA PSICOLÓGICA ESPONTÂNEA

A habituação emocional é o processo mais importante a ser desenvolvido durante a exposição imaginal, assim como a premeditação das adversidades. No entanto, podemos ativar um número surpreendente de outros processos psicológicos benéficos quando, paciente e repetidamente, imaginamos eventos estressantes. Os pacientes de terapia que são solicitados a revisar mentalmente situações emocionais dessa maneira podem exibir uma ou mais das seguintes alterações:

1. Habituação emocional, como descrita acima, na qual a ansiedade ou outros sentimentos desaparecem naturalmente com o tempo e são atenuados pela exposição à situação temida.
2. Aceitação emocional, em que gradualmente reduzimos nossa luta contra sentimentos desagradáveis, como dor ou ansiedade, passando a vê-los com maior indiferença e aprendendo a viver com eles – algo que paradoxalmente leva a um alívio do sofrimento emocional.
3. Distanciamento cognitivo, em que cada vez mais vemos pensamentos e crènças com desapego: começamos a perceber que não são as próprias coisas que nos perturbam, mas nossos julgamentos sobre elas.
4. Descatastrofização, pela qual gradualmente reavaliamos nossos julgamentos sobre a gravidade de uma situação, sobre o quão terrível ela nos parece, diminuindo sua importância ao passar de "E se isso acontecer? Como vou lidar?" para "E daí se isso acontecer? Não é o fim do mundo".
5. Testes de realidade, nos quais reavaliamos nossas suposições sobre uma situação para torná-las progressivamente mais realistas e objetivas; por exemplo, reavaliando a probabilidade do pior cenário ou de que algo ruim possa acontecer.
6. Resolução de problemas, quando a revisão repetida de um evento nos leva a descobrir uma solução criativa para algum problema que estejamos enfrentando – talvez como a ideia paradoxal de Marco e seus generais de marchar deliberadamente com sua legião para uma emboscada sármata, a fim de pegar o inimigo em uma armadilha.

7. Ensaio comportamental, pelo qual a percepção de nossa capacidade de lidar com as situações é aprimorada à medida que praticamos, em nossa mente, empregar habilidades e estratégias de enfrentamento de uma maneira cada vez mais refinada – por exemplo, ensaiando mentalmente maneiras assertivas de lidar com críticas injustas até que estejamos mais confiantes em fazê-lo na realidade. Isso pode ser feito por meio da modelagem do comportamento de outros cuja maneira de lidar com alguma situação é admirável e desejamos imitar – imaginamos como eles agiriam e depois nos imaginamos fazendo algo semelhante.

Descobri que informar os pacientes de que outras pessoas costumam experimentar esse tipo de transformação é útil, pois pode tornar os mesmos processos mais perceptíveis em sua própria mente, criando uma maior probabilidade de acontecer espontaneamente. Certamente, também é possível utilizar deliberadamente esses mecanismos mentais empregando várias técnicas psicológicas. Por exemplo, além da premeditação da adversidade, Marco se refere ao uso repetido de dois exercícios estoicos particularmente importantes que se assemelham ao distanciamento cognitivo e à descatastrofização na psicoterapia moderna. Já mencionamos isso e agora estamos prontos para considerar seu uso em relação à preocupação e ansiedade.

A CIDADE INTERNA

Embora Marco quase não fale explicitamente sobre ansiedade, ele frequentemente fala sobre o tipo de paz que o estoicismo oferece, e suas palavras obviamente têm implicações na terapia estoica da ansiedade.Durante o início de seu reinado, após a morte de Antonino, ele viajou para sua vila de férias na Itália, buscando distanciar-se das preocupações da guerra romano-parta e da administração do império. Podemos observar, nas cartas a Frontão, que Marco estava avesso à ideia de afastar-se do trabalho, sentindo que era seu dever atender aos negócios do Estado, embora seus amigos o aconselhassem de que os retiros eram necessários para sua saúde.

No momento em que escreveu as *Meditações*, durante o período das Guerras Marcomanas, os agradáveis retiros eram coisa do passado, e ele estava vivendo longe de Roma. Marco ainda ansiava por suas belas vilas de férias, como a casa da família de Antonino em Lorium, na costa italiana, onde Marco passou grande parte de sua juventude. Ele diz que, às vezes, como muitas outras pessoas, sente um forte desejo de se afastar de tudo e retirar-se para a paz no campo, na praia ou nas montanhas[149]. Entretanto, ele aconselha a si mesmo que sentir a necessidade de escapar do estresse da vida assim é um sinal de fraqueza. O desejo de escapar pode ser o que os estoicos chamavam de "indiferente preferível", mas não é algo que devemos exigir da vida ou sentir necessidade como uma ferramenta de enfrentamento – sentir esse tipo de dependência de poder escapar de situações estressantes apenas cria seus próprios problemas. Marco diz a si mesmo que ele literalmente não precisa se afastar de tudo, porque a verdadeira paz interior vem da natureza de nossos pensamentos, e não de um ambiente natural agradável. Ele diz a si mesmo que a resiliência vem da capacidade de recuperar a compostura onde quer que ele se encontre. Essa é a "cidadela interior" para a qual ele pode se retirar, mesmo nos gelados campos de batalha da campanha do norte.

Marco retorna, com frequência, à analogia de um retiro na montanha. Ele afirma que não faz diferença onde ele esteja ou o que esteja fazendo; o tempo que resta na vida é curto, portanto, ele deve aprender a "viver como se estivesse no topo de uma montanha", independentemente das circunstâncias. De fato, tudo o que nos perturba aqui é exatamente como seria no topo de uma montanha, à beira-mar ou em qualquer outro lugar – o que importa é como escolhemos ver essa situação[150]. Dessa maneira, o estoico pode viver com satisfação e alegria em seu coração, mesmo que os homens estejam contra ele e o ambiente físico em que vive seja torturante. Onde quer que nos encontremos, nossos julgamentos ainda são livres e são a sede de nossas paixões.

A fim de alcançar esse sentimento de paz interior, Marco diz a si mesmo para retirar-se frequentemente não para o topo das colinas, mas para sua própria faculdade da razão, elevando-se acima dos eventos externos e purificando sua mente do apego a eles. Ele acredita que, para fazer isso de forma eficaz, deve refletir, em particular, dois princípios estoicos concisos, mas fundamentais[151].

1. Tudo o que vemos está mudando e logo desaparecerá, e devemos ter em mente quantas coisas já mudaram ao longo do tempo, como as águas

149 *Meditações*, 4.3.

150 *Meditações*, 10.15; 10.23.

151 *Meditações*, 4.3.

dos rios que fluem incessantemente – uma ideia que podemos chamar de contemplação da impermanência.

2. As coisas externas não podem tocar a alma, mas todos os nossos distúrbios surgem de dentro de nós. Marco quer dizer que as coisas não nos perturbam; o que nos perturba são nossos julgamentos de valor sobre elas. No entanto, podemos recuperar nossa compostura separando nossos valores de eventos externos, usando a estratégia que chamamos de distanciamento cognitivo.

Em outras palavras, a paz de espírito pode ser alcançada mesmo no caos do campo de batalha – como Sócrates mostrou – ou no clamor do Senado, desde que mantenhamos a mente em ordem. Marco conclui condensando essa ideia em seis palavras gregas, talvez citando algum autor anterior, que poderíamos traduzir como *O universo é mudança: a vida é opinião.*

DISTANCIAMENTO COGNITIVO PARA A ANSIEDADE

A segunda das duas técnicas fundamentais para garantir a paz já é conhecida para nós, assim como o distanciamento cognitivo. Podemos empregá-la em resposta a situações do mundo real ou durante o tipo de premeditação, ou na técnica de exposição imaginal descrita anteriormente. Embora saibamos que a ansiedade se habitua naturalmente por exposição repetida, e os estoicos provavelmente devem ter observado isso durante o uso da premeditação regular, seu objetivo real era mudar nossas opiniões sobre os eventos externos, e não apenas nossos sentimentos.

Ganhar distância cognitiva é, em certo sentido, o aspecto mais importante do gerenciamento estoico da ansiedade. É isto que Marco quis dizer quando afirmou que a "vida é opinião": que a qualidade de nossa vida é determinada por nossos julgamentos de valor, porque eles moldam nossas emoções. Quando deliberadamente nos lembramos de que projetamos nossos valores em eventos externos e que a forma como julgamos esses eventos nos perturba, ganhamos distância cognitiva e recuperamos nossa compostura mental.

DESCATASTROFIZAÇÃO E A CONTEMPLAÇÃO DA IMPERMANÊNCIA

A primeira técnica básica para alcançar a paz, descrita por Marco acima, está relacionada à descatastrofização, ou a aprender a diminuir a gravidade percebida de uma ameaça de uma "catástrofe total" para um nível mais realista. Novamente, a descatastrofização pode ser aplicada em situações reais ou imaginárias, durante a premeditação das adversidades. Por exemplo, suponha que você esteja preocupado com a reprovação em um exame importante e fique muito ansioso, sentindo que essa reprovação seria o fim do mundo, um desastre total. A descatastrofização implicaria em reavaliar a situação de uma maneira mais equilibrada, para que pareça menos avassaladora e você seja capaz de identificar possíveis maneiras de lidar com isso. Ver as coisas de uma maneira mais moderada e realista tende a reduzir a ansiedade. Você pode enfrentar contratempos, mas é um exagero falar como se eles fossem o fim do mundo.

Comprovadamente, a maioria das pessoas acha mais fácil visualizar uma cena se escrever uma descrição dela primeiro e talvez revisá-la mais tarde. Seguindo o exemplo acima, você pode escrever uma página ou mais sobre como seria perder o emprego: como isso começa, a hora da má notícia, as consequências imediatas etc. Geralmente, as pessoas geralmente percebem que ler a descrição em voz alta várias vezes antes de tentar visualizá-la as ajuda a esclarecer os detalhes e a imaginar a cena com mais vivacidade. Como sempre, é importante deixar de fora a linguagem emotiva ("Eles simplesmente me trataram como lixo e me deixaram de lado") ou julgamentos de valor ("Isso é totalmente injusto!"). Apenas atenha-se aos fatos da maneira mais precisa e objetiva possível.

Perguntar-se "O que vem depois?" algumas vezes pode tirar o foco da parte mais angustiante da cena e remover a aparência catastrófica daquele fato. Por exemplo, o que aconteceria após a perda de seu emprego? Pode ser difícil por um tempo, mas eventualmente você encontrará outra ocupação, e sua vida seguirá em frente. Outra técnica simples e poderosa é perguntar a si mesmo como você se sentiria sobre a situação que o preocupa em dez ou vinte anos, olhando para trás do futuro. É um exemplo de uma estratégia mais geral conhecida como "projeção no tempo". Em outras palavras, você pode ajudar você mesmo a desenvolver uma atitude filosófica em relação à adversidade perguntando: "Se isso me parecer trivial daqui a vinte anos, então por que eu não deveria ver isso como trivial hoje, em vez de me preocupar como se fosse uma catástrofe?". Você sempre descobrirá que mudar sua perspectiva em termos de tempo pode transformar a maneira como você se sente em relação a um revés, fazendo com que pareça menos catastrófico.

ADIAMENTO DAS PREOCUPAÇÕES

Nas últimas décadas, pesquisadores e clínicos obtiveram uma compreensão mais abrangente das maneiras pelas quais as preocupações excessivas podem perpetuar a ansiedade. Por "preocupação", eles estão falando de algo bastante específico: um processo ansioso, exibindo um estilo particular de pensamento. O pensamento preocupado é perseverante – ele continua repetidamente. Tende a envolver pensamentos de "E se?" a respeito das catástrofes temidas: "E se eles ficarem tão bravos a ponto de me demitir? E se eu não conseguir outro emprego? Como vou pagar pela faculdade dos meus filhos?". Muitas vezes, essas perguntas parecem impossíveis de responder. Uma pergunta apenas leva a outra, formando uma reação em cadeia que se repete, alimentando a ansiedade. Preocupações severas muitas vezes podem parecer algo fora de controle, mas, talvez surpreendentemente, trata-se de um tipo de pensamento relativamente consciente e voluntário. Às vezes, as pessoas não percebem que o que estão fazendo é se preocupar. Podem confundir isso com a solução de problemas, acreditando que estão tentando "descobrir uma solução" quando, na verdade, estão apenas andando em círculos, piorando cada vez mais a ansiedade.

Ironicamente, existe uma tendência para as pessoas que lutam com a ansiedade de se esforçarem demais para controlar involuntariamente os aspectos da emoção, ao mesmo tempo em que negligenciam o controle dos aspectos voluntários. Já discutimos como os estoicos reconheceram que nossas reações emocionais iniciais geralmente são automáticas. Devemos aceitá-las como naturais, vê-las com indiferença e aceitá-las sem confronto, em vez de tentar suprimi-las. Por outro lado, devemos aprender a cessar os pensamentos voluntários que aparecem em resposta a esses sentimentos iniciais e à situação que os desencadeou. No caso da preocupação, talvez surpreendentemente, é geralmente apenas uma questão de perceber o que estamos fazendo e parar. Um dos principais pesquisadores da psicologia da preocupação, Thomas D. Borkovec, realizou um estudo inovador sobre o "adiamento da preocupação". Ele pediu a um grupo de estudantes universitários para identificar os horários, durante um período de quatro semanas, em que começaram a se preocupar com alguma coisa e a responder adiando o pensamento a respeito, até uma "hora de preocupação" estipulada mais tarde. Usando essa técnica simples, os sujeitos foram capazes de reduzir o tempo gasto com preocupações pela metade, e os outros sintomas de ansiedade também foram reduzidos. O adiamento da preocupação é agora um componente central da maioria dos protocolos de TCC para transtorno de ansiedade generalizada (TAG), uma condição psiquiátrica caracterizada por uma preocupação patológica grave[152]. No entanto, podemos aplicar a mesma abordagem às preocupações cotidianas comuns, como as dos alunos nessa pesquisa.

As etapas a seguir para o adiamento da preocupação se baseiam na estrutura geral que já lhe é familiar:

1. Observar a si mesmo: esteja sempre atento a sinais precoces de preocupação, como franzir a testa ou remexer de certas maneiras – apenas essa consciência muitas vezes inviabiliza o hábito de se preocupar.
2. Se você não conseguir lidar com sua ansiedade imediatamente usando as técnicas estoicas, adie o pensamento até que seus sentimentos diminuam naturalmente, retornando ao problema em um "momento de preocupação" específico de sua escolha.
3. Deixe de lado os pensamentos sem tentar suprimi-los ativamente – em vez disso, apenas diga a si mesmo que os está deixando de lado temporariamente para voltar a eles mais tarde, em local e hora especificados. Técnicas de distanciamento cognitivo podem ser úteis nesse sentido. Você também pode escrever uma ou duas palavras em um pedaço de papel para se lembrar do que o está preocupando, depois dobrá-lo e colocá-lo no bolso para tratar do tema mais tarde.
4. Volte sua atenção para o aqui e agora, expandindo sua consciência através de seu corpo e arredores, e tente perceber pequenos detalhes que você havia ignorado antes. A preocupação corre atrás de catástrofes futuras e, portanto, requer uma desatenção em relação ao momento presente. Torne-se ancorado no aqui e agora: "Esqueça sua mente e recupere os sentidos!".
5. Mais tarde, quando você voltar à preocupação, se ela não parecer mais importante, você pode simplesmente deixá-la de lado. Caso contrário, visualize o pior cenário ou resultado temido que o deixa ansioso, usando a técnica de exposição imaginal ou premeditação da adversidade.

---

152 T. Borkovec e B. Sharpless, "Generalized Anxiety Disorder: Bringing Cognitive-Behavioral Therapy into the Valued Present", em *Mindfulness and Acceptance: Expanding the Cognitive-Behavioral Tradition*, ed. S. C. Hayes, V. M. Follette, and M. M. Linehan (New York: Guilford Press, 2004), 209–42.

6. Use o distanciamento cognitivo dizendo a si mesmo: "Não são as coisas que me incomodam, mas meus julgamentos sobre elas". Você também pode se descatastrofizar descrevendo o evento temido em termos objetivos, sem linguagem emotiva ou julgamentos de valor. Lembre-se de sua natureza temporária perguntando "O que vem depois?" e considerando como as coisas vão progredir com o tempo.

Os estoicos nos dizem que devemos estar constantemente atentos a nossas ações e olhar para impressões perturbadoras, pensamentos automáticos ou imagens que surgem em nosso fluxo de consciência. Em vez de dar nosso consentimento a eles, permitindo-nos ser arrastados para as preocupações, devemos dizer a nós mesmos que são apenas impressões, e não as coisas reais que pretendem representar. Dessa maneira, ganhamos distância cognitiva deles e podemos adiar sua avaliação até estarmos em um estado de espírito melhor para lidar com esses pensamentos. Crísipo disse que, com o passar do tempo, a "inflamação emocional diminui" e, à medida que a razão retorna, encontrando espaço para funcionar adequadamente, pode então expor a natureza irracional de nossas paixões.

Neste capítulo, vimos como os estoicos lidam com preocupações e ansiedade, com foco na cláusula de reserva estoica e na premeditação da adversidade. Muitas das outras técnicas mencionadas nos capítulos anteriores são úteis para lidar com a ansiedade, mas Marco menciona duas em particular que nos permitem focar na transitoriedade de eventos perturbadores: o distanciamento cognitivo e a descatastrofização. Também vimos como a técnica moderna do adiamento de preocupações se assemelha às estratégias de enfrentamento descritas pelos antigos estoicos.

De fato, o estoicismo fornece maneiras muito poderosas de superar o medo e a ansiedade, que muitas vezes se assemelham àquelas apoiadas por pesquisas na TCC moderna. Permanecer fundamentado no presente, detectar a preocupação quando ela começar e ganhar distância cognitiva da preocupação são formas saudáveis e eficazes de lidar com a realidade. Também podemos tirar proveito do processo de habituação emocional, enfrentando pacientemente nossos medos em nossa imaginação por tempo suficiente até que nossa ansiedade diminua. Esse é um benefício inevitável da técnica estoica conhecida como "premeditação da adversidade", mas também podemos nos ajudar a fazer isso empregando descatastrofização verbal e descrevendo o evento temido com uma linguagem muito calma e objetiva, eliminando os julgamentos de valor responsáveis por nossa angústia.

Após décadas de treinamento nessas e em outras técnicas estoicas, Marco conseguiu trabalhar com calma e confiança na defesa do império. A maioria das pessoas em Roma entrou em completo pânico, temendo uma catástrofe iminente nas mãos das hordas de bárbaros que invadiam o norte da Itália. Como imperador, Marco enfrentou um revés após o outro, e ele deve ter se sentido perdido, inúmeras vezes. No entanto, perseverou calmamente diante de grandes adversidades. Lentamente, com seus generais de confiança Pompeiano e Pertinax ao seu lado, Marco começou a ganhar vantagem sobre as tribos do norte.

Zanticus, ainda mais agressivo, substituiu o rei Bandaspus dos iazyges, mas, quando as tropas romanas saíram vitoriosas, ele finalmente se rendeu e iniciou o processo de paz, em junho de 175 d.C. Logo depois, Marco foi aclamado imperador pela oitava vez e ganhou o título de *Sarmaticus*, o conquistador dos sármatas. É relatado que cem mil prisioneiros romanos foram libertados como resultado da vitória. Marco preferiu reassentar muitos milhares de homens e mulheres das tribos germânicas na Itália, em vez de matá-los ou escravizá-los, embora os resultados disso tenham sido ambíguos. No entanto, essa não era uma opção em relação aos agressivos nórdicos e sármatas. Em vez disso, Marco recrutou oito mil de seus cavaleiros para o exército romano, formando uma unidade de cavalaria auxiliar de elite, a maior parte sendo enviada para guarnecer os fortes romanos na Grã-Bretanha. Ele escreveu, em suas anotações, que homens que se orgulham de capturar sármatas como se fossem peixes em uma rede não são melhores que ladrões[153].

No entanto, Marco precisou apressar os estágios finais da Primeira Guerra Marcomana e as negociações de paz que se seguiram com os sármatas, porque uma ameaça ainda maior apareceu subitamente no horizonte. Os preceitos e práticas estoicos que Marco havia seguido durante a Primeira Guerra Marcomana estavam prestes a ser postos à prova mais uma vez. Longe, a leste, um rival havia clamado sua reivindicação ao trono imperial, e isso só poderia significar uma coisa: os romanos estavam prestes a ser divididos em uma guerra civil, que ameaçava destruir o império.

---

153 *Meditações*, 10.10.

CAPÍTULO 7

LOUCURA TEMPORÁRIA

Maio de 175 d.C. As mãos nervosas de um mensageiro entregam uma carta a Cássio Avídio, comandante das legiões sírias e governador-geral das províncias orientais. A carta contém apenas uma única palavra grega, para seu espanto: *emanes* ("Você está louco" – você perdeu a cabeça).

Cássio fica furioso e rasga-a em pedaços. Ele não é alguém com quem se brinque. Na verdade, sua brutalidade se tornara notória. Um de seus castigos favoritos é amarrar homens em grupos de dez e deixá-los se afogar no meio de um rio. Rumores circulavam dizendo que ele havia feito dezenas de inimigos serem amarrados a um poste de quase duzentos pés de altura, incendiando-o, para que por quilômetros seus compatriotas pudessem vê-los serem queimados vivos. Mesmo para os brutais padrões do exército romano, isso era considerado uma crueldade terrível. Ele era conhecido entre suas próprias tropas como um disciplinador rígido, às vezes ao ponto da selvageria. Costumava cortar as mãos de desertores ou quebrava as pernas e os quadris, deixando-os aleijados. Deixá-los viver o resto da vida na miséria era sua maneira de advertir os outros para não desobedecer a suas ordens. No entanto, Cássio também foi um grande herói militar. Próximo ao imperador, foi o segundo comandante mais importante do exército romano, talvez até o segundo homem mais poderoso de todo o império.

A mão de ferro com a qual Cássio comandava suas tropas era lendária, e isso o tornava indispensável para Roma. Marco e Cássio eram amigos de família havia muito tempo, apesar de haver rumores de que Cássio criticava o imperador pelas costas. Marco dizia a seus cortesões: "É impossível fazer homens exatamente como alguém gostaria que eles fossem; devemos usá-los como eles são". Sua reputação de clemência e perdão contrastava totalmente com a severidade de Cássio. No entanto, apesar de suas personalidades opostas, Marco confiava em Cássio como general. Durante a guerra romano-parta, enquanto Lúcio Veros se entregava a seus vícios a uma distância segura de qualquer combate, Cássio alcançou uma vitória impressionante após a outra, perseguindo implacavelmente o rei Vologases dentro do território parta. Ele rapidamente tornou-se o segundo em comando para Lúcio. Perto do final da guerra, no entanto, permitiu que seus homens saqueassem as cidades gêmeas de Ctesifonte e Selêucia, no rio Tigre, onde, segundo relatos, eles contraíram a peste. As tropas que retornara levaram a doença para suas bases legionárias em todas as províncias, e de lá ela se espalhou pelo império. No entanto, Cássio foi recompensado por expulsar os partas da Síria ao ser designado legado imperial (um governador com poderes supremos) da província, respondendo diretamente aos imperadores. Alguns anos depois, em 169 d.C., a morte prematura do imperador Lúcio deixou um vácuo no poder, esperando para ser preenchido.

Em 172 d.C., enquanto Marco estava ocupado com a Primeira Guerra Marcomana, na fronteira norte, uma tribo chamada *bucoli*, ou "pastores", da região noroeste do delta do Nilo, perto de Alexandria, instigou uma revolta contra as autoridades romanas. Era uma grande emergência que exigia que Cássio entrasse no Egito com suas duas legiões sírias, o que significava que deveria receber a autoridade militar *imperium*, igual à do imperador em sua ausência. Os egípcios nativos haviam suportado o peso dos aumentos de impostos necessários para financiar a guerra de Marco no norte. Como resultado, mais e mais deles se voltaram para o banditismo e, finalmente, por desespero, formaram um exército rebelde, liderado por um jovem e carismático sacerdote guerreiro chamado Isidorus. A história diz que um punhado desses homens se disfarçou em roupas de mulher e se aproximou de um centurião romano, fingindo que lhe pagariam um resgate em ouro por seus maridos capturados. No entanto, fizeram uma emboscada, e depois capturaram e sacrificaram outro oficial; segundo relatos, fizeram um juramento sobre suas entranhas sangrentas antes de devorá-las ritualmente. As notícias desse ato terrorista se espalharam rapidamente pelo Egito, e um levante geral se seguiu.

Os bucoli rapidamente ganharam apoio suficiente de outras tribos para cercar e atacar Alexandria. Quando a legião egípcia confrontou os homens da tribo em uma batalha campal, os romanos, em grande desvantagem numérica, sofreram uma derrota humilhante. Os bucoli e seus aliados continuaram sitiando Alexandria por meses, enquanto doenças e a fome devastaram a cidade. Eles teriam saqueado Alexandria se Cássio Avídio e suas tropas não tivessem sido enviados da Síria para aliviar a guarnição alexandrina e acabar com o levante. Ele já havia enfrentado muitos guerreiros tribais, porém, não ousou lançar um contra-ataque direto, mesmo com três legiões sob seu comando. Em vez disso, optou por esperar, semeando dissensões e instigando brigas entre as tribos inimigas até que finalmente foi capaz de dividi-las e conquistá-las. A recompensa de Cássio Avídio foi reter o título *imperium* em todas as províncias do leste, concedendo a ele um *status* e um conjunto de poderes únicos, perigosamente próximos aos de um imperador.

Aos 45 anos, Cássio Avídio tornara-se um herói para seus compatriotas como resultado de suas dramáticas vitórias militares. Sua autoridade foi ainda mais aprimorada por sua linhagem nobre: sua mãe, Julia Cássia Alexandra, era de uma das antigas famílias romanas famosas por sua dureza antiquada. Ela era uma princesa, descendente por parte de pai do rei Herodes, o Grande, da Judeia, e pelo lado materno, de Augusto, o primeiro imperador romano. Ela também reivindicava descendência de outro rei romano, Antíoco IV Epifânio de Commagene, fazendo de Cássio um membro da dinastia imperial selêucida.

Resumindo, Cássio nasceu para governar. Considerando seu *pedigree* nobre e as celebradas vitórias militares, ele sem dúvida acreditava ser um sucessor natural do imperador Lúcio Vero. No entanto, ao norte, Marco havia promovido Cláudio Pompeiano, outro general sírio de origem muito mais humilde. Pompeiano já havia se destacado durante a guerra romano-parta e posteriormente se casou com a filha de Marco, Lucila, a viúva de Lúcio Vero. Ele serviu como o general mais graduado da fronteira norte durante as Guerras Marcomanas e se tornou o braço direito do imperador. Havia até rumores de que Marco havia convidado Pompeiano para se tornar César, embora por algum motivo ele tenha recusado. Parece provável que Cássio tenha achado intolerável a ideia de que um plebeu de seu país pudesse ser promovido acima dele.

Cássio subiu lentamente a escada do poder desde o dia em que o imperador Lúcio morreu. Agora, em 175 d.C., Cássio mantém a autoridade de um imperador no leste por três anos; mas ele ainda tem um degrau para escalar, e Marco Aurélio é a única pessoa que está em seu caminho. A única palavra que ele tem em mãos, *emanes*, vem de Herodes Ático, o sofista que deu aulas de retórica grega a Marco quando jovem. Herodes era conhecido por sua eloquência ao proferir discursos elaborados, mas essa carta tinha um tom lacônico, mais típico dos estoicos do que dos sofistas. Apenas uma palavra era necessária para expressar seu argumento. Impulsionado por seu desejo pelo poder absoluto, Cássio instigara uma guerra civil que ameaçava destruir todo o império, engolindo a vida de milhões de pessoas em um grande derramamento de sangue.

No outro lado do império, a mais de 1.500 milhas de distância, um cavaleiro de expedição exausto chega ao campo do exército em Sirmião, capital da Baixa Panônia (na atual Sérvia). Os soldados que o encontram o levam diretamente para a residência do imperador, no meio do campo. Demorou cerca de dez dias, usando o sistema de retransmissão de emergência, para que as notícias do leste, via Roma, chegassem até a fronteira norte. Ele hesita antes de falar. Suas notícias são tão surpreendentes que ele mal consegue acreditar: "Meu senhor César, o general Cássio Avídio o traiu... A legião egípcia o aclamou imperador!".

O mensageiro traz consigo uma carta do Senado confirmando a notícia: em 3 de maio de 175 d.C., Cássio havia sido aclamado imperador de Roma pela legião egípcia em Alexandria. "Meu senhor, eles estão dizendo a todos que você está morto", explica o mensageiro. A notícia veio de Públio Martius Verus, governador da província romana da Capadócia (na moderna Turquia). Ele havia servido com grande distinção como general, juntamente com Cássio e Pompeiano, na guerra romano-parta. Fundamentalmente, as notícias alarmantes de Públio Martius Verus vêm com a garantia de que ele e as três legiões sob seu comando declararam sua lealdade inabalável a Marco. No entanto, Cássio supostamente havia conseguido apoio para sua rebelião em toda a região situada ao sul da cordilheira Tauro, aproximadamente metade do império oriental. Vários senadores em Roma que se opuseram à campanha marcomana aproveitaram a oportunidade para peticionar a favor de Cássio. Até agora, porém, o Senado como um todo permanecia leal a Marco. No entanto, Cássio é um grande general, com sete legiões sob seu comando. Ele também controla o Egito, o celeiro do império e de longe a província mais rica do leste. Sua capital, Alexandria, é a segunda maior cidade e tem o maior porto do império. Se as exportações do Egito forem cortadas, Roma acabará ficando sem pão, o que levaria a tumultos e saques. O destino do império, portanto, está em jogo.

Marco, de fato, esteve recentemente muito doente, talvez até perto da morte. Com 54 anos e amplamente considerado frágil e com problemas de saúde, ele é assunto de fofocas em Roma há muito tempo. Sua esposa, Faustina, havia viajado de volta a Roma vários meses antes. Segundo rumores, ela estaria assustada com a possibilidade da morte iminente de Marco, instigando Cássio a buscar sua reivindicação ao trono. O único filho sobrevivente de Marco, Cômodo, tem treze anos e está ciente de que, se seu pai morrer ou o trono for usurpado antes de atingir a idade adulta, sua própria vida estará em grave perigo.

Faustina havia planejado que, ao antecipar a morte de Marco, Cássio poderia enganar outros pretendentes ao trono e talvez até salvaguardar a sucessão de Cômodo casando-se com ela. Outros afirmam que Cássio agiu por sua própria iniciativa, criando deliberadamente rumores falsos da morte de Marco para tomar o poder. Ou talvez ele simplesmente tenha agido prematuramente, não por traição, genuinamente enganado por informações falsas que declaravam o imperador morto ou morrendo. No entanto, o Senado ficou em estado de atenção, e imediatamente declarou Cássio inimigo público, confiscando seus bens e os de sua família. Isso serviu apenas para aumentar o conflito. Cássio deve ter sentido que a situação estava ficando fora de controle. Ele não poderia recuar; a guerra civil tornou-se inevitável.

Quaisquer que sejam os motivos de Cássio, Marco agora se vê diante de uma das crises mais graves de seu reinado. O imperador se recuperou de seu último ataque de doença e não perde tempo em responder à insurreição. Ele olha para o rosto de seus generais. Eles já sabem que ele deve se preparar para deixar a fronteira norte e liderar um exército para o leste com grande pressa. As legiões de Cássio podem marchar contra a própria Roma, em um esforço para garantir sua reivindicação ao trono imperial. Essa ameaça iminente levou a cidade a um estado de pânico total e encorajou os críticos de Marco no Senado. No entanto, a reputação de Marco com as poderosas legiões que o servem no Danúbio é, até o momento, inabalável.

Na manhã seguinte, Marco envia um mensageiro com três cartas, uma endereçada ao Senado em Roma, outra a seu aliado Públio Martius Verus na Capadócia e, mais importante, uma terceira a Cássio, no Egito. Sua mensagem é clara: o imperador confirma que está vivo, em boa saúde, e em breve retornará. Agora ele deve tomar rápidas providências para garantir a paz no norte, a fim de que esteja livre para marchar rumo ao sudeste, reforçando os partidários da Capadócia e reprimindo a inquietação ao aparecer pessoalmente. No entanto, seria prematuro abordar suas tropas sobre o incidente até que ele tenha certeza de que uma guerra civil é inevitável. Eles ainda estão lutando contra os focos de resistência entre as tribos do norte, e ele não quer que os bárbaros ao longo do Danúbio recebam as notícias da crise na volta para casa, enquanto as negociações pela paz ainda estão em andamento.

Em particular, ele continua meditando sobre sua reação às notícias. A coisa mais difícil de lidar é com a incerteza da situação. Marco supõe que, em algum nível, Cássio acredite estar fazendo a coisa certa: ele age por ignorância do que é genuinamente certo e errado, pois, como Sócrates e os estoicos ensinaram, nenhum homem faz algo errado conscientemente. Claro, é precisamente dessa atitude filosófica que Cássio se ressente em relação a Marco, porque, para ele, o perdão é apenas um sinal de fraqueza. Isso leva a uma disputa entre suas personalidades, dois modos de governar e duas filosofias da vida: uma rígida e a outra misericordiosa.

Várias semanas se passaram desde que Marco recebeu o despacho do Senado notificando-o de eventos no Egito. Sua primeira ação ao receber notícias da rebelião foi convocar seu filho de treze anos, Cômodo, para Sirmião, onde ganhou a toga *virilis*, tornando-o oficialmente um cidadão romano adulto em preparação para ser aclamado imperador. Ele está sendo recomendado às legiões como herdeiro natural de Marco, a fim de ajudar a anular a reivindicação de Cássio ao trono. As notícias de que o imperador ainda está vivo devem ter chegado aos ouvidos de Cássio, mas não houve nenhuma palavra de recuo de sua parte. No entanto, o fracasso da rebelião de Cássio em se espalhar pela Cordilheira de Taurus, na Capadócia, significa que ele não tem tropas suficientes para garantir a manutenção da Síria contra uma grande ofensiva do exército leal a Marco. No entanto, rumores e inquietação estão crescendo no campo de Marco. Chegou a hora de o imperador se dirigir a seus homens e anunciar que eles marcharão para o sudeste para unir forças com Públio Martius Verus na Capadócia, antes de enfrentar o exército principal de Cássio na Síria.

Marco se prepara para o dia seguinte, contemplando as ações de Cássio e dos senadores que estão trabalhando contra ele. Marco diz a si mesmo, como sempre, que deve estar pronto para aceitar intromissão, ingratidão, violência, traição e inveja[154]. De acordo com os estoicos, os indivíduos tendem a cometer erros morais, porque a maioria não tem uma firme compreensão da verdadeira natureza do bem e do mal. Ninguém nasce sábio, mas devemos nos tornar assim, por meio da educação e do treinamento. Marco acredita que a filosofia o ensinou a distinguir o certo do errado e lhe deu a capacidade de entender a natureza de homens como Cássio, que parecem agir de maneira injusta. Ele lembra que mesmo aqueles que se opõem a ele são seus parentes, não necessariamente de sangue, mas porque são seus concidadãos na comunidade universal, compartilhando o potencial de sabedoria e virtude. Mesmo que

---

154 *Meditações*, 2.1.

possam agir injustamente, eles não podem realmente prejudicá-lo, porque suas ações não podem manchar seu caráter. Enquanto Marco compreende isso, ele não pode ficar com raiva deles ou odiá-los. Aqueles que se opõem a ele passaram a existir, diz ele, para trabalhar em conjunto com ele, assim como as fileiras superior e inferior de nossos dentes trabalham juntas para moer nossos alimentos. Virar-se contra homens como Cássio com raiva, ou mesmo dar-lhes as costas, seria contrário à razão e contra a lei da natureza. Marco lembra a si mesmo que não deve considerar a facção rebelde como inimiga, mas vê-la com benevolência, tanto quanto um médico a seus pacientes. Ele passa um tempo em contemplação silenciosa, sabendo o quanto é importante preservar um estado de espírito racional diante das adversidades, especialmente devido ao tremendo poder investido nele pelo povo romano. Assim que Marco termina essas meditações, ele veste a roupa militar. Pompeiano e vários outros conselheiros o encontram do lado de fora de seu quarto. É hora de abordar as fileiras de legionários reunidas no centro do campo.

Marco os cumprimenta como seus companheiros de batalha. Ele afirma que não há motivos para reclamar ou se sentir amargurado com a rebelião no leste. Ele aceita o que quer que seja como a vontade de Zeus. Ele pede que eles não se zanguem com os céus, e assegura-lhes de seu sincero arrependimento com o fato de que eles devam estar envolvidos em guerra após guerra a seu serviço. Ele deseja que Cássio o tivesse procurado primeiro e discutido seu caso, perante o exército e o Senado. Surpreendentemente, Marco afirma a eles que teria até desistido e abandonado o império sem luta se estivesse convencido de que era a melhor opção para o bem comum. No entanto, é tarde demais para isso agora, pois a guerra já está a caminho.

Ele lembra suas tropas que a reputação delas supera em muito a das legiões orientais e, portanto, elas teriam motivos para serem otimistas. Embora Cássio fosse um de seus generais mais estimados, ele diz, eles não têm nada a temer de "uma águia na cabeça de gralhas" – um comentário que rende algumas risadas sombrias. Afinal, não foi Cássio quem ganhou essas famosas vitórias, mas os próprios soldados que agora estão diante dele. Além disso, o leal Públio Martius Verus estará ao seu lado, um general não menos bem-sucedido do que Cássio Avídio. Marco conta a eles sua esperança de que Cássio ainda possa se arrepender, agora que sabe que o imperador vive. Marco deve imaginar que foi apenas por acreditar erroneamente que ele estava morto que seu general outrora leal o teria traído dessa maneira. Caso contrário, se Cássio persistir em sua rebelião, ele será forçado a pensar novamente, quando souber que Marco Aurélio está marchando contra ele à frente de um exército tão formidável de veteranos do norte. (O historiador romano Cassius Dio apresenta o que ele afirma ser o texto original desse notável discurso.)

Os legionários reunidos ante Marco sabem muito bem que seu amado soberano e comandante é um filósofo da seita estoica. No entanto, o que acontece a seguir deve tê-los deixado atordoados. Marco garante aos seus soldados que seu maior desejo é mostrar clemência.

> Perdoar um homem que cometeu um erro, continuar sendo amigo de alguém que pisou na amizade, continuar sendo fiel a alguém que traiu sua confiança. O que eu digo talvez lhes pareça inacreditável, mas vocês não devem duvidar disso. Pois, certamente, toda a bondade ainda não pereceu inteiramente entre os homens, mas ainda há em nós um remanescente da antiga virtude. No entanto, se alguém não acredita, isso apenas fortalece meu desejo, a fim de que os homens possam ver com seus próprios olhos o que ninguém acreditaria que poderia acontecer. Pois esse seria o único lucro que eu poderia obter com meus problemas atuais se eu fosse capaz de levar o assunto a uma conclusão honrosa e mostrar a todo o mundo que existe uma maneira certa de lidar, mesmo com a guerra civil.

Em outras palavras, isso não é um infortúnio, mas suportá-lo com nobreza é algo muito afortunado. Isso era algo que Rústico e os outros estoicos lhe haviam ensinado quando menino. Não há traço de raiva nas palavras de Marco, embora as notícias da rebelião de Cássio tenham virado Roma de cabeça para baixo e deixado todo o império em tumulto. Os homens servindo sob o comando de Marco o conhecem bem o suficiente para esperar que ele responda com dignidade e calma, mesmo a uma traição tão chocante como essa. Mesmo assim, deve parecer notável, para o legionário comum, parado ali na lama naquele dia, ouvir o imperador Marco Aurélio sumariamente perdoar não apenas esse usurpador, mas também o restante daqueles que se aproximaram dele.

Ao terminar seu discurso às tropas, Marco instrui seu secretário a enviar uma cópia ao Senado. Ele se retira para sua residência mais uma vez, fecha os olhos e continua meditando sobre a melhor forma de lidar com a crise emergente, recorrendo à sua filosofia como orientação.

COMO CONQUISTAR A RAIVA

Marco não tinha uma disposição completamente calma por natureza – ele precisou trabalhar duro para dominar seu temperamento. Na primeira frase das *Meditações*, ele elogia seu avô por ser tão calmo e educado, e, durante todo o resto de suas anotações, ele retorna à questão de dominar a raiva[155]. Sabemos que Marco lutou com seus próprios sentimentos de raiva e trabalhou para se tornar um homem mais calmo e razoável, porque ele próprio afirma isso. Ele conclui o primeiro livro das *Meditações* agradecendo aos deuses por nunca ter cometido ofensas a seus amigos, familiares ou professores, mesmo que às vezes se sentisse inclinado a perder a paciência. Pessoas que sofrem de fadiga e dor crônica, como Marco, muitas vezes podem ser propensas à irritabilidade e raiva. Não deveria nos surpreender se um homem frágil, que dormia mal e era acometido por fortes dores no peito e no estômago, às vezes se sentisse irritado com as inúmeras pessoas que estavam tentando manipulá-lo ou enganá-lo.

Para os estoicos, o estado de raiva total é uma paixão irracional e prejudicial, à qual nunca devemos nos entregar. Porém, como vimos, é da natureza humana ter alguns sentimentos automáticos de irritação em resposta aos problemas da vida. Os estoicos consideram essas "protopaixões" inevitáveis e aceitam sua ocorrência com uma atitude de indiferença. Um estoico pode razoavelmente preferir que alguém se comporte de maneira diferente. Eles podem até tomar determinada ação para detê-los, como Marco fez quando mobilizou seu exército para marchar contra Cássio. Ser estoico claramente não significa ser um capacho passivo. No entanto, o homem sábio não ficará chateado com coisas que estão além do seu controle direto, como as ações de outras pessoas. Os estoicos, portanto, têm uma variedade de técnicas psicológicas que empregam para ajudá-los a neutralizar sentimentos de raiva e substituí-los por uma atitude mais calma, mas igualmente determinada.

Lidar com os sentimentos de raiva cultivando maior empatia e compreensão com os outros é um dos temas recorrentes em *Meditações*. Enquanto a psicoterapia moderna geralmente se concentra na ansiedade e na depressão, os estoicos se debruçavam mais sobre o problema da raiva. De fato, um livro inteiro de Sêneca intitulado *Sobre a raiva*, que sobrevive até os dias de hoje, descreve a teoria estoica e o tratamento dado a essa paixão em grandes detalhes.

155 *Meditações*, 1.1.

Como na maioria dos aspectos da vida, o modelo supremo seguido por Marco aqui era seu pai adotivo. Com o imperador Antonino, ele aprendeu a "gentileza" em primeiro lugar e a suavidade de temperamento. Antonino exibia a "tolerância paciente" com aqueles que criticaram duramente seu manuseio cauteloso dos recursos do império. Marco lembra-se particularmente de quão gentilmente seu pai adotivo aceitou o pedido de desculpas de um funcionário da alfândega em Tusculum em uma ocasião, e que isso era típico de seu caráter gentil. Ao contrário de seu antecessor, Adriano, Antonino nunca foi rude, dominador ou violento com as pessoas, e ele jamais perdeu a paciência. Considerava todas as situações caso a caso, com calma, método e consistência, como se estivesse fazendo isso em seu próprio tempo. Em outra passagem, ouvimos outra vez sobre a disposição gentil de Antonino e "como suportava calmamente aqueles que encontravam uma falha injusta em seu caráter, não apontando nenhuma falha a eles em retorno", assim como "sua tolerância com aqueles que se opunham abertamente a ele, e seu prazer quando alguém apontava uma solução melhor"[156]. A paciência e a gentileza exibidas por Antonino como imperador estavam entre as virtudes mais admiradas e apreendidas por Marco. De fato, Marco era conhecido por manter a calma diante de provocações. No entanto, foi preciso treinamento e prática para superar seus sentimentos de raiva.

Então, que terapia os estoicos prescreveram a esse respeito? Eles acreditavam que a raiva é uma forma de *desejo*: "um desejo de vingança contra alguém que parece ter cometido uma injustiça de maneira inadequada", de acordo com Diógenes Laertius. Falando de maneira menos formal, podemos dizer que a raiva geralmente consiste no desejo de prejudicar alguém, porque achamos que fez algo errado e merece ser punido. Em alguns momentos, pode ser mais um desejo de que alguém possa prejudicá-lo, como em "Espero que alguém lhe dê uma lição!". Isso não é diferente das teorias cognitivas modernas da raiva, que normalmente a definem como algo baseado na crença de que uma regra que é pessoalmente importante para você foi, de alguma forma, violada. A raiva decorre da ideia de que uma injustiça foi cometida ou de que alguém fez algo que não deveria ter feito. A raiva está frequentemente associada à impressão de que você, de alguma forma, foi ameaçado ou prejudicado por outra pessoa, tornando a raiva uma companheira íntima do medo: "Ele fez algo a mim que não deveria ter feito – isso é muito errado!". Não é de surpreender que o

156 *Meditações*, 1.16; 6.30.

antídoto estoico para a raiva se assemelhe à terapia geral aplicada ao desejo que descrevemos anteriormente. Portanto, vale a pena revisar brevemente as etapas típicas dessa abordagem e considerar como elas se aplicariam a essa paixão:

1. **Observar a si mesmo:** identifique os primeiros sinais de raiva, para cortá-la pela raiz antes que se torne algo maior. Por exemplo, você pode perceber que sua voz começa a mudar, ou que você franze a testa e seus músculos ficam tensos quando você começa a ficar com raiva, ou quando pensa nas ações de alguém como injustas ou violando uma regra pessoal. ("Como ela ousa me dizer isso!")
2. **Distanciamento cognitivo:** lembre-se de que os eventos por si sós não o deixam com raiva, mas seus julgamentos sobre eles acabam causando essa paixão. ("Percebo que estou dizendo a mim mesma 'como ela se atreve a dizer isso', e é esse modo de ver as coisas que me deixa com raiva.")
3. **Adiamento:** espere até que seus sentimentos de raiva tenham diminuído naturalmente antes de decidir como responder à situação. Respire fundo, vá embora e volte algumas horas depois. Se você ainda sente que precisa fazer alguma coisa, então decida com calma a melhor resposta; caso contrário, deixe para lá e esqueça.
4. **Modelando a virtude:** pergunte a si mesmo o que pessoa tão sábia como Sócrates ou Zenão faria. Que virtudes podem ajudá-lo a reagir com sabedoria? No seu caso, pode ser mais fácil pensar em um modelo com o qual você esteja mais familiarizado, como Marco Aurélio ou alguém que você tenha encontrado em sua própria vida. ("Uma pessoa mais sábia tentaria entender, colocando-se no lugar do outro e depois exercitando a paciência quando estiver respondendo...")
5. **Análise funcional:** imagine as consequências de agir dominado pela raiva *versus* agir seguindo a razão e exercendo virtudes como a moderação. ("Se eu deixar minha raiva me guiar, provavelmente vou gritar com ela e entrar em outra discussão, e as coisas ficarão muito piores com o tempo, até que não falemos mais. Se eu esperar até ter me acalmado e, em seguida, tentar ouvir pacientemente, pode ser difícil a princípio, mas provavelmente começará a funcionar melhor com a prática. E depois que ela se acalmar, talvez comece a ouvir a minha perspectiva.")

Os estoicos provavelmente aprenderam o antigo conceito de adiar suas ações até que a raiva diminuísse com os pitagóricos, cuja escola tinha quase sete séculos na época de Marco. Eles eram conhecidos por nunca falar com raiva, mas se retirar por um tempo até que seus sentimentos desaparecessem. Só dariam resposta quando pudessem fazê-lo com calma e racionalidade. Hoje os terapeutas às vezes chamam isso de "intervalo" de raiva, a fim de recuperar a compostura.

Além dessas estratégias básicas, Marco também descreve todo o repertório de técnicas estoicas cognitivas, que focam, antes de qualquer coisa, em abordar as crenças subjacentes que causam nossa raiva. Essas são maneiras diferentes de pensar sobre a situação: perspectivas alternativas. Elas podem ser usadas a qualquer momento. No entanto, é difícil mudar seu ponto de vista enquanto você ainda estiver dominado pela raiva. De fato, um dos erros mais comuns que cometemos é tentar desafiar nossos pensamentos raivosos quando não estamos no melhor estado de espírito para fazê-lo. Em vez disso, use essas estratégias de pensamento antes de enfrentar situações que possam provocar raiva, ou depois de ter tirado um tempo para se recompor. Marco lembrava-se de contemplar algumas dessas ideias logo de manhã, enquanto se preparava para encontrar pessoas difíceis durante o dia que se seguiria.

Em uma das passagens mais impressionantes de *Meditações*, Marco apresenta uma lista de dez estratégias de raciocínio a serem usadas quando ele queria "se proteger de ficar com raiva dos outros"[157]. Ele descreve essas técnicas de controle da raiva como os dez presentes de Apolo e suas nove musas. Apolo é o deus da medicina e da cura – o deus da terapia, poderíamos dizer –, e essas são prescrições psicoterapêuticas estoicas. Em *Meditações*, encontramos inúmeras referências adicionais aos mesmos métodos, que ajudam a esclarecer o que Marco tinha em mente.

1. NÓS SOMOS NATURALMENTE ANIMAIS SOCIAIS, PROJETADOS PARA AJUDAR UNS AOS OUTROS

A primeira estratégia descrita por Marco em resposta à raiva envolve lembrar-se da doutrina estoica de que os seres racionais são inerentemente sociais, projetados para viver em comunidades, ajudando-se mutuamente, em espírito de

157 *Meditações*, 11.18.

boa vontade. Como tal, temos o dever de viver sabiamente e harmoniosamente com nossos semelhantes, a fim de cumprir nosso potencial natural e florescer.

Em uma das citações mais famosas de *Meditações*, a passagem de abertura do livro 2 mencionada anteriormente, Marco descreve estar mentalmente se preparando todas as manhãs para lidar com pessoas problemáticas. Ele acrescenta: "Também não posso ficar zangado com meu parente nem odiá-lo por termos vivido em cooperação", e que obstruir um ao outro sentindo ressentimento ou dando as costas a alguém vai contra nossa natureza racional e social. De fato, ele diz que o bem de uma criatura racional reside, em parte, em ter uma atitude de comunhão com os outros. Marco também chega ao ponto de afirmar que ignorar nossa comunhão com os outros é uma forma de injustiça, vício e impiedade, porque vai contra a natureza[158].

O objetivo estoico de viver em concordância ou harmonia com o resto da humanidade não significa que devemos esperar que todos ajam como nossos amigos. Pelo contrário, devemos estar preparados para conhecer muitas pessoas tolas e cruéis na vida e aceitar isso como um fato inevitável. Não devemos responder a pessoas desagradáveis e inimigos com raiva, mas tratar isso como uma oportunidade de exercitar nossa própria sabedoria e virtude. Os estoicos veem as pessoas problemáticas como se fossem uma receita de um médico ou de um parceiro de treinamento designado por um treinador de luta livre. Nós existimos um para o outro, diz Marco, e, se não podemos educar aqueles que se opõem a nós, temos que aprender pelo menos a tolerá-los[159].

Esses desafios nos ajudarão a crescer em virtude e a tornar-nos mais resilientes. Se ninguém nunca testou sua paciência, você não teria a oportunidade de demonstrar virtude em seus relacionamentos. Em *Elogio a Marco Aurélio*, uma obra de ficção histórica do século 18 baseada nas histórias romanas, o professor estoico Apolônio é retratado dizendo: "Existem homens maus – eles são úteis para ti; sem eles, que necessidade haveria de se ter virtudes?".

2. CONSIDERE O CARÁTER DE UMA PESSOA COMO UM TODO

A próxima estratégia envolve imaginar a pessoa de quem você está com raiva de uma maneira mais completa e abrangente – não se concentre apenas nos aspectos de seu caráter ou comportamento que você considera mais irritantes.

158 *Meditações*, 2.1; 5.16; 9.1.

159 *Meditações*, 8.59.

Marco diz a si mesmo para considerar com cuidado o tipo de pessoa que costuma ofendê-lo. Então, imagina-os pacientemente em suas vidas diárias: comendo em suas mesas de jantar, dormindo em suas camas, fazendo sexo, descansando, e assim por diante. Considera como podem ser arrogantes, prepotentes e irritados, mas contempla também os momentos em que estão livres dessas paixões[160]. A ideia aqui é que devemos ampliar nossa consciência, pensar não somente nas ações que foram ofensivas a nós, mas também na outra pessoa como um todo, tendo em mente o fato de que ninguém é perfeito. À medida que ampliamos nossa perspectiva, é provável que diluamos nossa raiva em relação àquela pessoa. Fazer assim pode ser visto como uma variação da técnica de depreciação por análise.

Certamente, Marco afirma que, quando outras pessoas o odeiam, o caluniam, você deve imaginar olhar em suas almas e compreender que tipo de pessoa elas realmente são. Quanto mais você as compreende, mais a hostilidade delas para você parecerá mesquinha e inofensiva. Ele parece ter visto Cássio dessa maneira, o que provavelmente o ajudou a reagir calmamente à súbita crise da guerra civil, enquanto o Senado apresentou uma reação brusca.

Marco diz que, além de se colocar no lugar da outra pessoa, você deve analisar o caráter dela de uma maneira que vá direto para as questões centrais: que tipo de pessoas elas querem agradar, com que finalidade e por meio de que tipo de ações? Quais são seus princípios orientadores na vida, o que elas se ocupam em fazer, como gastam seu tempo? Você deve imaginar suas almas desnudadas diante de você, com todos os seus erros expostos. Se puder imaginar isso, eventualmente, parecerá absurdo para você que a culpa ou o elogio delas tenha alguma autoridade real[161]. De fato, o homem sábio realmente leva em consideração apenas as opiniões daqueles que "vivem de acordo com a natureza" e, portanto, está sempre atento a com que tipo de homem está lidando. Ele entende quem eles são "em casa e na rua, de noite e de dia, em que vícios se afundam e com quem"[162].

Os estoicos acreditavam que as pessoas cruéis carecem fundamentalmente de amor próprio e estão alienadas de si mesmas. Precisamos aprender a simpatizar com elas e vê-las como vítimas de crenças equivocadas ou erros de julgamento, não como maliciosas. Marco diz que você deve contemplar como elas estão

160 *Meditações*, 10.19.

161 *Meditações*, 9.27; 7.62; 6.59; 9.34.

162 *Meditações*, 3.4.

cegas por suas próprias opiniões erradas e compelidas por elas a agir da maneira que fazem – não sabem agir de uma maneira melhor. Se perceber isso, será mais fácil ignorar a censura delas, perdoá-las e, mesmo assim, se opor às ações delas quando necessário. Compreender tudo é perdoar tudo, como diz o ditado.

3. NINGUÉM COMETE ERROS DE PROPÓSITO

Essa afirmação segue o raciocínio exposto anteriormente. É uma afirmação de um dos paradoxos centrais da filosofia de Sócrates e foi adotada pelos estoicos: nenhum homem faz o mal conscientemente, o que também implica que ninguém o faz de propósito. Marco deu a Cássio o benefício da dúvida, assumindo que em algum nível o usurpador acreditava que estava fazendo a coisa certa e estava simplesmente enganado. Em *Meditações,* ele afirma que você deve ver as ações dos outros em termos de uma simples dicotomia: eles estão fazendo o que é certo ou fazendo o que é errado. Se estão fazendo o que é certo, você deve aceitar e deixar de se incomodar com eles. Abandone sua raiva e aprenda com essas pessoas. No entanto, se estão fazendo o que é errado, você deve assumir que é porque não sabem agir de uma maneira melhor. Como Sócrates indicou, ninguém quer cometer erros ou ser enganado; todas as criaturas racionais desejam inerentemente a verdade. Portanto, se alguém está realmente enganado sobre o que é certo, você deve ter piedade dessa pessoa.

Todos se ressentem de ser chamados de cruéis ou desonrosos. Em certo sentido, acreditam que o que estão fazendo é certo ou pelo menos aceitável. Não importa quão perversa aquela conclusão possa parecer, ela é justificada na própria mente de quem a formulou. Se pensarmos constantemente nas outras pessoas como estando enganadas, e não simplesmente sendo maldosas, como privadas de sabedoria para encarar seus desejos, inevitavelmente lidaremos de maneira mais gentil com elas. Marco então afirma que, sempre que você acredita que alguém o tratou injustamente, deve primeiramente considerar sob quais princípios aquela pessoa baseia a própria noção sobre o que é certo e errado. Uma vez que tenha compreendido a maneira de pensar de alguma pessoa, você não terá nenhuma desculpa para ser surpreendido por suas ações, o que deve, naturalmente, diminuir os sentimentos da raiva[163]. Os erros de julgamento acabam compelindo as pessoas a agir de determinada forma, tanto quanto a doença ou a loucura, e devemos aprender a fazer concessões e perdoá-las

163 *Meditações*, 7.63; 7.26.

com base nisso. Da mesma forma, não julgamos as crianças com severidade quando elas cometem erros, pois não sabem o que estão fazendo. No entanto, os adultos ainda cometem os mesmos erros morais que as crianças. Eles não desejam ser ignorantes, mas agem como tal sem ter essa intenção.

Marco acredita que o resto da humanidade merece nosso amor na medida em que são nossos parentes. No entanto, também merecem nossa compaixão, na medida em que desconhecem o bem e o mal, uma condição tão grave quanto a cegueira. Nossos erros morais nos levam a paixões, como a raiva, que facilmente saem do controle. Devemos lembrar que outras pessoas são compelidas a agir de determina forma por sua ignorância, abandonando o sentimento de raiva. Quando em presença de alguém cujo comportamento parece censurável, Epicteto aconselhava seus alunos simplesmente a repetir esta máxima para si mesmos: "Aquilo pareceu certo aos olhos dele"[164].

4. NINGUÉM É PERFEITO, INCLUINDO VOCÊ

Lembrar que as outras pessoas são humanas, e imperfeitas, pode ajudá-lo a receber críticas (ou elogios) delas de uma maneira mais equilibrada e menos emocional. De maneira semelhante, lembrar-se de que você também não é perfeito – nenhum de nós é – pode ajudá-lo a moderar seus sentimentos de raiva. Criticar outras pessoas sem reconhecer nossas próprias imperfeições é agir segundo o princípio de dois pesos e duas medidas. Marco, portanto, lembra a si mesmo que também faz muitas coisas erradas, e é exatamente como os outros a esse respeito. Ele realmente recomenda que, sempre que nos ofendermos com as falhas de outrem, devemos tratar esse fato como um sinal para parar e imediatamente voltar nossa atenção para nosso próprio caráter, refletindo sobre as maneiras semelhantes pelas quais erramos[165]. Ele faz a observação psicológica muito honesta de que muitas vezes se abstém de fazer mal a si mesmo apenas porque tem medo das consequências ou se preocupa com sua reputação. Muitas vezes, tudo o que nos impede de cometer um vício é outro, diz ele (outra ideia que remonta pelo menos a Sócrates). Muitas pessoas evitam o crime, por exemplo, porque têm medo de serem pegas, e não porque são virtuosas. Portanto, mesmo se não cometermos o mesmo erro que

---

164 *Meditações*, 2.13; 10.30; *Handbook*, 42.

165 *Meditações*, 10.30.

os outros, a inclinação ainda pode estar presente. Marco estava disposto a ouvir Cássio porque, apesar de ser imperador, ele não se considerava irrepreensível.

Não existem gurus no estoicismo. Até mesmo os fundadores da escola – Zenão, Cleantes e Crísipo – não se afirmavam como pessoas perfeitamente sábias. Eles acreditam que somos todos tolos, cruéis e, em certa medida, escravizados por nossas paixões. O sábio ideal é perfeito por definição, mas ele é um ideal hipotético, como a ideia de uma sociedade utópica. Ironicamente, a própria raiva que sentimos por aqueles que nos ofendem pode em si ser vista como a evidência de nossa realidade falha. Nossa raiva prova que nós também somos capazes de fazer a coisa errada sob a influência de emoções fortes. Lembrar que o erro é um mal comum da humanidade – incluindo você – pode ajudar a diminuir os sentimentos de raiva. Quando você apontar o dedo com raiva para outra pessoa, lembre-se de que três dedos na mesma mão apontam para sua própria direção.

5. VOCÊ JAMAIS PODE TER CERTEZA DOS MOTIVOS DE OUTRAS PESSOAS

Não podemos ler a mente de outras pessoas, então, não devemos tirar conclusões precipitadas sobre quais são suas intenções. No entanto, sem conhecer as verdadeiras intenções de alguém, nunca podemos realmente ter certeza de que ele está fazendo algo de errado. As pessoas podem fazer coisas que parecem ruins por razões que acreditam ser boas. Marco era, na verdade, um juiz experiente na corte romana, assim como um bom juiz de caráter. Ele lembra a si mesmo que é necessário saber muito sobre outra pessoa antes de podermos emitir uma opinião convicta sobre sua personalidade e motivos – e mesmo assim, nossas conclusões estão baseadas em probabilidades. Da mesma maneira, quando a situação acabou levando a uma guerra civil, Marco assumiu como certo que ele jamais poderia saber com certeza o que se passava no coração de Cássio.

Por outro lado, a raiva pressupõe uma certeza injustificada sobre os motivos de outras pessoas. Os terapeutas cognitivos chamam isso de falácia da "leitura da mente" – chegar a conclusões sobre as motivações de outras pessoas, embora seus reais motivos estejam sempre um pouco velados de nós. Você sempre deve permanecer aberto à possibilidade de que as intenções da outra pessoa não sejam ruins[166]. Considere que existem outras interpretações plausíveis para aquelas ações. Manter a mente aberta o ajudará a diluir seus sentimentos de raiva.

6. LEMBRE-SE DE QUE TODOS NÓS VAMOS MORRER

Marco diz a si mesmo para se concentrar na transitoriedade dos acontecimentos no grande esquema da vida. Ele sugere contemplar o fato de que, tanto ele quanto a pessoa com quem ele está zangado, acabarão mortos e esquecidos. Quando vemos as coisas dessa perspectiva, parece não valer a pena ficar tão perturbado pelo comportamento das pessoas. Nada dura para sempre. Se os eventos parecerão triviais no futuro quando olharmos para eles, então por que deveríamos nos preocupar com eles agora? Contudo, isso não significa que não devemos fazer nada. De fato, mantendo a calma, podemos planejar melhor nossa resposta e agir. Marco não ficou de braços cruzados quando Cássio instigou a guerra civil; ele rapidamente mobilizou um exército enorme para fazer frente à ameaça. Entretanto, jamais permitiu que o medo ou a raiva pudessem prejudicar seu julgamento ao tomar essa decisão.

Meditações, provavelmente, foi escrito antes da guerra civil, mas, quando esta se iniciou, Marco provavelmente adotou a mesma atitude filosófica em relação à rebelião de Cássio. Lembre-se de que esse momento logo passará, ele diz, e as coisas inevitavelmente irão mudar.

Como veremos, a guerra civil acabou sendo de curta duração. Nenhuma estátua de Cássio Avídio permaneceu intacta até os dias de hoje. Hoje em dia, poucas pessoas reconheceriam seu nome, embora ele tenha sido, tecnicamente, um imperador de Roma, embora apenas por alguns meses. Um dia, porém, Marco Aurélio também será esquecido. Ele sempre manteve essa ideia em mente ao tomar decisões. Lembrava-se de não se preocupar com o modo como as gerações futuras o julgariam, mas de fazer apenas o que a razão recomendava como sendo o curso de ação mais correto. Quando nos lembramos de que nada dura para sempre, não parece mais valer a pena ficar bravo com as outras pessoas.

7. É APENAS O NOSSO PRÓPRIO JULGAMENTO QUE NOS CAUSA INQUIETAÇÃO

Não deve ser surpresa que Marco inclua talvez a técnica estoica mais conhecida de todas, aquela que chamamos de distanciamento cognitivo. Quando estiver

166 *Meditações*, 9.33.

com raiva, lembre-se de que não são as coisas ou outras pessoas que o deixam com raiva, mas seus julgamentos sobre elas. Se você deixar de lado seus julgamentos de valor e parar de chamar as ações de outras pessoas de "terríveis", sua raiva diminuirá. É claro que, como Sêneca indicou, existem sentimentos iniciais de raiva que não podemos controlar, o que os estoicos chamam de protopaixões (*pro patheiai*). Nós compartilhamos essas reações emocionais até certo ponto com outros animais, e por isso são naturais e inevitáveis, como a ansiedade do professor estoico durante a tempestade descrita por Gellius. No entanto, Marco afirma que depende apenas de você persistir ou não em seu sentimento de raiva. Talvez não possamos controlar nossa reação inicial, mas podemos, sim, ter controle sobre como reagimos a ela: não é o que acontece primeiro que importa, mas o que você faz a seguir.

Como você pode aprender a fazer uma pausa e ganhar distância cognitiva de seus sentimentos iniciais de raiva, em vez de ser arrastado por eles? Ao perceber que as ações de outra pessoa não podem atingir o seu caráter, afirma Marco. O que realmente importa na vida é se você é uma pessoa boa ou má, e isso depende apenas de você. As outras pessoas podem danificar suas propriedades ou até mesmo o seu corpo, mas não podem prejudicar o seu caráter, a menos que você permita. Como Marco esclarece, se você deixar de lado a opinião "Estou ferido", o sentimento de ter sido ferido desaparecerá, e, quando o sentimento se for, também não haverá nenhum dano real[167]. Porém, muitas vezes, apenas lembrar-se de que não são os eventos que o deixam com raiva, mas seus julgamentos sobre eles, será suficiente para enfraquecer a influência que a raiva tem sobre você.

8. A RAIVA NOS FAZ MAIS MAL DO QUE BEM

Marco frequentemente vincula o distanciamento cognitivo com a técnica seguinte, que chamamos de análise funcional. Pense nas consequências de reagir com raiva e compare-as com as de reagir racionalmente, de maneira calma, com empatia e gentileza. Como alternativa, apenas lembre-se de que a raiva realmente faz mais mal do que bem. Os estoicos gostavam de considerar como a raiva é feia e antinatural – um rosto carrancudo, sombrio, ficando pálido de raiva,

167 *Meditações*, 4.7.

como alguém que sofre de uma doença horrível[168]. Marco vê a imensa feiura da raiva como um sinal de que se trata de algo antinatural e contrário à razão.

Além disso, aonde a raiva nos leva? Muitas vezes, ela é totalmente impotente. Tenha em mente, diz Marco, que os homens continuarão fazendo as mesmas coisas de qualquer forma, mesmo que o façam explodir de raiva[169]. Para piorar, nossa raiva não é apenas fútil, mas também contraproducente. Ele observa que, muitas vezes, é necessário um esforço maior para lidar com as consequências de ter perdido a paciência do que apenas tolerar os próprios atos que nos deixam enraivecidos. Os estoicos acreditam que nos ofendemos porque assumimos que as ações de outras pessoas ameaçam nossos interesses de alguma maneira. No entanto, uma vez que considere que sua própria raiva é uma ameaça maior para você do que aquilo de que está com raiva, inevitavelmente seu domínio começa a ser enfraquecido.

Porém, a raiva em relação ao desrespeito nos causa mais dano que o próprio desrespeito, em um sentido ainda mais fundamental. As ações dos outros são externas a nós e não podem danificar nosso caráter, mas nossa própria raiva nos transforma em um tipo diferente de pessoa, quase como um animal, e, para os estoicos, esse é o maior dano. Marco, portanto, lembra a si mesmo que o vício de outro homem não pode penetrar no seu caráter, a menos que você permita. Ironicamente, a raiva causa mais danos à pessoa que a experimenta, embora ela tenha o poder de detê-la[170]. Sua prioridade, na maioria dos casos, deveria ser agir em relação à própria raiva antes de tentar modificar os eventos que a desencadearam. Ao longo de *Meditações*, Marco frequentemente expressa isso de outra maneira, lembrando-se de deixar o erro com o malfeitor: "Outra pessoa me faz mal? Isso é problema dela, não meu". Quem pratica o mal faz mal a si próprio; quem age injustamente age injustamente consigo mesmo, porque prejudica apenas a si mesmo, afirma Marco. O malfeitor prejudica apenas seu próprio caráter; você não deve se juntar a ele em sua miséria, ao fazer o julgamento de valor de que ele o ofendeu e prejudicou também[171].

Mais uma vez, é tentador imaginar que Marco poderia estar pensando em adversários como Cássio quando se adverte a não ter os mesmos sentimentos em relação a seus inimigos que estes sentem em relação a ele. Da mesma forma,

168 *Meditações*, 7.24.

169 *Meditações*, 8.4.

170 *Meditações*, 8.55; 7.71.

171 *Meditações*, 5.25; 9.4; 9.20.

você não deve começar a acolher o tipo de opinião que os ímpios têm ou aquelas que eles desejam que você tenha. Em suma, a melhor forma de vingança é não rebaixar-se ao nível deles, deixando-se tomar pelo sentimento de raiva[172]. Se alguém te odeia, diz Marco, isso é problema dele. Sua única preocupação deve ser evitar fazer qualquer coisa que mereça ser odiada.

9. A NATUREZA NOS DEU AS VIRTUDES NECESSÁRIAS PARA LIDAR COM A RAIVA

Marco também recomenda aplicar outra técnica estoica conhecida à raiva, aquela que chamamos de contemplação da virtude. Você deve se perguntar que virtude ou capacidade a natureza lhe deu para lidar com a situação que está enfrentando. Você também pode fazer várias outras perguntas estreitamente relacionadas: como as outras pessoas lidam com a raiva? O que meu modelo de inspiração faria nessa situação? O que você admira em certas pessoas quando enfrentam situações que levariam outros a perder a paciência? Marco afirma que você deve aceitar que o mal existe inevitavelmente no mundo e depois perguntar: "Que virtude a Natureza deu ao homem como resposta ao mal em questão?". Ele explica isso comparando virtudes a medicamentos prescritos pela natureza como os "antídotos" ao vício[173].

O principal antídoto para a raiva de Marco é a virtude estoica da bondade, que, juntamente com a equidade, compõe a virtude social cardeal da justiça. Enquanto os estoicos viam a raiva como o desejo de prejudicar os outros, a bondade é essencialmente o oposto: a boa vontade em relação aos outros e o desejo de ajudá-los. No entanto, o que outras pessoas fazem não diz respeito a nós, portanto, devemos exercer a bondade e boa vontade em relação aos outros com a cláusula de reserva em mente, adicionando a ressalva: "Se o destino permitir". Como o arqueiro de Cato, um estoico deve mirar no alvo (de beneficiar os outros), mas ficar satisfeito se tiver agido com bondade e disposto a aceitar tanto o sucesso quanto o fracasso da mesma maneira.

Marco, na verdade, dá um exemplo específico do que quer dizer, descrevendo um encontro imaginário com alguém que estava testando sua paciência com a hostilidade. Ele se imagina encorajando gentilmente a pessoa na direção certa, respondendo com as seguintes falas: "Não, meu filho, fomos feitos para outras coisas; não serei ferido de modo algum, mas você está ferindo a si mesmo".

172 *Meditações*, 7.65; 4.11; 6.6.

173 *Meditações*, 9.42.

Marco diz que devemos falar com delicadeza, lembrando-lhes que os seres humanos devem viver juntos em sociedade, como abelhas e outros animais comunitários, e não viver em confrontos uns com os outros. Não devemos falar de maneira sarcástica ou incluir repreensões severas, mas antes responder com bondade afetuosa em nossos corações. Devemos ser simples e honestos, e não doutriná-los como se falássemos da cadeira de um professor ou tentando impressionar os espectadores. É tentador novamente se perguntar se Marco estava pensando em como deveria falar com alguém como Cássio, ou mesmo com seu próprio filho Cômodo. Para os estoicos, bondade significa, antes de tudo, educar os outros ou desejar que eles se tornem sábios, livres de vícios e paixões. É um desejo de transformar inimigos em amigos, se assim o destino permitir. O exemplo de Marco de agir com bondade realmente implica educar a outra pessoa em duas das estratégias mais importantes mencionadas anteriormente por ele:

1. A raiva causa mais mal a nós do que à pessoa com quem estamos zangados.
2. Os seres humanos são essencialmente criaturas sociais; a natureza nos fez com a intenção não de lutarmos, mas de ajudarmos uns aos outros.

Ele vê isso como outra dicotomia: ou conseguimos educar a outra pessoa e mudar sua opinião, ou não. Se pudermos ensiná-la a ver as coisas de uma maneira melhor, devemos fazê-lo; caso contrário, devemos aceitar esse fato, sem raiva. Marco, portanto, mostra grande consideração pela pessoa com quem está zangado e pensa em maneiras cuidadosas de se reconciliarem. Será que ele aprendeu isso com a maneira como Rústico e outros falaram com ele, corrigindo seu próprio comportamento, quando ainda era jovem?

10. É LOUCURA ESPERAR QUE O OUTROS SEJAM PERFEITOS

Marco descreve essas nove primeiras estratégias como presentes das musas de Apolo, afirmando que devemos guardá-las como presentes em nossos corações. Ele acrescenta mais um conselho do próprio líder das musas: esperar que pessoas más não façam coisas ruins é loucura, porque isso é desejar o impossível. Além disso, aceitar o que eles fazem de errado com os outros e esperar que eles nunca façam mal a você é incoerente e tolo.

Essa estratégia final trata do determinismo estoico: o homem sábio que vê o mundo racionalmente jamais é surpreendido por nada na vida. Esse é outro argumento fundamental do estoicismo. Já sabemos que existem homens bons e homens maus no mundo. Homens maus tendem a fazer coisas ruins. Portanto, seria irracional esperar o contrário. "Almejar coisas impossíveis é uma insanidade, já que é impossível que os iníquos ajam de outra maneira." Desejar que homens maus nunca errem é tão tolo quanto desejar que os bebês nunca chorem e ficar com raiva deles quando o fazem[174]. Podemos facilmente imaginar que Marco havia se preparado para a traição de Cássio dessa maneira. O Senado ficou chocado e foi pego de surpresa, e sua reação precipitada apenas aumentou a possibilidade de uma guerra civil. Marco, por outro lado, reagiu com calma e confiança, como se esperasse que essas coisas acontecessem na vida.

As pessoas dizem "Eu não acredito nisso!" quando estão chateadas, mas geralmente estão descrevendo situações que são muito comuns na vida, como traição, engano ou insultos. Os estoicos perceberam que, nesse sentido, a surpresa não é inteiramente autêntica e acaba exagerando desnecessariamente nossa reação emocional. Por outro lado, alguém com uma atitude mais filosófica pode dizer: "Isso não é surpresa, essas coisas tendem a acontecer – *c'est la vie*". Marco diz a si mesmo: "Tudo o que acontece é tão comum e familiar quanto a rosa na primavera e a fruta no verão", incluindo calúnia e traição. Quando ficamos surpresos com o fato de uma pessoa má agir mal, somos os culpados por esperar o impossível[175]. Podemos antecipar facilmente o tipo de erro que as pessoas cometem, pelo menos em termos gerais, mas, quando eles realmente acontecem, nos comportamos como se fosse algo chocante. Você deve aprender a se perguntar imediatamente essa pergunta retórica quando se sentir ofendido pelo comportamento descarado de alguém: "Seria possível não existirem pessoas desagradáveis no mundo?". Claro que não. Portanto, lembre-se de não exigir o impossível e aplique essa técnica a todas as formas de transgressão. Marco acredita que você será capaz de mostrar bondade com os outros se deixar de lado o choque e a surpresa fingidos e adotar uma atitude mais filosófica em relação ao vício.

Marco usou esses dez presentes de Apolo para lidar com a raiva. Ao longo de *Meditações*, ele retorna várias vezes às seções da lista.

---

174 *Meditações*, 5.15; 12.16.

175 *Meditações*, 4.44; 9.42.

> É um traço humano amar até mesmo aqueles que fazem o que é errado. De modo que, quando alguém comete um erro, e você percebe que se trata de um semelhante, que cometeu um erro por ignorância e não intencionalmente, e lembra-se que em breve vocês dois estarão mortos; então, você imediatamente percebe que, o malfeitor não fez mal a você, pois não foi capaz de modificar o caráter de sua mente, tornando-o pior do que era antes.[176]

Essas são claramente táticas derivadas dos dez presentes de Apolo, assim como são as seguintes.

> Com o que você está descontente? Com a maldade dos homens? Leve essa conclusão a sério, que criaturas racionais foram feitas umas para as outras; essa tolerância faz parte da justiça; esse erro é involuntário; e pense quantos antes disso, depois de passarem suas vidas com inimizades implacáveis, suspeita, ódio e punhais em riste um com o outro, foram dispostos e queimados em cinzas – pense nisso, eu digo, e finalmente pare de se preocupar[177].

No entanto, a estratégia em que Marco se apoia mais fortemente ao lidar com a raiva é o primeiro presente de Apolo e suas musas: ele se lembra de ver os outros como seus parentes, irmãos ou irmãs, e que a natureza deseja que as pessoas trabalhem juntas. Deveríamos ver até nossos inimigos como parte de nossa família. É nosso dever aprender a viver em harmonia com eles, para que nossa vida possa transcorrer sem problemas, mesmo que tentem se opor a nós.

Depois de listar os dez presentes de Apolo, Marco também se lembra de ter este preceito em mãos quando sente que pode perder a paciência: "Ficar com raiva não é viril, mas uma disposição suave e gentil é mais viril, porque é mais humana". Isso é impressionante, porque, como vimos, Cássio o insultou, chamando-o de "velha filosófica". Ele pretendia insinuar que Marco era fraco. No entanto, Marco acreditava que, na realidade, alguém capaz de exercer gentileza e bondade diante da provocação é mais forte e mais corajoso do que aquele que cede à raiva, como Cássio estava propenso a fazer. Enquanto pessoas como Cássio frequentemente confundem essa raiva passional como força, os estoicos

176 *Meditações*, 7.22.

177 *Meditações*, 4.3.

a viam como um sinal de fraqueza. Isso nos leva de volta à nossa história: qual foi o resultado da guerra civil entre Cássio, o falcão, e Marco, a pomba?

A MARCHA PARA SUDESTE E A MORTE DE CÁSSIO

Por meio de meditações diárias como essas, Marco manteve sua famosa compostura diante da rebelião de Cássio. A filosofia o ensinou a antecipar tranquilamente eventos como o surgimento de um possível usurpador. Agora, como estoico, é chegada a hora de reconciliar a aceitação com a ação, enquanto marcha em direção a outra guerra longe de casa. As tropas gradualmente passaram a vê-lo como uma figura abençoada e divina. Seus soldados estão genuinamente impressionados pelo comportamento calmo com o qual ele enfrenta as adversidades – mesmo diante desta, a maior de uma série de traições que enfrentaria ao longo da vida.

Roma está em um estado de histeria após a notícia da rebelião de Cássio, agravada pela resposta instintiva do Senado. As pessoas estão aterrorizadas com a possibilidade de Cássio invadir a cidade na ausência de Marco, saqueando Roma inteira em busca de vingança. Um dos principais oficiais de Marco na fronteira norte, Marcus Valerius Maximianus, já havia sido enviado às pressas para atacar as legiões de Cássio na Síria com um regimento de cavalaria com vinte mil soldados. Marco também enviou o distinto comandante militar Vettius Sabianianus com um destacamento da Panônia para proteger a cidade de Roma, caso as legiões inimigas avançassem pela Itália.

A princípio, Cássio parecia estar em uma posição mais vantajosa. Com as legiões sírias sob seu comando, e o Egito, o celeiro do império, juntando-se à sua causa, outros começaram a se reunir ao redor dele. No entanto, o apoio à sua rebelião não se espalhou para o norte da Síria. As legiões da Capadócia e Bitínia permanecem ferozmente leais a Marco Aurélio. Marco também manteve o apoio geral do Senado romano. Cássio continuou comandando sete legiões: três na Síria, duas na Judeia romana, uma na Arábia e uma no Egito. No entanto, elas representavam menos de um terço das tropas ainda sob o comando de Marco em todo o resto do império. Além disso, as legiões de Marco ao norte são formadas por veteranos formidáveis e altamente disciplinados, enquanto as legiões de Cássio ainda são notoriamente fracas, apesar de suas tentativas draconianas de impor disciplina.

Agora, precisamente três meses e seis dias após Cássio ter sido aclamado imperador, enquanto o exército principal de Marco marcha em direção à Síria, outro mensageiro chega com notícias surpreendentes: enquanto caminhava por seu acampamento, Cássio fora atacado por um centurião chamado Antonio, que o atacou a cavalo, enfiando uma lâmina em seu pescoço enquanto passava. Cássio ficou gravemente ferido, mas quase escapou. No entanto, um oficial subalterno da cavalaria juntou-se à emboscada, e juntos esses dois oficiais deceparam a cabeça do recém-aclamado imperador e estavam a caminho de entregá-la a Marco em uma sacola.

A rebelião de Cássio chegou a esse fim repentino depois que suas legiões descobriram que Marco estava vivo e marchando contra eles. Agora vários dias haviam se passado, e Antonio e seu companheiro chegaram com a terrível evidência do fim do usurpador. Marco os afasta, recusando-se a olhar para a cabeça decepada de um homem que já foi seu amigo e aliado. Ele os instrui a enterrá-la. Embora suas tropas estejam eufóricas, Marco não comemora. Ao perdoar as legiões rebeldes, ele inadvertidamente assinara a sentença de morte de Cássio. Os homens de Cássio simplesmente não tinham mais motivos para lutar contra um exército superior que se aproximava deles do norte. A única coisa entre eles e seu perdão era Cássio, que se recusava a desistir, e assim seu destino foi selado.

Marco foi reconhecido como único imperador novamente em todo o império em julho de 175 d.C. Cássio ganhou uma reputação de ser cruel, volúvel e inconfiável – e no final seus próprios homens deram a ele o mesmo tratamento insensível que ele lhes mostrara ao longo dos anos. A história provou que sua atitude autoritária acabou virando-se contra ele. Por outro lado, Marco era conhecido por sua constância e sinceridade, e quando suas legiões na Capadócia o recompensaram com sua lealdade firme, sua vitória estava garantida. Marco recompensou a Décima Segunda, conhecida como Legião Trovejante, com o título *Certa Constans* ("Certamente constante"), e a décima quinta Legião de Apolo com o título *Pia Fidelis* ("Fiéis e leais"). Cássio, por outro lado, tentou aterrorizar e coagir seus próprios homens a arriscar suas vidas por ele. Ao primeiro sinal de perigo, eles se voltaram contra ele.

Depois que a guerra civil na Síria terminou, Marco não tomou medidas severas contra a família ou aliados de Cássio. Ele apenas mandou executar um punhado de homens envolvidos na conspiração, aqueles que haviam cometido crimes adicionais. Conforme combinado, ele não puniu os legionários sob o comando de Cássio, mas os enviou de volta às suas posições habituais. Ele também perdoou as cidades que haviam ficado do lado de Cássio. De fato, Marco escreveu uma carta aos "Pais Conscritos" do Senado, pedindo-lhes que agissem com clemência em relação aos envolvidos na rebelião de Cássio. Ele pediu que nenhum senador fosse punido, que nenhum homem de nascimento nobre fosse executado, que os exilados pudessem voltar para casa e que os bens fossem devolvidos àqueles de quem haviam sido apreendidos. Os cúmplices de Cássio deveriam ser protegidos de qualquer tipo de punição ou danos. "Gostaria de poder libertar os condenados também do túmulo", disse ele. Os filhos de Cássio deveriam ser perdoados, juntamente com o genro e a esposa de Cássio, porque não haviam feito nada de errado. Marco foi ainda mais longe e ordenou que eles vivessem sob sua proteção, livres para viajar como quisessem, com a riqueza de Cássio dividida razoavelmente entre eles. Ele desejava poder dizer que somente os que foram assassinados durante a rebelião morreram como resultado dela: não haveria caça às bruxas ou atos de vingança depois. Cômodo agora o acompanhava à Síria e ao Egito, e Marco o recomendou às legiões como seu herdeiro oficial antes de finalmente voltarem para Roma.

Marco, sem dúvida, queria rapidamente restaurar a paz em Roma, a fim de poder retornar à fronteira norte, onde ainda havia muito trabalho a ser feito, e, com sabedoria, mostrou misericórdia pelos senadores que haviam apoiado Cássio. Primeiro, porém, ele achou prudente visitar as províncias do leste para restaurar a ordem por lá. De fato, sua popularidade no leste cresceu consideravelmente como resultado, e há relatos de que as pessoas foram inspiradas a adotar aspectos de sua filosofia estoica.

A imperatriz Faustina morreu na primavera de 176 d.C., meio ano após a repressão da revolta. Havia rumores de que ela tinha cometido suicídio por causa de sua associação com Ávido Cássio. Marco, no entanto, tinha muito respeito por ela, ordenando a deificação após sua morte. Ela permaneceu uma figura imensamente popular, apesar de todos os rumores sobre suas supostas conspirações. Pouco tempo depois da morte de Faustina, Cômodo foi nomeado cônsul, e então, em 177 d.C., coimperador ao lado de Marco. Logo após a morte de Marco, ignorando as ordens de clemência de seu pai, Cômodo teria ordenado que os descendentes de Cássio fossem caçados e queimados vivos como traidores.

CAPÍTULO 8

A MORTE E A VISÃO DE CIMA

Vindobona, 17 de março de 180 d.C. O imperador pede que seu guarda se aproxime e sussurra: "Vá para o sol nascente, porque eu já estou me pondo". Ele mal tem força suficiente para pronunciar essas palavras. Marco vislumbra o medo nos olhos do jovem oficial. O guarda hesita por um momento antes de concordar com a cabeça e voltar ao seu posto na entrada dos quartéis imperiais. Marco puxa o lençol acima da cabeça e rola desconfortavelmente, como se fosse dormir pela última vez. Ele pode sentir a morte chamando-o por todos os lados. Como seria fácil cair no esquecimento e ficar livre da dor e do desconforto de uma vez por todas. A peste está devorando as entranhas de seu velho e frágil corpo. Ele não come há dias, enfraquecendo-se pelo jejum. Agora, quando o sol se põe, tudo está muito quieto. Suas pálpebras tremem, embora a dor o mantenha acordado. O imperador entra e sai do estado consciente. Mas ele não morre.

Ele pensa consigo mesmo: "Seus olhos estão tão pesados agora – é hora deixá-los fechar". A doce sensação de dissolução da consciência começa a pairar sobre ele.

Eu devo ter adormecido ou perdido a consciência novamente. Não sei dizer se meus olhos estão abertos ou fechados. Tudo está escuro. Em breve o sol irá nascer e os pardais cantarão sua música matinal. A primavera chegou e os córregos descongelaram. Suas águas correm para o poderoso rio que passa pelo lado de fora do acampamento.

Os soldados imaginam o espírito do Danúbio como um antigo deus dos rios. Ele silenciosamente oferece a todos uma lição, se apenas pararmos para ouvir: todas as coisas mudam e, em pouco tempo, elas desaparecem. Heráclito disse certa vez que não se pode entrar no mesmo rio duas vezes, porque novas águas estão constantemente fluindo por ele. A própria natureza é uma enorme torrente fluindo, como o Danúbio, varrendo todas as coisas em suas águas correntes. Assim que algo passa a existir, o grande rio do tempo leva-o em suas águas novamente, apenas para trazer outra coisa à vista. O passado há muito esquecido jaz rio acima de mim agora, e rio abaixo está a escuridão imensurável do futuro, a desaparecer de vista.

Não precisarei dos meus remédios e médicos novamente. Estou aliviado, sinto que a confusão acabou. Chegou a hora de deixar o rio me levar também. A mudança é tanto vida quanto morte. Podemos tentar parar o inevitável, mas jamais conseguiremos escapar. É um jogo de tolos.

> Cheio de carnes, bebidas e feitiços mágicos. Tentar desviar o riacho e atracar a morte na enseada[178].

Olhando para trás, parece-me mais claro do que nunca que a vida da maioria dos homens é uma tragédia de sua própria autoria. Os homens deixam-se encher de orgulho ou ser atormentados por queixas. Tudo com que eles se preocupam é frágil, trivial e passageiro. Ficamos sem um lugar para descansar a cabeça. Em meio à torrente de coisas que passam rapidamente, não há nada seguro em que possamos investir nossas esperanças.

Você também pode perder o seu coração para um dos pardais que se aninham à beira do rio – era o que eu costumava dizer. Assim que te encantar, ele sairá voando, desaparecendo de vista. Certa vez, coloquei meu coração nos meus pequenos pardais. Chamei-lhes de meus filhotes no ninho: treze meninos e meninas, dados por Faustina. Agora, só restam Cômodo e quatro das meninas, com rostos tristes e chorando por mim. Os outros foram levados antes do tempo, há muito tempo. A princípio, sofri muito, mas os estoicos me ensinaram tanto a amar meus filhos quanto a suportar quando a natureza os reivindicou. Quando eu estava de luto por meus meninos gêmeos, Apolônio pacientemente me consolou, ajudando-me a recuperar lentamente a compostura. O luto é algo natural – até mesmo alguns animais sofrem com a perda de seus filhotes. Mas há aqueles que vão além dos limites naturais da dor e se deixam levar completamente por pensamentos e paixões melancólicas. O homem sábio aceita sua dor, suporta-a, mas não acrescenta nada a ela.

A natureza também reivindicou meu amado filho Marco Ânio Vero, pouco antes de meu irmão, Lúcio, morrer. Dei a ele o nome que me deram na infância, transmitido por gerações em minha família. Meu pequeno Marco sangrou até a morte na mesa do médico enquanto removiam um tumor debaixo de sua orelha. Só pude lamentar sua morte durante cinco dias antes de ter que sair de Roma para a guerra na Panônia. Mais tarde, o gentil Apolônio me lembraria um ditado de Epicteto: "Apenas um louco procura figos no inverno". Assim é

178 Eurípedes, *As Suplicantes.*

alguém que anseia por seu filho quando seu empréstimo é devolvido à natureza. Eu os amava, de todas as maneiras possíveis, mas aprendi também a aceitar que eles eram mortais.

> Folhas que o vento espalha no chão, assim são as gerações de homens[179].

E o que eram meus filhos, exceto essas folhas? Eles chegaram com a primavera e foram derrubados com a chegada do inverno; outros cresceram para tomar o seu lugar. Eu queria tê-los para sempre, embora sempre soubesse que eles eram mortais. No entanto, o coração que grita "Oh, que meu filho esteja seguro!" é como um olho querendo apenas contemplar paisagens agradáveis, recusando-se a aceitar que todas as coisas mudam, gostemos ou não.

O homem sábio vê a vida e a morte como dois lados da mesma moeda. Quando Xenofonte, um dos estudantes mais nobres de Sócrates, recebeu a notícia de que seu filho havia sido morto em batalha, o que ele disse? "Eu sabia que meu filho era mortal." Ele compreendeu com muita profundidade o preceito de que o que nasce certamente também deve perecer. Eu tinha provas disso desde tenra idade, tendo perdido meu pai, Ânio Vero, quando eu era criança. Eu mal o conhecia, exceto por sua reputação de homem bom e humilde. Minha mãe, Lucila, o enterrou, e, no devido tempo, coube a mim enterrá-la. O imperador Antonino, meu pai adotivo, enterrou sua imperatriz, e então chegou a hora de Lúcio e eu, seus filhos, o colocarmos na tumba e lamentar por sua morte. Então meu irmão, o imperador Lúcio, morreu inesperadamente, e eu o enterrei também. Finalmente, coloquei para descansar minha imperatriz amada, Faustina. Em breve voltarei a encontrá-la quando Cômodo depositar meus restos mortais no grande mausoléu de Adriano às margens do Tibre. Meus amigos farão elogios a mim em Roma e lembrarão às pessoas que Marco Aurélio não se perdeu, mas apenas voltou à natureza. O sol se põe esta noite e me leva junto com ele; amanhã será outro quem se levantará para tomar meu lugar.

Então, agora você está finalmente aqui, Morte, minha velha amiga, com certeza eu posso chamá-la de amiga. Afinal, você já foi minha convidada muitas vezes, recebida pelos portões da minha imaginação. Quantas vezes você me acompanhou enquanto eu imaginava os reinados dos imperadores de muito tempo atrás, enquanto mergulhado em minhas meditações? Tudo é diferente,

179 Homero, *Ilíada*.

mas no fundo é tudo a mesma coisa: indivíduos anônimos se casando, criando filhos, adoecendo e morrendo. Alguns lutam guerras, participam de banquetes, trabalham a terra e trocam seus produtos. Alguns elogiam os outros ou tentam ser elogiados, suspeitam que seus colegas conspiram contra eles ou traçam suas próprias conspirações. Incontáveis dentre eles se envolvem em intrigas, oram pela morte de outras pessoas, resmungam por seus bens, se apaixonam, acumulam fortunas ou sonham com altos cargos ou mesmo com uma coroa. Quantas pessoas cujos nomes nunca conheceremos, com suas vidas acabadas, estão esquecidas, como se nunca tivessem nascido? No entanto, volte seus pensamentos para os poderosos, e que diferença isso faz? A morte bate na porta do palácio do rei e na cabana do mendigo. Augusto, o fundador do império, sua família, antepassados, padres, conselheiros e toda a sua comitiva, onde estão agora? Em nenhum lugar que possa ser visto. Alexandre, o Grande, e seu cocheiro de mulas, ambos reduzidos ao pó, finalmente se igualaram na morte.

E o que dizer das grandes dinastias, agora totalmente extintas? Pense nos esforços que seus ancestrais fizeram para deixar para trás um herdeiro, apenas para que toda a sua linhagem terminasse abruptamente com o epitáfio "Último de sua linhagem" gravado em algum túmulo. E quantas cidades também acabaram destruídas? Nações inteiras foram varridas da história. Perguntado por que ele não estava se regozijando com a aniquilação de Cartago, o grande Cipião chorou e profetizou que um dia até a própria Roma cairá. Todas as épocas da história nos ensinam a mesma lição: nada dura para sempre. Desde a corte de Alexandre, há muito tempo, até as de Adriano e Antonino, entre as quais eu já andei, hoje conhecidas apenas por monumentos e histórias. Os próprios nomes "Adriano" e "Antonino" adquiriram um tom arcaico, como os nomes de Cipião Africano e Catão de Utica inscritos em livros de história. Amanhã meu próprio nome parecerá antigo para os outros, descrevendo uma época passada: "o reinado de Marco Aurélio".

Eu vou me juntar a eles: Augusto, Vespasiano, Trajano e o resto deles. No entanto, é algo indiferente para mim como ou mesmo se devo ser lembrado. Quantos daqueles cujos louvores foram cantados há muito foram esquecidos? E aqueles que cantaram seus louvores também. É vaidade se preocupar com a maneira como a história registrará suas ações. Mesmo agora, estou cercado por pessoas preocupadas demais com o que as gerações futuras pensarão delas. Eles também podem lamentar o fato de que séculos atrás, antes de nascerem, seus nomes eram totalmente desconhecidos. Os lábios da humanidade não podem garantir fama nem glória que valha a pena procurar. O que importa é como eu encaro este momento, que logo chegará ao fim, pois já posso sentir o meu ser se evaporando, caminhando lentamente para a inexistência, como se tudo tivesse sido apenas um sonho.

Morte, quando cavalguei triunfante pelas ruas de Roma ao lado de Lúcio, você estava comigo lá? Os escravos estavam conosco nas carruagens, segurando grinaldas douradas acima de nossas cabeças, sussurrando em nossos ouvidos: "Lembre-se de que você deve morrer". Mesmo quando Lúcio desfilou sua carruagem com ouro, tesouros e centenas de partas capturados, seus legionários estavam trazendo de volta algo muito mais sinistro do leste: a peste que os seguiu até Roma. Levou quatorze anos, mas a doença que fez os romanos mortos serem empilhados em carroças finalmente reivindicou outro César. Os estoicos me ensinaram a morte diretamente nos olhos e a dizer a mim mesmo, com uma honestidade implacável, todos os dias, "Eu sou um mortal" – enquanto isso, permanecendo de bom humor. Dizem que quando Zenão, fundador da nossa escola, era idoso, ele tropeçou e caiu. Ele caiu no chão e brincou: "Eu venho por minha própria vontade; então, por que você me chama?". Agora que também sou um homem velho, e embora você tenha me chamado, venho prontamente encontrá-la, Morte.

No entanto, ainda existem muitos com medo de pronunciar seu nome em voz alta. Os estoicos me ensinaram que não existem palavras que não devam ser pronunciadas. Sócrates foi o primeiro a afirmar que Morte é apenas uma máscara terrível para assustar crianças pequenas. Ele disse: "Amigos, se uma parte infantil de vocês ainda tem medo da morte, vocês devem recitar um feitiço sobre ela todos os dias, até que estejam curados". Se considero a morte como ela é, analisando-a racionalmente, eliminando todas as suposições incrustadas em torno dela, é revelado que ela nada mais é do que um processo da natureza. Olhe o que está por trás da máscara, estude-a e você verá que ela não morde. No entanto, esse medo infantil da morte é talvez o nosso maior obstáculo na vida. O medo da morte nos causa mais mal do que a própria morte, porque nos transforma em covardes, enquanto a morte apenas nos devolve à natureza. Sem dúvida, os sábios e os bons desfrutam a vida, mas não deixam de ter medo de morrer. Nunca estaremos plenamente vivos enquanto tivermos medo do fim? De fato, aprender a morrer, de acordo com os estoicos, é desaprender a ser escravo.

Eu devo morrer, mas devo morrer lamentando? Pois não é a morte que nos perturba, mas nossos julgamentos a respeito dela. Sócrates não temia a morte; ele viu que ela não era boa nem ruim. Na manhã de sua execução, ele tranquilamente informou seus amigos que a filosofia é uma meditação ao longo da vida sobre nossa própria mortalidade. Os verdadeiros filósofos, disse ele, temem seu próprio fim, menos do que todos os outros homens. Pois aqueles que amam a sabedoria acima de tudo estão continuamente treinando para o fim. Praticar a morte com antecedência é praticar a liberdade e preparar-se para deixar a vida de maneira graciosa.

De fato, tenho viajado pela estrada da morte desde o dia em que vim a este mundo. De uma uva verde, a um cacho amadurecido, a uma uva murcha, tudo na natureza tem um começo, meio e fim. Cada estágio do homem tem seu próprio fim ou desaparecimento – infância, adolescência, idade avançada e velhice. Certamente este corpo não é aquele que minha mãe deu à luz. Na verdade, estou em constante mudança, morrendo todos os dias desde que nasci. Se não há nada a temer nisso, então por que devo temer o passo final? E se a morte é uma perda de consciência, por que eu deveria me preocupar? Pois apenas há algo que pode ser bom ou mau, mas a morte não é nada, a mera ausência de experiência. Não é pior que dormir. Além disso, a morte é uma libertação de toda dor, um limite além do qual nossos sofrimentos não podem ir. Retorna-nos ao estado de paz em que estávamos antes mesmo de nascermos. Eu estava morto por inúmeras eras antes do meu nascimento, e isso não me incomodou na época. Eu não era; eu fui; eu não sou; eu não me importo, como dizem os epicuristas.

Pois se não me incomoda nada que meu corpo ocupe apenas uma pequena parte do espaço, então, por que devo ter medo de que ele ocupe apenas uma pequena duração de tempo? De qualquer forma, de outro ponto de vista, não desaparecemos no nada, mas somos absorvidos de volta à natureza. Voltarei à terra da qual meu pai colheu sua semente, minha mãe, seu sangue, minha ama, seu leite e da qual colhi minha comida e bebida diárias. Pois tudo vem, em última análise, de uma fonte, e volta para lá de outra forma. É como se, a partir de uma cera macia, você pudesse moldar um cavalinho, depois uma pequena árvore, depois uma forma humana. Nada é realmente destruído, apenas enviado de volta aos braços da natureza e transformado em outra coisa, repetidamente – uma coisa se torna outra.

Hoje uma gota de sêmen, amanhã uma pilha de cinzas ou ossos. Não é eterno, mas mortal; uma parte do todo, como uma hora é parte do dia. Como uma hora eu devo chegar e como uma hora eu devo passar. Quanto mais nossas mentes compreendem que somos partes do todo desse modo, mais percebemos a fragilidade do nosso próprio corpo. Sempre me lembrei de que não fui feito para viver mil anos e que a morte estaria aqui para mim em breve. Vivi todos os dias como se fossem o meu último, me preparando para este exato momento. Agora que finalmente chegou, percebo que é igual a todos os outros momentos. Eu tenho a opção de morrer bem ou morrer mal. A filosofia me preparou bem o suficiente. Você acha que a vida humana pode parecer algo muito importante, disse Sócrates para um indivíduo de grande alma que compreendeu o tempo e toda a realidade em seus pensamentos? Não. Para uma pessoa assim, nem mesmo a morte parecerá terrível.

Minha alma se dispersa por um tempo, em devaneios sonolentos, oscilando à beira da insensibilidade. Que poder milagroso tem o pensamento, de viajar rapidamente pelo mundo, ou abarcando grandes visões, englobando cada vez mais em seu escopo. Vagando sonhadoramente pelo mundo inteiro e me despedindo, percebo que voei acima dele. Como Zeus, de Homero, olhando para a terra do Monte Olimpo, observando agora as terras dos trácios amantes de cavalos, a Grécia, Pérsia, Índia e o mar escuro como vinho circundando tudo isso. Ou como nosso Emiliano Cipião, que, sonolento na Namíbia, sonhava que era transportado para o alto, podendo contemplar brevemente o mundo dos homens de cima das estrelas.

Há muito venho preparando a minha mente para ter uma perspectiva mais abrangente por meio da prática diária da filosofia. Platão disse que qualquer pessoa que pretenda entender os assuntos humanos deve olhar para todas as coisas terrenas dessa maneira, como se estivesse em uma alta torre de vigia. Todos os dias eu ensaiava, assim como meus professores, imaginando-me subitamente erguido, olhando para a complexa tapeçaria da vida humana do alto. Agora, enquanto a vida se esvai do meu corpo, meus devaneios se transformam em visões, tão reais que é possível tocá-las. As incontáveis coisas sobre as quais os homens brigam me parecem agora tão insignificantes quando vistas deste ponto de vista elevado. Os homens são como crianças, que pensam apenas em quais bugigangas pertencem à sua brincadeira, com suas mentes absortas por medos e desejos estreitos, ficando assim alienados da natureza como um todo.

Posso vê-los agora embaixo de mim, os grandes rebanhos de animais humanos: numerosos trabalhadores cultivando nos campos, comerciantes de todas as nações viajando grandes distâncias e enormes exércitos reunidos para a batalha – todos como formigas correndo pela terra. Sempre ocupada com alguma coisa, uma massa anônima e cheia de gente, vagando pelos inúmeros caminhos litorâneos que se estendem diante dela. Homens, mulheres e crianças, escravos e nobres, os que nascem e os que morrem, casando e se separando, celebrando festivais e lamentando suas perdas; o cansativo estalar de línguas nos tribunais – vejo centenas de rostos de amigos e estranhos passando por mim. Vejo grandes cidades crescendo de assentamentos humildes, prosperando como que por um feitiço, e um dia desmoronando em ruínas desertas. Raças bárbaras em sua infância, lutando em direção à civilização e depois caindo na barbárie novamente; depois das trevas e da ignorância vêm as artes e as ciências, então, a inevitável descida mais uma vez nas trevas e na ignorância. Vejo raças exóticas e desconhecidas escondidas nos cantos mais distantes do mundo. Os muitos ritmos, línguas e diferentes histórias dos homens. As incontáveis vidas de outras pessoas há muito tempo e as vidas que ainda serão vividas daqui a muitos anos depois da minha própria morte. E mesmo que eu estivesse fadado a ser aclamado imperador de Roma, quão poucas pessoas existem no vasto mundo que nem sequer ouviram meu nome, e muito menos que me conheceram por quem eu realmente sou. Aqueles que se lembram logo desaparecerão e também serão esquecidos.

Encontro-me, mais uma vez, maravilhado com a capacidade da alma de se livrar de inúmeros problemas desnecessários dessa maneira. Ampliando-se, abraçando o universo inteiro e refletindo sobre a finitude e a transitoriedade de todas as coisas individuais, a brevidade de toda a nossa vida e a vida dos outros, quando comparadas à eternidade do tempo. Tornamo-nos magnânimos, de grande alma, expandindo nossas mentes e nos elevando acima das coisas triviais, que estão bem abaixo de nós. A alma voa livre quando não está sobrecarregada pelos medos e desejos mundanos e retorna à sua terra natal como uma cidadã de todo o cosmos, transformando sua morada na imensurável vastidão da natureza universal.

Agradeço aos deuses por ter sido incentivado a criar o hábito de imaginar todo o cosmos e contemplar a imensidão do tempo e do espaço. Com os olhos de minha mente, aprendi a situar cada evento particular da vida em contraste com toda a matéria do universo e vê-los como menores que uma semente de figueira, compará-los com a totalidade do tempo, como nada mais do que um girar de um parafuso. Pois o que é impossível de ser visto com olhos mortais é possível de ser compreendido com o intelecto.

Neste momento, diante de mim, forma-se uma imagem mental: a representação de uma esfera brilhante que encerra toda a criação, cada parte distinta, mas mesmo assim uma, reunida em uma única visão. Todas as estrelas do céu, o sol, a lua, a nossa Terra, tanto a terra como o mar, e todas as criaturas vivas, como se fossem vistas dentro de um globo transparente, que quase posso imaginar segurando na palma da minha mão. A partir dessa perspectiva cósmica, em verdade, enfrentar o universo em fúria por todos os problemas da história seria como chorar por um corte em meu dedo mindinho.

Minha vida está no fim, nada permanece – não há mais medos e desejos para me separar do resto da natureza. Vejo diante de mim todo o cosmos, suas formas vastas e as poderosas revoluções realizadas pelos orbes celestes. E me vejo mergulhado profundamente nessa imaginação, atravessando os céus acima, enquanto a força se esvai de meus membros.

Nesse vasto oceano do ser, que ponto diminuto parece ser a nossa Terra. A Ásia e a Europa em sua totalidade são meramente manchas de sujeira, os grandes oceanos nada mais que uma gota de chuva, e a montanha mais alta apenas um grão de areia.

Posso apenas admirar a graça e a majestade das estrelas enquanto minha mente é abençoada por acompanhá-las, e me maravilho ainda mais com a visão de todo o cosmos diante de mim. Que eu possa ser transformado pela proximidade da morte em algo digno da natureza e do cosmos, e não mais um estranho em minha própria pátria. Viajando pela amplitude da natureza, minha mente se expande para uma vastidão que abarca eventos individuais, engolindo-os e fazendo com que pareçam um pequeno ponto em comparação com todo o resto. Onde está a tragédia em incidentes tão insignificantes? Onde está a surpresa ou o espanto?

Aquilo que passei minha vida aprendendo agora vejo em todos os lugares – quando dirijo minha atenção de uma coisa para outra, todos os lados me concedem a mesma visão. O universo é um único ser vivo, com um corpo único e uma consciência única. Toda mente individual é uma partícula minúscula de uma grande mente. Cada criatura viva é como um membro ou órgão de um grande corpo, trabalhando juntas, independentemente de perceberem ou não, para provocar eventos de acordo com um grande impulso inicial. Tudo no Universo está tão intricadamente tecido, formando um único tecido e uma única cadeia de eventos. Antes eu via cada parte separadamente e, com algum esforço, imaginava o todo, mas agora minha visão está completamente transformada. Tendo abandonado o medo e o desejo para sempre, posso ver apenas o todo ao qual cada parte pertence, e isso me parece mais real do que qualquer outra coisa. Tudo o que eu sabia antes, minha vida e opiniões, parecem agora uma névoa através da qual eu vislumbrava a natureza de maneira sombria.

Regozijando-se com essa visão abrangente, meu ser se dilata até se tornar um com a natureza universal infinita. Quão minúscula é a fração do tempo cósmico que foi atribuída a cada uma de nossas vidas. Quão pequeno é esse torrão de terra sobre o qual rastejamos. Quanto mais abraço essa visão com confiança, mais claramente entendo que nada é mais importante na vida, exceto duas coisas simples que devemos fazer: primeiro, devemos seguir a orientação de nossa própria natureza superior, submetendo-nos aos ditames da razão. Segundo, devemos lidar com sabedoria e imparcialidade com o que a natureza universal envia para ser nosso destino, seja prazer, seja dor, louvor ou censura, vida ou morte.

Minha alma ascende aos céus à medida que a vida que me resta agora reflui de meus membros. A diferença entre conhecer e ver de alguma forma deixou de existir. Diante do meu olhar, as constelações me cercam, como aquelas que adornam as paredes nos templos de Mitra. Deslizo sem esforço ao lado delas como um navio navegando sobre as águas mais calmas. Ao meu redor está uma multidão de estrelas, uma horda de seres compostos de pura luz. Nus e sem falhas, eles seguem graciosamente seu curso através dos céus, sem desvios. Como eles diferem dos homens abaixo, na Terra. Nós temos a mesma centelha divina, mas ela está enterrada profundamente dentro de nós, e vivemos como se estivéssemos presos, ancorados na lama por nossa própria loucura e ganância.

A mente do sábio é como uma estrela ou nosso próprio sol, do qual brilham pureza e simplicidade. Tive a sorte de observar essas características em outros. Homens como Apolônio, Júnio Rústico e Cláudio Maximus, com seu próprio exemplo, me mostraram como viver sabiamente, virtuosamente e de acordo com a natureza. Liberto agora de apegos terrestres, sinto minha alma sendo transformada e purificada, revelando dentro de mim um vislumbre da profunda sabedoria que enxerguei nas palavras e ações de meus amados professores. À medida que deixo a vida escapar, aceitando me separar dela, minha mente é finalmente liberta para seguir sua própria natureza verdadeira sem obstruções. Eu vejo as coisas mais claramente do que nunca. O sol não faz o trabalho da chuva ou do vento.

O próprio sol e todas as estrelas do céu estão me dizendo: "Eu nasci para fazer o que estou fazendo". E eu também nasci para seguir minha própria natureza, buscando a sabedoria. Inúmeras estrelas pontuam o céu noturno. Cada uma é diferente das outras, mas todas trabalham juntas, formando toda a abóboda celeste. O homem deveria ser assim: esforçando-se durante toda a vida com paciência para cultivar a pura luz da sabedoria dentro de si e permitindo que ela brilhe em benefício dos outros. Sozinho e ainda assim unido à comunidade de companheiros ao seu redor, vivendo sabiamente e em harmonia com eles. Os antigos pitagóricos estavam certos. Contemplar dessa maneira a pureza e a simplicidade inabaláveis das estrelas é limpar nossa mente da escória terrestre e libertá-la.

Os raios de Apolo caem em todas as direções, mas não estão exaustos. Estendendo-se, a luz solar toca os objetos e ilumina-os sem ser enfraquecida ou contaminada. Ela repousa onde cai, acariciando objetos e expondo suas características, nem se desviando como o vento nem sendo absorvida como a chuva. De fato, a mente do homem sábio é ela mesma como uma esfera celestial que irradia a mais pura luz do sol. A luz se debruça graciosamente sobre as coisas, iluminando-as sem se enredar ou degradar por elas. Para o que não a acolhe, a luz se condena à escuridão. Na mente de alguém que foi purificado, porém, nada é velado ou oculto.

A pura sabedoria, como o fogo ardente de um sol, consome qualquer coisa lançada nela e queima ainda mais. A razão se adapta a qualquer obstáculo, se for permitido, encontrando a virtude certa com a qual responder. Recebemos o dever de cuidar desse corpo insignificante com seus sentimentos indisciplinados, mas somente nosso intelecto é genuinamente nosso. Abandonamos nosso apego a tudo o que é externo, purificando e nos separando das coisas, quando compreendemos firmemente que elas são transitórias e, por fim, indiferentes.

Quando cortamos nossos laços com o passado e o futuro e nos concentramos no momento presente, libertamos nossa alma das coisas externas, deixando-a debruçar-se totalmente no cumprimento de sua própria natureza.

As coisas externas ao nosso próprio caráter, como saúde, riqueza e reputação, não são boas nem ruins. Elas nos apresentam oportunidades para que o homem sábio as use bem, e o tolo, mal. Embora os homens desejem riqueza e outras coisas semelhantes, elas não aprimoram a alma de um homem, tanto quanto um freio de ouro não melhora um cavalo. Nós nos contaminamos com esses elementos externos, misturando-nos e fundindo-nos às coisas quando as confundimos com o bem natural da nossa alma. Elevando-se acima de coisas indiferentes, a mente dos sábios se torna uma esfera bem arredondada, como Empédocles costumava dizer. Ele não se excede, se misturando com coisas externas, nem se afasta delas. Sua luz se espalha uniformemente pelo mundo ao seu redor. Completa em si, lisa e redonda, translúcida e brilhante. Nada se apega à sua superfície, e nenhum dano pode tocá-la.

Ainda sinto a dor ali no meu corpo. Aquela parte de mim que ainda está sangrando e tremendo sob o lençol. Parece muito longe agora. Isso não me incomoda nem um pouco. Em breve outro lapso na consciência virá. Eu acho que será o último. E então me despedirei de mim mesmo com bom humor, sem lamentar qualquer perda. Dou um último passo à frente para encontrar a Morte, não como um inimigo, mas como um velho amigo e parceiro de luta. Apertando os punhos gentilmente e me preparando para o desconhecido e o imprevisto, eu me armo mais uma vez com os preceitos de minha filosofia:

> A duração da vida de um homem é apenas um pequeno ponto no tempo; a substância da vida está sempre fluindo, o sentido é obscuro; e toda a composição do corpo tende à dissolução.

> Sua alma é um vórtice inquieto, a boa sorte é incerta e a fama não é confiável; em outras palavras, como uma corrente apressada são todas as coisas pertencentes ao corpo; como um sonho, ou como vapor, são todas as coisas que pertencem à alma.

A vida é guerra e uma estadia em terra estrangeira. Nossa reputação após a vida não é nada além de esquecimento. Então, o que guiará o homem? Apenas uma coisa: a filosofia, o amor à sabedoria.

E a filosofia consiste nisto: que um homem possa preservar esse gênio interior ou essa centelha divina dentro de si da violência e da injúria, e, sobretudo, das dores ou prazeres prejudiciais; nunca fazer nada sem propósito, falsamente ou hipocritamente, independentemente das ações ou inações de outras pessoas; abraçar com satisfação todas as coisas que lhe acontecem como provenientes da mesma fonte de quem ele próprio veio e, acima de tudo, com humildade e calma, para antecipar a morte como nada mais que a dissolução desses elementos dos quais todo ser vivo é composto.

E se os próprios elementos não sofrem nada com isso, sendo sua conversão perpétua de um para o outro, essa dissolução e alteração, que é tão comum a todos eles, por que isso deveria ser temido por qualquer homem? Isso não está de acordo com a natureza? Mas nada que esteja de acordo com a natureza pode ser mau[180].

Deve estar chegando o amanhecer lá fora, mas não posso mais dizer. Meus olhos estão tão fracos, cercados pela escuridão por todos os lados. Não vou viver para ver outro nascer do sol. Isso não importa.

180 *Meditações*, 2.17.

AGRADECIMENTOS

Gostaria de agradecer a Stephen Hanselman e Tim Bartlett, por seu apoio e aconselhamento em relação a este livro. Também gostaria de agradecer aos meus colegas da Organização Estoicismo Moderno, por compartilharem suas ideias comigo ao longo dos anos e por me ajudarem a chegar à minha própria interpretação do estoicismo.

BIBLIOGRAFIA

Adams, G. W. (2013). *Marcus Aurelius in the Historia Augusta and Beyond. Nova York*: Lexington Books.

Alford, B. A., e A. T. Beck. (1997). *The Integrative Power of Cognitive Therapy. Nova York*: Guilford.

Baudouin, C., e A. Lestchinsky. (1924). *The Inner Discipline.* Londres: Allen & Unwin.

Beck, A. T. (1976). *Cognitive Therapy and the Emotional Disorders.* Middlesex: Penguin.

Beck, A. T., J. A. Rush, B. F. Shaw, e G. Emery. (1979). *Cognitive Therapy of Depression.* Nova York: Guilford.

Birley, A. R. (2002). *Marcus Aurelius: A Biography.* Londres: Routledge.

Borkovec, T., e B. Sharpless. (2004). "Generalized Anxiety Disorder: Bringing Cognitive-Behavioral Therapy into the Valued Present." Em *Mindfulness and Acceptance: Expanding the Cognitive-Behavioral. Tradition.* Editado por S. C.

Hayes, V. M. Follette, e M. M. Linehan, 209–42. Nova York: Guilford Press.

Brunt, P. (2013). *Studies in Stoicism.* Oxford: Oxford University Press.

Dubois, P. (1904). *The Psychic Treatment of Nervous Disorders: The Psychoneuroses and Their Moral Treatment.* Nova York: Funk & Wagnalls.

________ (1909). *Self-Control and How to Secure It.* Traduzido por H. Boyd. Nova York: Funk & Wagnalls.

Epictetus. (1925). *Discursos,* livros 1–2.

________(1928). *Discursos,* livros 3–4: Fragmentos, Manual.

Farquharson, A. (1952). *Marcus Aurelius: His Life and His World.* Oxford: Blackwell.

Gill, C. (2010). *Naturalistic Psychology in Galen and Stoicism.* Oxford: Oxford University Press.

__________. (2013). *Marcus Aurelius: Meditations, Books 1–6.* Oxford: Oxford University Press.

Grant, M. (1996). *The Antonines: The Roman Empire in Transition.* New York: Routledge.

Guthrie, K., T. Taylor, D. Fideler, A. Fairbanks, e J. Godwin. (1988). *The Pythagorean Sourcebook and Library.* Grand Rapids, MI: Phanes Press.

Hadot, P. (1995). Filosofia como maneira de viver: entrevistas de Jeanne Carlier e Arnald. I. Davidson. **Editora** É Realizações; 1 ed. (1 de janeiro de 2016)

________. (2001). *The Inner Citadel: The Meditations of Marcus Aurelius.* Traduzido por M. Chase. Cambridge, MA: Harvard University Press.

________. (1999). *O que é a Filosofia antiga?* Edições Loyola; 6 ed. (1 de março de 1999).

Holiday, R. (2015). *O obstáculo é o caminho.* Editora: Bicicleta Amarela; 1 ed. (1 de julho de 2015)

Holiday, R., e S. Hanselman. (2016). *The Daily Stoic: 366 Meditations on Wisdom, Perseverance, and the Art of Living.* Londres: Profile Books.

Long, A. A. (2002). *Epictetus: A Stoic and Socratic Guide to Life.* Oxford: Oxford University Press.

Marco Aurélio. (1916). *Marcus Aurelius.* Traduzido por C. Haines. Loeb Classical Library 58. Cambridge, MA: Harvard University Press.

_______. (2019). *Meditações: a mim mesmo.* Publicação independente (13 de maio de 2019)

_______. (2011). *Meditations: Selected Correspondence.* Translated by R. Hard. Oxford: Oxford University Press.

McLynn, F. (2010). *Marcus Aurelius: A Life.* Londres: Vintage Books.

Rand, B. (2005). *The Life, Unpublished Letters, and Philosophical Regimen of Antony, Earl of Shaftesbury.* Adamant Media.

Robertson, D. J. (July 2005). "Stoicism: A Lurking Presence." *Counselling & Psychotherapy Journal.*

_______. (2010). *The Philosophy of Cognitive-Behavioural Therapy: Stoic Philosophy as Rational and Cognitive Psychotherapy.* Londres: Karnac.

_______. (2013). *Stoicism and the Art of Happiness.* Londres: Hodder & Stoughton.

_______. (2016). "The Stoic Influence on Modern Psychotherapy." In *The Routledge Handbook of the Stoic Tradition.* Editado por J. Sellar, 374–88. Nova York: Routledge.

_______. (2019). *Resiliência: Como blindar a sua mente e conquistar a tranquilidade para resolver qualquer adversidade.* Editora: Citadel Editora; 1 ed., (31 de outubro de 2019)

Sedgwick, H. D. (1921). *Marcus Aurelius: A Biography Told as Much as May Be by Letters.* New Haven, CT: Yale University Press.

Sellars, J. (2003). *The Art of Living: The Stoics on the Nature and Function of Philosophy.*

_________. (2014). *Stoicism.* Hoboken, NJ: Taylor & Francis.

_________. (2016). *The Routledge Handbook of the Stoic Tradition.* Nova York: Routledge.

Sêneca. (1928). *Moral Essays,* volume I. Translated by J. W. Basore. Loeb Classical Library 214. Cambridge, MA: Harvard University Press.

Sêneca. (2014). "Sobre a Ira/ Sobre a tranquilidade da alma. Editora: Penguin; 1 ed., (26 de novembro de 2014)

Sêneca. (1928). A Constância do Sábio. Editora: Escala; (2007)
Basore. Loeb Classical Library 214. Cambridge, MA: Harvard University Press.

Simon, S. B., L. W. Howe, e H. Kirschenbaum. (1972). *Values Clarification: A Practical, Action Directed Workbook.* NovaYork: Warner.

Spinoza, B. (1955). *On the Improvement of the Understanding; The Ethics; Correspondence.* Traduzido por R. Elwes. Nova York: Dover.

Stephens, W. O. (2012). *Marcus Aurelius: A Guide for the Perplexed.* Londres: Continuum.

Thomas, A. L. (1808). *Eulogium on Marcus Aurelius.* New York: **Bernard Dornin.**

Ussher, P. (2014). O Estoicismo Hoje: Sabedoria Antiga para a Vida Moderna. Editora: Babelcube Inc. (31 de agosto de 2015)

_________. (2016). *Stoicism Today: Selected Writings.* Vol. 2. Modern Stoicism.

Watson, P. B. (1884). *Marcus Aurelius Antoninus.* Nova York: Harper & Brothers.

Yourcenar, M. (1974). *Memórias de Adriano.* Editora: Nova Fronteira; 24 ed. (21 de janeiro de 2019).